"十四五"职业教育国家规划教材

U0649899

公路工程建设招标与投标

Bidding and Tendering for Highway Engineering Construction

（第5版）

罗　萍▲主　编

慕容明海　　胡立卫▲副主编

彭富强▲主　审

人民交通出版社

北　京

内 容 提 要

　　本书是"十四五"职业教育国家规划教材,职业教育道路运输类专业教材。全书分4个模块:模块一介绍了公路工程招标与投标概论及有关法律责任;模块二介绍了公路工程施工招标与投标;模块三介绍了公路工程施工开标、评标与合同授予;模块四介绍了服务招标与投标。

　　本书可供高职院校道路与桥梁工程技术专业及道路运输类相关专业的学生学习使用,也可供中等职业学校相关专业师生及公路行业有关人员学习参考。

　　本书配有微课视频、动画等数字资源(见资源索引页),读者可通过扫封面二维码免费观看。此外,本书配有教学课件,教师可通过加入职教路桥教学研讨2群(教师专用QQ群:927111427)获取。

图书在版编目(CIP)数据

公路工程建设招标与投标/罗萍主编. —5 版.

北京:人民交通出版社股份有限公司,2025.8.

ISBN 978-7-114-19882-3

Ⅰ．U415.13

中国国家版本馆 CIP 数据核字第 2024LN7742 号

　　　　　　　　　"十四五"职业教育国家规划教材
　　　　　　　　　Gonglu Gongcheng Jianshe Zhaobiao yu Toubiao

书　　名	:	公路工程建设招标与投标(第5版)
著 作 者	:	罗　萍
责任编辑	:	刘　倩
责任校对	:	龙　雪
责任印制	:	张　凯
出版发行	:	人民交通出版社
地　　址	:	(100011)北京市朝阳区安定门外外馆斜街3号
网　　址	:	http://www.ccpcl.com.cn
销售电话	:	(010)85285911
总 经 销	:	人民交通出版社发行部
经　　销	:	各地新华书店
印　　刷	:	北京市密东印刷有限公司
开　　本	:	787×1092　1/16
印　　张	:	17.5
字　　数	:	426千
版　　次	:	2002年6月　第1版
		2009年9月　第2版
		2015年5月　第3版
		2020年1月　第4版
		2025年8月　第5版
印　　次	:	2025年8月　第5版　第1次印刷　总第27次印刷
书　　号	:	ISBN 978-7-114-19882-3
定　　价	:	48.00元

(有印刷、装订质量问题的图书,由本社负责调换)

　　《公路工程建设招标与投标》是职业院校道路运输类专业课程教材,自2002年6月出版发行以来,受到广大师生及工程技术人员的一致好评,被全国多所职业院校选为专业教材。本教材先后入选"十二五"职业教育国家规划教材、2020年湖南省职业教育优秀教材、"十四五"职业教育国家规划教材。根据教育部发布的《"十四五"职业教育规划教材建设实施方案》(教职成厅〔2021〕3号)文件精神,职业教育教材应"紧跟产业,及时修订更新""根据经济社会和产业升级新动态,及时吸收新技术、新工艺、新标准",基于此,编者对《公路工程建设招标与投标》(第4版)进行了修订。

　　本次修订在保持前版教材基本结构和特色的基础上,充分吸收前版教材使用期间各职业院校任课教师的建议,对部分学习内容进行了优化和补充,并根据新颁布的相关法律法规、行业标准,对部分内容进行了更新。

　　本版教材主要做了如下修改:

　　(1)紧跟行业动态,贴合产业实际

　　根据国家和交通运输行业最新颁布的标准、规范、规程及相关法规及时调整相关内容,补充相关知识链接,便于读者了解行业动态。

　　(2)新增典型案例,强化知识应用

　　对"模块二 项目一 公路工程施工招标程序与工作内容"及"模块二 项目二 公路工程资格预审文件"新增典型案例,将招投标范本知识、招投标法律法规知识和行业要求等内容融入教材中,强化知识理解与应用。

　　(3)丰富课程思政,突显教材特色

　　根据招投标人员典型工作任务、职业岗位和招投标行业最新发展需求,丰富思政案例,着力体现劳动精神、劳模精神、工匠精神,将其系统融入各项目。

　　(4)更新教学资源,完善教学方式

　　修改和更新了数字资源,满足线上线下一体融合的教学模式需求。

　　本版教材具有如下特点:

　　(1)符合行业最新标准规范要求

　　本教材是以国家和交通运输行业最新颁布的标准、规范、规程及相关法规为编写依据,内容符合《公路工程标准施工招标文件》(2018版)、《公路工程标准施工资格预审文件》(2018版)、《公路工程建设项目概算预算编制办法》(2018版)、《中华人民共和国招标投标法实施条例》(2019版)的要求。

（2）知识技能并重，突显职教特色

根据知识传授与技术技能培养的原则，结合公路建设招标与投标的实施全过程，全书构建了若干学习项目，并将工匠精神、职业道德充分融入教材内容中，从而加强学生职业素养和专业技术的积累。

（3）项目导向教学，创新人才培养

本教材建设从实际需要出发，以实践为前提，以学生为主体，以教师为主导，以项目为媒介，以职业能力为目标，通过工程招标与投标实施过程中若干学习任务的达成，培养学生的职业岗位能力，使学生能将理论与实践相结合，从实践中提高操作技能、验证方案的实用性和合理性。

（4）课程知识结构合理

本教材从交通运输行业岗位群对人才的知识结构和技能要求出发，提出了教学知识目标和能力目标，系统地阐明了招标与投标的整个过程，做到了结构合理、条理清晰、通俗易懂。

（5）数字资源丰富，线上线下一体

围绕深化职业教育教学改革和数字教育发展需求，本教材配套了微课、动画、招投标软件操作视频等丰富的数字资源，满足线上线下一体融合的教学模式。这些资源可以通过课程网站实现共享，有效服务教学内容和教学目的，有利于教师授课和学生学习，方便师生之间交流互动，课程资源利用率高，教学效果好。电脑端输入网址 https://mooc1.chaoxing.com/course/220535775.html 或扫描左侧二维码即可查看。

（6）课程思政元素融入教学，画龙点睛

本教材从匠心、责任心、齐心、敬畏心四个维度，根据招投标人员典型工作任务、职业岗位和招投标行业最新发展需求，引入思政案例，系统融入各项目，同时兼顾内容的知识性和启发性，从源头解决问题。

（7）校企"双元"开发，产教融合

本教材坚持知行合一、工学结合的理念，发挥企业在职业教育人才培养中的重要作用，特邀两位多年从事公路桥梁建设招投标工作的企业招投标领域专家参与教材编写，校企共同研究制订人才培养方案，明确培养目标，强化学生项目实训。

（8）对接职业标准，课证有效融通

紧跟产业发展趋势和行业人才需求，结合职业技能证书[造价工程师(一级、二级)、一级建造师等]考证要求，本教材将招投标范本知识、招投标法律法规知识和行业要求等内容引入教材中，拓展学生就业创业本领。

本次教材的修编工作由湖南交通职业技术学院"公路工程建设招标与投标"课程教学团队共同完成。本教材由湖南交通职业技术学院罗萍担任主编，湖南交通职业技术学院慕容明海和胡立卫担任副主编，由湖南交通职业技术学院彭富强主审。参编人员还有湖南建工集团有限公司杨何、湖南省高速公路集团有限公司唐承铁。编写分工如下：模块一的项目一和模块二的项目一、项目二、项目四由罗萍编写；模块一的项目二由杨何编写；模块二的项目三由唐承铁编写；模块三和模块四由慕容明海编写；"课程思政"案例由胡立卫编写。本次修编吸收了来自全国各职业院校专业教师对教材提出的建设性意见，在此谨向各位深表谢意。

由于编者水平和实践经验有限，书中不足和错误之处在所难免，期待专家、同行和读者批评指正。

编　者
2025 年 4 月

本教材配套资源索引

续上表

一、书中知识点讲解			
序号	资源名称	资源类型	对应书中页码
36	无效投标的类型	动画	195
37	合同基础知识5个要点	动画	206
38	合同的代位权	动画	206
39	失信企业会怎样	动画	206
二、招投标软件操作视频(拓展学习)			
序号	资源名称	资源类型	对应书中页码
1	团队建设、企业备案	视频	029
2	招标策划	视频	
3	资格申请文件编制与递交	视频	
4	资格审查评审	视频	
5	资格预审文件编制备案	视频	
6	资格申请文件构成及门槛确定	视频	
7	技术条款制定	视频	
8	评标方法确定	视频	
9	商务条款制定	视频	
10	市场条款制定	视频	
11	招标控制价编制	视频	
12	招标文件编制与备案	视频	
13	招标文件构成	视频	
14	技术标编制	视频	
15	商务标编制	视频	
16	投标文件编制与递交	视频	
17	现场踏勘投标预备会	视频	
18	开标评标	视频	181
19	定标与合同	视频	
三、网络课程平台			
本课程配套网络平台,网址为 https://moocl. chaoxing. com/course/220535775. html,也可扫描前言中二维码观看			

资源使用方法:

1.扫描封面上的二维码(注意此码只可激活一次);

2.关注"交通教育出版"微信公众号;

3.公众号弹出"购买成功"通知,点击"查看详情",进入后即可查看资源;

4.也可进入"交通教育出版"微信公众号,点击下方菜单"用户服务-图书增值",选择已绑定的教材进行观看和学习。

目 录

Contents

MODULE 1 | 模 块 一
公路工程招标与投标概论及有关法律责任

知识目标

1.了解公路工程基本建设程序、公路工程招标范围和形式；
2.了解公路工程招标投标人的概念和应具备的条件；
3.掌握公路工程招标投标的特点、方式和作用；
4.掌握公路工程招标类型、范围及规模标准；
5.了解法律责任的种类；
6.了解招标投标当事人及相关当事人的法律责任。

能力目标

1.能够正确地描述公路工程招投标各环节的工作内容；
2.能够判别招标投标当事人的法律责任。

项目一
ITEM ONE

公路工程招标与投标概论

任务一 认知公路工程基本建设程序

基本建设程序又称为建设程序,是指基本建设项目从投资前期到投资期,从规划立项到竣工验收的整个建设过程中各项工作的先后次序,它由基本建设的客观规律决定。

公路工程基本建设涉及面广,它受地质、气候、水文等自然条件和资源供应、技术水平等物质技术条件的严格制约,需要内外各个环节的密切配合,并且要求按照符合既定需要和有科学依据的总体设计进行建设。工程的建设程序是多年建设项目管理经验的积累,是客观规律的总结,在基本建设活动中,必须严格按照规定的程序进行,不可人为地忽略其中某个阶段或改变其顺序。

《中华人民共和国公路法》第二十二条规定:"公路建设应当按照国家规定的基本建设程序和有关规定进行。"用法律形式确定了公路基本建设程序制度。公路基本建设程序既是公路建设质量的保障,也是公路建设科学管理的内容之一。

一、公路工程基本建设程序

根据《公路建设监督管理办法》(2006 年 6 月 8 日交通部令第 6 号公布,根据 2022 年 8 月 11 日《关于修改〈公路建设监督管理办法〉的决定》修正)第八条规定:"公路建设应当按照国家规定的建设程序和有关规定进行。政府投资公路建设项目实行审批制,企业投资公路建设项目实行核准制。县级以上人民政府交通主管部门应当按职责权限审批或核准公路建设项目,不得越权审批、核准项目或擅自简化建设程序。"

1.政府投资公路建设项目实施程序

《公路建设监督管理办法》规定,政府投资公路建设项目的实施,应当按照下列程序进行:

(1)根据规划,编制项目建议书。

(2)根据批准的项目建议书,进行工程可行性研究,编制可行性研究报告。

（3）根据批准的可行性研究报告,编制初步设计文件。

（4）根据批准的初步设计文件,编制施工图设计文件。

（5）根据批准的施工图设计文件,组织项目招标。

（6）根据国家有关规定,进行征地拆迁等施工前准备工作,并向交通主管部门申报施工许可。

（7）根据批准的项目施工许可,组织项目实施。

（8）项目完工后,编制竣工图表、工程决算和竣工财务决算,办理项目交、竣工验收和财产移交手续。

（9）竣工验收合格后,组织项目后评价。

国务院对政府投资公路建设项目建设程序另有简化规定的,依照其规定执行。

公路工程基本建设程序如图 1-1 所示。

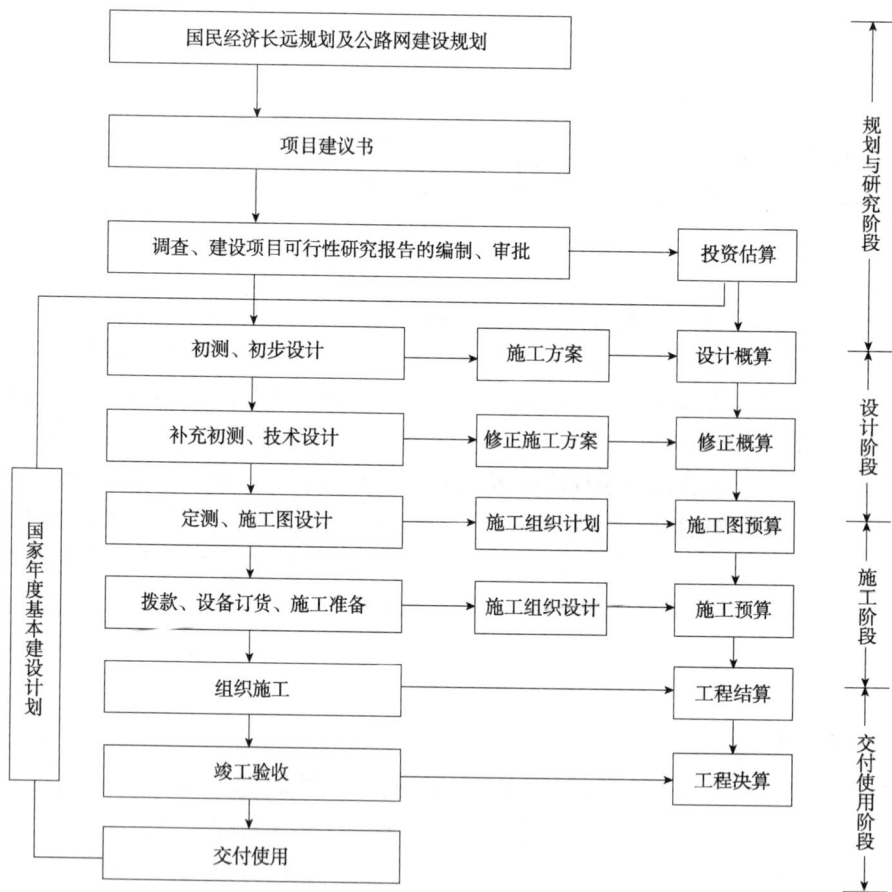

图 1-1　公路工程基本建设程序

2.企业投资公路建设项目实施程序

企业投资公路建设项目的实施,应当按照下列程序进行:

（1）根据规划,编制工程可行性研究报告。

（2）组织投资人招标工作,依法确定投资人。

（3）投资人编制项目申请报告,按规定报项目审批部门核准。

（4）根据核准的项目申请报告，编制初步设计文件，其中涉及公共利益、公众安全、工程建设强制性标准的内容，应当按项目隶属关系报交通主管部门审查。

（5）根据初步设计文件编制施工图设计文件。

（6）根据批准的施工图设计文件组织项目招标。

（7）根据国家有关规定，进行征地拆迁等施工前准备工作，并向交通主管部门申报施工许可。

（8）根据批准的项目施工许可，组织项目实施。

（9）项目完工后，编制竣工图表、工程决算和竣工财务决算，办理项目交、竣工验收。

（10）竣工验收合格后，组织项目后评价。

二、公路工程基本建设程序的具体内容

1. 项目建议书

项目建议书是在经济规划、运输规划和道路规划的基础上产生的技术政策性文件，是按项目或年度列出的待建项目，它既是进行各项前期准备工作的依据，又是可行性研究的基础。

项目建议书的内容一般应包括：项目建设的必要性和依据；拟建项目规模、建设地点和建设初步设想；资源情况、建设条件和协作关系等的初步分析；投资估算和资金筹措的设想；建设进度设想；经济效益和社会效益的初步估计。

2. 可行性研究

可行性研究是基本建设前期工作的重要组成部分，是建设项目立项和决策的主要依据。公路建设项目可行性研究的任务是：在对拟建工程地区社会、经济发展和公路网状况进行充分的调查研究、评价、预测和必要的勘察工作的基础上，对项目建设的必要性、经济合理性、技术可行性及实施可能性，提出综合性研究论证报告。

可行性研究按工作深度不同，可分为预可行性研究（简称预可）和工程可行性研究（简称工可）两个阶段。预可行性研究应重点阐明建设项目的必要性，通过踏勘和调查研究，提出建设项目的规模、技术标准，进行简要的经济效益分析。工程可行性研究应通过必要的测量、地质勘探（大桥、隧道及不良地质地段等），在认真调查研究和获得必要资料的基础上，对不同建设方案在经济上、技术上进行综合论证，提出推荐建设方案。工程可行性研究报告经审批后作为初步设计的依据。

3. 设计阶段

公路工程设计文件是对拟建工程的实施在技术上和经济上所进行的全面而详尽的安排，是基本建设计划的具体表现，是安排建设项目、控制投资、编制招标文件、组织施工和竣工验收的重要依据。

公路工程基本建设项目一般采用两阶段设计，即初步设计和施工图设计。对技术简单、方案明确的小型建设项目，可采用一阶段设计，即一阶段施工图设计。对技术复杂而又缺乏经验的建设项目或建设项目中的个别路段、特殊大桥、互通式立体交叉、隧道等，在必要时采用三阶段设计，即初步设计、技术设计和施工图设计。

1）初步设计

初步设计应根据设计任务书（或测设合同）的要求，确定修建原则，选定设计方案，计算主

要工程数量,提出施工方案的意见,编制设计概算,提供文字说明及图表资料。初步设计文件经审查批准后,作为订购或调拨主要材料、机具、设备,安排重大科研试验项目,联系征用土地,进行施工准备,编制施工图设计文件及控制建设项目投资的依据。

采用三阶段设计时,批准后的初步设计亦为编制技术设计文件的依据。

2)技术设计

技术设计应根据批准的初步设计及审批意见,对重大、复杂的技术问题通过科学试验、专题研究、加深勘探调查及分析比较,解决初步设计中未能解决的问题,落实技术方案,计算工程数量,提出修正的施工方案,修正设计概算。批准后的技术设计为编制施工图设计文件的依据。

3)施工图设计

两阶段(或三阶段)施工图设计应根据批准的初步设计(或技术设计),进一步对所审定的修建原则、设计方案、技术决定加以具体化和深化,最终确定各项工程数量,提出文字说明和适应施工需要的图表资料以及施工组织计划,并编制施工图预算。

一阶段施工图设计应根据批准的设计任务书(或测设合同)的要求,确定修建原则,选定设计方案,计算工程数量,提出文字说明和图表资料以及施工组织计划,编制施工图预算,满足审批的要求,适应施工的需要。

4.列入年度基本建设计划

当建设项目的初步设计和概算文件完成并上报批准后,则该建设项目即被列入国家基本建设年度计划,建设资金得以解决。建设单位的主要工作有:

(1)根据国家发改委颁发的年度建设计划控制数字,按照批准的可行性研究报告和设计文件,编制本单位的年度基本建设计划并上报。

(2)根据上级单位对本单位年度基本建设计划的批复,再编制物资、劳动力、财务计划,并分别上报,经主管机关审查平衡后,这些计划则作为国家安排生产、物资分配、劳动力调配和财政拨款(或贷款)的依据。

(3)进行招标投标工作或通过其他方式先落实施工监理单位并签订监理服务合同,再落实施工单位并签订工程施工承包合同。

5.施工准备

为了保证项目施工的顺利进行,在项目主体工程开工前,建设单位、勘察设计单位、施工单位、监理单位和银行均应在自己的职责范围内,针对施工要求充分做好各项准备工作。

(1)建设单位应根据计划要求的建设进度,组建基本建设项目的专门管理机构,办理登记及拆迁,做好施工沿线有关单位和部门的协调工作,抓紧配套工程项目的落实,提供技术资料,落实材料、设备的供应。

(2)勘察设计单位应按照技术资料供应协议,按时提供各种图纸资料,做好施工图纸的会单及移交工作。

(3)施工招投标中中标并已签订工程施工承包合同的施工单位,应组织机具、人员进场,进行施工测量,修筑便道及生产、生活等临时设施,建立试验室,组织材料和物资的采购、加工、运输、供应、储备,做好施工图纸的接收工作,熟悉图纸的要求,编制实施性施工组织设计和施工预算,提出开工报告。

（4）监理招投标中中标并已签订监理合同的监理单位,应组织监理机构,建立监理组织体系,熟悉施工设计文件和合同文件;组织监理人员和设备进场,建立中心试验室;根据工程监理规划规定的程序和合同条款,对施工单位的各项准备工作进行检查、验收、审批,合格后,签发开工令。

（5）银行应会同建设单位、设计单位、施工单位做好图纸的会审,严格按计划要求进行财政拨款或贷款,做好建设资金的拨贷计划。

6.组织施工

在具备开工条件,并经主管部门批准后,项目方可开工建设。在施工过程中,建设单位要充分发挥建设管理的主导作用,积极创造良好的施工条件和外部环境,监理单位要充分行使合同赋予的权利,对施工质量、安全、环保、进度、费用等实施有效的监督和管理,调解各方争议,确保工程施工顺利进行;承包人应遵照合理的施工程序,按照设计要求、施工规范及进度要求,确保工程质量,安全施工。坚持施工过程组织原则,加强施工管理,大力推广应用新技术、新工艺、新方法、新设备和新材料,努力缩短工期,降低造价,做好施工记录,建立技术档案。

7.竣工验收

建设项目的竣工验收是基本建设全过程的最后一个环节,是全面考核基本建设成果、检验设计和工程质量的重要步骤,也是基本建设转入生产或使用的标志,更是保证竣工工程顺利投入生产或交付使用的一个法定手续,对促进建设项目及时投产、发挥投资效益及总结建设经验具有重要作用。

所有公路工程在完工后投入使用前都必须通过竣工验收。工程竣工验收前,建设单位要组织设计、监理、施工等单位进行交工验收。交工验收合格后,建设单位应按交通运输部规定的要求及时完成项目交工验收报告,并向交通主管部门备案。交通运输主管部门在15天内未对备案的项目交工报告提出异议,建设单位可开放交通进行试运营。通车试运营2年后,符合竣工验收条件时,建设单位应按照项目管理权限及时向交通运输主管部门申请竣工验收。对于符合验收条件的,主管部门应自收到申请文件之日起3个月内组织竣工验收。竣工验收通过的工程,由建设单位按国家规定向公路管理机构、接管养护单位办理资产移交手续后,正式投入通车运营。

竣工验收是一项十分细致而严肃的工作,必须从国家和人民的利益出发,按照交通运输部颁发的《公路工程竣（交）工验收办法》的要求,认真负责地对全部基本建设工程进行总验收。竣工验收包括两部分内容:一是工程技术验收,二是工程资金决算。竣工验收是对工程质量、数量、期限、生产能力、建设规模、使用条件等的审查,应对建设单位和施工单位编制的固定资产移交清单、隐蔽工程说明和竣工决算等进行细致检查。

8.建设项目后评价

建设项目后评价是指工程项目竣工投产、生产运营一段时间（一般2年）后,再对项目的立项决策、设计施工、竣工生产、生产运营等全过程进行系统评价的一种技术经济活动。建设项目后评价是固定资产投资管理的一项主要内容,也是固定资产投资管理的最后一个环节。通过建设项目后评价,可以达到肯定成绩、总结经验、研究问题、吸取教训、提出建议、改进工作、不断提高项目决策水平和投资效果等目的。

项目后评价的主要内容包括:影响评价——项目投产后对各方面的影响进行评价;经济效益评价——对项目投资、国民经济效益、财务效益、技术进步和规模效益、可行性研究深度等进行评价;过程评价——对项目的立项、设计施工、建设管理、竣工投产、生产运营等全过程进行评价;持续运营评价——对项目持续运营的预期效果进行评价。

项目后评价一般按三个层次组织实施,即项目法人的自我评价、项目行业的评价、计划部门(或主要投资方)的评价。

任务二 认知公路工程招标与投标的概念与特点

一、招标人的概念和分类

1.招标人的概念

按照《中华人民共和国招标投标法》(以下简称《招标投标法》)的规定,招标人是指提出招标项目、进行招标的法人或者其他组织。

2.招标人的分类

招标人分为两类:一是法人,二是其他组织。《招标投标法》没有将自然人定义为招标人。

法人是指依法注册登记,具有独立的民事权利能力和民事行为能力,依法享有民事权利和承担民事义务的组织,包括企业法人和机关、事业单位及社会团体法人。其他组织是指合法成立、有一定组织机构和财产,但又不具备法人资格的组织,如企业的分支机构、依法登记领取营业执照的合伙组织等。

3.招标人应具备的条件

法人或者其他组织必须具备依法提出招标项目和依法进行招标两个条件后,才能成为招标人。

1)依法提出招标项目

招标人依法提出招标项目,是指招标人提出的招标项目必须符合《招标投标法》规定的两个基本条件:

(1)招标项目按照国家有关规定需要履行项目审批手续的,应当先履行审批手续,取得批准。

(2)招标人应当有进行招标项目的相应资金或者资金来源已经落实,并应当在招标文件中如实载明。

2)依法进行招标

《招标投标法》对招标、投标、开标、评标、中标、签订合同等程序做出了明确的规定,法人或者其他组织只有按照法定程序进行招标才能称为招标人。

二、投标人的概念和分类

1.投标人的概念

按照《招标投标法》的规定,投标人是指响应招标,参加投标竞争的法人或者其他组织。依法招标的科研项目允许个人参加投标的,投标的个人适用《招标投标法》有关投标人的规定。

2.投标人的分类

投标人分为三类:一是法人;二是其他组织;三是具有完全民事行为能力的个人,也称自然人。

3.投标人应具备的一般条件

《中华人民共和国招标投标法》第二十五条规定,投标人是响应招标、参加投标竞争的法人或者其他组织。某些特定项目(如科研项目、农村建设、个人服务类项目),可以允许自然人作为投标人参与。公路建设项目(尤其是法定招标项目)一般要求投标人必须具备相应的企业资质和安全生产许可证,自然人通常不被允许作为投标人独立参与投标。

法人、其他组织必须具备响应招标和参与投标竞争两个条件后,才能成为投标人。

1)响应招标

法人或其他组织对特定的招标项目有兴趣,愿意参加竞争,并按合法途径获取招标文件,但这时法人或其他组织还不是投标人,只是潜在投标人。所谓响应招标,是指潜在投标人获得了招标信息或者投标邀请书后,购买招标文件,接受资格审查,并编制投标文件,按照投标人的要求参加投标的活动。

2)参与投标竞争

潜在投标人按照招标文件的约定,在规定的时间和地点递交投标文件,对订立合同正式提出要约。潜在投标人一旦正式递交了投标文件,就成了投标人。

4.投标人应具备的资格条件

法人或者其他组织响应招标、参加投标竞争,是成为投标人的一般条件。要想成为合格的投标人,还必须满足两项资格条件:一是国家有关规定对不同行业及不同主体投标人的资格条件;二是招标人根据项目本身的要求,在招标文件或资格预审文件中规定的投标人的资格条件。

三、招标投标过程中相关概念

工程招标是建设项目招标人在发包建设工程项目的勘察、设计、施工以及与工程建设有关的重要设备、材料等的采购时,通过一系列程序选择合适的承包人或供货方的过程,即招标人将拟建工程的规模、内容和建设要求,或购买的设备、材料的名称、规格、数量等内容以招标文件的形式告知愿意承担该建设工程任务或愿意出售设备、材料的建筑企业或设备材料的生产企业及经销企业,要求他们按照招标文件的要求,提供对建设工程项目的承包资格证明、实施方案及报价等,编制投标文件。

招标投标概述

招标投标的
阶段划分

工程投标是投标人按照招标文件的要求编制投标文件,并在规定的日期内将投标文件递交给招标人,参与竞争承包权的交易行为。

工程评标是由招标人组建的评标委员会对投标文件进行评审和比较后,提出书面评标报告,并推荐合格的中标候选人。若经评标委员会评审,认为所有投标文件都不符合招标文件要求的,可以否决所有投标,招标人应重新招标。

工程中标是指招标人根据评标委员会提出的书面评标报告和推荐的中标候选人,确定中标人,或由招标人授权评标委员会评审和比较,直接确定中标人。

四、招标投标的基本原则

招标投标的基本原则包括:合法原则、公开原则、公平原则、公正原则、诚实信用原则。

1.合法原则

招标投标是订立合同的方式之一,招标投标行为是一种法律行为,所以,必然要受到法律的规范和约束,服从法律的规定和要求。合法原则包括主体合法、内容合法、程序合法、代理合法等要求。

2.公开原则

公开原则又称为透明度原则,其主要精神就是要将招标投标活动置于社会的公开监督之下,有效地防止不正当交易,主要体现在:招标信息公开、招标文件公开、招标投标的程序公开、开标公开。

3.公平原则

公平原则的基本点是反对歧视和特权,其要求包括:投标人的投标机会均等、资格审查使用同一标准、提供给投标人的信息相同、都只能享受一次报价机会。

4.公正原则

公正原则主要体现在评标和定标的过程中,目的是要按在招标文件中公开的投标条件,使最符合该条件的投标人能够中标。为此,评标委员会应当具有中立性、权威性和法定性;应当依据已经在招标文件中公开的标准,对投标文件进行客观地评审和比较,以便选出最符合标准的单位,并将其作为招标人的承诺和合同成立的依据。

5.诚实信用原则

诚实信用原则要求招标投标双方尊重对方利益,信守要约和承诺的法律规定,履行各自的义务,不得规避招标、串通哄抬投标、泄露标底、骗取中标、非法转包分包等。

五、招标投标的特点

招标投标是市场经济体制下的产物,与传统的计划经济体制下的承发包制和其他交易方式相比,有其自身的特点。

1.招标投标是市场经济的产物

在传统的计划经济体制下的承发包制中,建设单位和承包单位不是买卖关系,而是由有关部门布置任务,施工单位接受任务,不存在竞争,这样订立的合同称之为计划合同,是计划经济的产物。计划合同的订立和履行有强制性,有悖于平等互利、协商一致的合同订立原则。随着经济体制改革的深入,这种形式将逐步消失,而由更加先进合理、符合市场经济体制要求的招标投标所取代。

2. 招标投标是一种市场竞争方式

招标投标是在工程建设领域建立社会主义市场经济体制的过程中培育和发展起来的一种重要的改革措施。正是由于招标投标是市场经济的产物,它不可避免地受市场经济规律(如价值规律、商品经济规律等)的影响,从而表现出商品经济中的激烈竞争、优胜劣汰的特点。只有那些有实力、敢于竞争、制度严格、管理科学、不断创新的企业才能生存和发展。因此,招标投标的这一特点为公路建设市场的法治化、科学化、规范化提供了有力的保障。

3. 招标投标符合合同订立方式

招标投标是建筑产品的价格形成方式之一,是价格机制(价值规律和供求规律)在建设市场产生作用的表现。因此,招标投标是承包合同的订立方式,是承包合同的形成过程。

4. 招标投标是一种法律行为

根据我国的法律规定,合同的订立程序包括要约和承诺两个阶段。招标投标的过程是要约和承诺实现的过程(在招标投标过程中,投送标书是一种要约行为,签发中标通知书是一种承诺行为),是当事人双方合同法律关系产生的过程。正因为招标投标是一种法律行为,所以,必然要受到法律的约束,必须服从法律的规定。

六、招标的方式

招标通常分为公开招标和邀请招标。

1. 公开招标

公开招标也称竞争性招标,是指招标人以招标公告的方式邀请不特定的法人或者其他组织投标,即由招标人在报刊、网络或其他媒体上刊登招标公告,吸引众多企事业单位参加投标竞争,招标人从中择优选择中标单位的招标方式。

公开招标能使招标单位有较大的选择范围,择优选择性好,但招标工作量大、时间长、费用高。

2. 邀请招标

邀请招标也称有限竞争性招标或选择性招标,是指招标人以投标邀请书的方式邀请特定的法人或者其他组织投标,即由招标单位选择一定数目的企业,向其发出投标邀请书,邀请他们参加招标竞争。《招标投标法》规定:招标人采用邀请招标方式的,应当向三个以上具备承担招标项目能力的、资信良好的特定的法人或者其他组织发出投标邀请书。

由于被邀请参加的投标竞争者有限,不仅能有效减少招标工作量,缩短招标时间,节约费用,而且提高了每个投标者的中标机会。然而,邀请招标限制了竞争范围,可能会失去在技术和报价上有竞争力的投标者。

工程招标的类型

七、招标与投标的作用

公路工程建设实行招标与投标具有如下作用：

（1）利于促进社会主义市场经济体制的建立和完善。

（2）利于建设市场的统一和开放以及有序竞争，利于培养和发展建设市场。

（3）利于促进社会劳动生产力水平和生产效率的提高。

（4）严格按照招标投标的基本原则和要求开展招标投标工作，按规定的基本程序组织招标，则在投资控制、质量控制及进度控制上可取得明显的效果，防止不正当行为。

任务三 认知公路工程招标类型及范围

工程施工
招标方式

一、公路工程招标的项目类型

根据招标目的的不同，目前我国公路工程主要有以下几种项目类型的招标。

1. 勘察设计招标

（1）勘察设计单位的选定。招标人应在可行性研究工作的基础上，提出勘察设计的基本原则和要求，主要包括公路等级、路线走向、桥址位置、关键控制点、计划工期等，再由经审查合格的参与勘察设计的单位提出自己的勘察设计方案，最后由招标人从提交的各方案中选择设计方案优秀、设计费用（报价）适中的单位作为本项目的勘察设计单位。

（2）招标人在勘察设计招标中，应认真评价勘察设计方案的可行性、可靠性，技术实施的难易性，工期的保证性和经济性及环保的优越性等。

（3）招标人对参与投标的勘察设计单位的业绩、从业经历、技术水平、社会信誉等，应做充分的了解、考察，而勘察设计费和报价只要适中即可。

2. 施工监理招标

（1）监理单位的选定。由招标人编制监理招标文件，其内容包括监理合同条款、服务范围、施工图纸等，投标单位在此招标文件基础上提出监理大纲及监理费报价，并按规定送达招标人，然后招标人以监理方案优秀、监理实施能力可靠且监理费用适中为主要依据，从若干个投标人中选择其中的一家来承担本项目的监理工作。

（2）监理招标的目的是优选监理单位，通过优选监理大纲并保证可靠实施，保证工程质量、安全、环保、工期及控制造价。因此，监理大纲的优劣是决定监理单位能否中标的主要因素，而监理费用的高低是次要的。

（3）招标人应对拟承担本项目监理工作单位的业绩、水平、信誉及人员组成等进行重点评价，特别应重视对承担实际监理工作的人员的素质、经验、资质等方面的考察。因为监理人员的专业水平决定了监理工作的水平，而监理工作的质量对工程施工中的投资控制、质量控制、安全控制、环保控制、进度控制的效果有重大影响。

3. 材料设备招标

公路工程建设中的材料和设备数量庞大、种类繁多,其费用所占比例也大。材料是形成建筑工程主体的物质基础,而设备特别是一些关键设备,是形成符合设计要求的工程构造物的关键,也是影响工期与质量的关键。因此,材料设备招标主要是对一些特种材料和机械设备(依赖进口)进行招标。其招标过程要点如下:

(1)由招标人提出所需材料、设备的品种和规格及数量要求,发出招标书。

(2)供应商或制造商根据招标书的相关要求,说明自己可供材料设备的性能、可供货日期等,并提出相应的报价。

(3)招标人按照物美价廉的原则,且在供应时间上能满足施工进度要求的前提下,在各投标人中择优选择材料和设备的供应单位。

(4)在招标过程中,招标人应认真调查了解,收集各方面的信息,如投标人的经济实力、供货质量的可靠性、生产规模、社会信誉、售后服务等方面的情况,并与其所报情况进行核实。

4. 施工招标

施工单位是在不突破工程投资的前提下,确保工程质量、安全、环保和工期的直接实施者和责任者。通过招标方式选择施工单位是一个十分重要的环节,是关系工程目标是否得以实现的关键环节。招标的工作重点如下:

(1)做好招标准备工作。成立招标组织机构,编制招标文件,发布招标通告或资格预审通告,进行投标单位的资格审查等。

(2)做好投标组织工作。根据投标人资格审查的结果,对合格的投标人发送投标邀请书,发售招标文件,组织现场考察,组织标前会议,并解答投标人提出的问题等。

(3)做好评标定标工作。开标、评标、定标、签订合同,要特别注意编制标底和审定标底的工作。

5. 设计施工总招标

设计施工总招标是在上述四类招标基本形式之外的另一种形式。其招标的要点是:由招标人事先提出设计施工的基本原则和要求,由设计单位和施工单位组成设计施工联合体进行投标,招标人从中选择一家工程造价低、能确保工程质量并符合工期要求的单位承担本项目的设计施工。

6. 经营性公路建设项目投资人招标

经营性公路是指符合《收费公路管理条例》(中华人民共和国国务院令第417号)的规定,由国内外经济组织投资建设,经批准依法收取车辆通行费的公路(含桥梁和隧道)。投资经营性公路的国内外经济组织必须具有独立承担民事责任主体的法人,具有相关项目投资经验,满足该项目建设、运营和管理的技术力量和管理人才储备,并符合交通运输部制定的《公路建设项目法人资格标准(试行)》等的要求。

经营性公路项目应当向社会公布,采用招标投标、竞争性谈判等方式依法选择投资人,由投资人或者其设立的企业法人负责建设、经营和养护。省级人民政府或者由其授权交通运输主管部门与确定的投资人或者由投资人设立的专门负责实施该项目的企业法人签订经营协议。经营性公路项目的经营期限,按照收回投资并有合理回报的原则确定,一般不得超过30年;对于投资规模大、回报周期长的收费公路,可以超过30年。

知识链接

2024 年 3 月 28 日《基础设施和公用事业特许经营管理办法》（国家发展改革委等 6 部委 2024 年第 17 号令）发布，明确基础设施和公用事业特许经营期限应当根据行业特点、所提供公共产品或服务需求、项目生命周期、项目建设投资和运营成本、投资回收期等综合因素确定，充分保障特许经营者合法权益。规定特许经营期限原则上不超过 40 年，投资规模大、回报周期长的特许经营项目可以根据实际情况适当延长，法律法规另有规定的除外。

二、公路工程招标范围及规模标准

1. 范围标准

《招标投标法》规定，在中华人民共和国境内进行的下列工程项目的勘察、设计、施工、监理以及与工程项目有关的重要设备、材料的采购必须进行招标：

工程招标范围

（1）大型基础设施、公用事业等关系社会公共利益、公众安全的项目。

（2）全部或者部分使用国有资金投资或者国家融资的项目：

①使用预算资金 200 万元人民币以上，并且该资金占投资额 10% 以上的项目；

②使用国有企业事业单位资金，并且该资金占控股或者主导地位的项目。

（3）使用国际组织或者外国政府贷款、援助资金的项目：

①使用世界银行、亚洲开发银行等国际组织贷款、援助资金的项目；

②使用外国政府及其机构贷款、援助资金的项目。

2. 规模标准

上述范围标准规定范围内的项目，其勘察、设计、施工、监理以及与工程建设有关的重要设备、材料等的采购达到下列标准之一的，必须招标：

（1）施工单项合同估算价在 400 万元人民币以上的。

（2）重要设备、材料等货物的采购，单项合同估算价在 200 万元人民币以上的。

（3）勘察、设计、监理等服务的采购单项合同估算价在 100 万元人民币以上的。

同一项目中可以合并进行的勘察、设计、施工、监理以及与工程建设有关的重要设备、材料等的采购，合同估算价合计达到前款规定标准的，必须招标。

思考题

1. 基本建设程序主要分为哪几个阶段？其具体内容是什么？
2. 实施招投标制度的意义是什么？招投标的基本原则是什么？
3. 公路工程招标的项目类型主要有哪几种？
4.《招标投标法》规定有哪几种招标方式？各有什么优缺点？
5. 公路工程招标范围及规模标准是什么？

招投标的类型

项目二
ITEM TWO
与招标投标相关的法律责任

任务一　厘清法律责任种类

　　法律责任是指法律关系中行为人因违反法律规定或合同约定义务而应当强制性承担的某种不利法律后果。法律责任是招标投标法的重要组成部分，是对招标投标活动中当事人违反招标投标的法律法规行为的强制性处罚。我国的《招标投标法》《招标投标法实施条例》及各部门的规章都对招标投标活动中当事人违法行为的法律责任做出了规定。依据招标投标活动中当事人承担法律责任的性质不同，其法律责任可分为民事法律责任、行政法律责任、刑事法律责任。

一、民事法律责任

　　民事法律责任简称民事责任，是指招标投标活动中主体违反民事法律规定，无正当理由不履行民事义务或因侵害他人合法权益所应承担的法律责任。

　　民事责任是保护民事权利的重要措施，《中华人民共和国民法典》（以下简称《民法典》）第一百七十六条规定："民事主体依照法律规定或者按照当事人约定，履行民事义务，承担民事责任。"民事责任主要以当事人的民事义务为基础，由主体、过错、违约行为、损害事实和因果关系等内容构成。

　　《民法典》第一百七十九条规定："承担民事责任的方式主要有：停止侵害；排除妨碍；消除危险；返还财产；恢复原状；修理、重作、更换；继续履行；赔偿损失；支付违约金；消除影响、恢复名誉；赔礼道歉。"

　　在招标投标活动中，招标投标中的不同主体在从事招标投标过程中，因不履行法定义务或违反合同规定的，依法应当承担相应民事法律后果，主要有恢复原状、返还财产、赔偿损失、支付违约金等。

二、行政法律责任

行政法律责任简称行政责任,是指招标投标法律关系主体违反行政法律规定,而依法应当承担的一种法律责任。行政责任主体是行政法律关系主体,即行政主体和行政相对方。在行政法律关系中,如果行政主体不依法实施行政管理做出行政行为,就应当承担由此产生的行政责任;如果行政相对方没有履行法定义务,其同样应当承担行政责任。因此,承担行政责任的主体必须是行政法律关系中的主体。

在招标投标活动中,行政主体及行政相对方有行政违法行为的,应承担相应行政责任。其承担行政责任的方式有行政处分和行政处罚两类。

1. 行政处分

行政处分是指国家工作人员及由国家机关委派到企业、事业单位任职的人员的行政违法行为尚不构成犯罪,依据法律、法规的规定而给予的一种制裁性处理。

虽然行政处分是有隶属关系的上级对下级违反纪律的行为或对尚未构成犯罪的违法行为给予的纪律制裁,属于内部行政行为,但是它仍具有强烈的约束力,如被处分人不予履行,行政主体可以强制执行。因行政处分不受司法审查,故被处分人不服行政处分,只能通过行政复议和行政申诉途径解决,不能提起行政诉讼。

《中华人民共和国监察法》(以下简称《监察法》)第五十二条第(二)款规定:"对违法的公职人员依照法定程序做出警告、记过、记大过、降级、撤职、开除等政务处分决定。"

2. 行政处罚

行政处罚是指国家行政机关及其他依法可以实施行政处罚权的组织,对违反行政法律、法规、规章,但尚不构成犯罪的公民、法人及其组织实施的一种制裁行为。

行政处罚是追究行政责任的主要方式,是行政责任中适用最广泛的一种责任形式。根据《中华人民共和国行政处罚法》(以下简称《行政处罚法》)第九条规定,行政处罚的种类主要有:警告;罚款;没收违法所得、没收非法财物;责令停产停业;暂扣或者吊销许可证、暂扣或者吊销执照;行政拘留;法律、行政法规规定的其他行政处罚。

招标投标活动中,因招标投标活动的适用范围不同和招标投标项目的不同,对招标投标活动当事人行政法律责任规定较多,我国除《招标投标法》《中华人民共和国政府采购法》(以下简称《政府采购法》)外,国务院的行政法规及各部委的部门规章中对当事人的行政法律责任均有规定。当事人承担行政责任的主要形式有:

(1)责令限期改正。责令限期改正是指相关的监督部门对于违反相关法律法规的当事人要求且在一定期限内对其行为予以纠正,《招标投标法》规定,对招标人规避招标的行为责令限期改正,对强制招标的项目进行招标。

(2)罚款。罚款是指行政机关对违反行政法律规定不履行法定义务的组织或个人所做出的一种经济处罚。招标投标活动的行政处罚中,罚款是主要的形式之一,罚款方式既可以是按合同金额的比例确定罚款数额,也可以是按法律法规直接确定罚款数额。

(3)处分。处分包括行政处分和纪律处分。

(4)暂停或取消从事招标投标活动的资格。对全部或者部分使用国有资金的项目,可以暂停项目执行或者暂停资金拨付;对建设单位,视其违法行为,可以不予颁布项目施工许可证。

三、刑事法律责任

刑事法律责任简称刑事责任,是指招标投标活动中的当事人因实施刑法规定的犯罪行为所应承担的刑事法律后果,如串通投标罪、泄露国家秘密罪、行贿罪、受贿罪等罪行。

在招标投标活动中,当事人的行为违反了我国刑法的规定,需要承担刑事责任的方式是刑罚。刑罚,是人民法院在对行为人做出有罪判决的同时给予刑事制裁。这种刑事责任的承担方式是最基本的方式,也是最普遍的一种方式。

依据《中华人民共和国刑法》(以下简称《刑法》)第三十二条、第三十三条和第三十四条规定,刑罚主要分为主刑和附加刑两大类,其具体种类如下。

(1)主刑:管制、拘役、有期徒刑、无期徒刑、死刑。

(2)附加刑:罚金、剥夺政治权利、没收财产。

根据犯罪主体的不同,《刑法》中又分为单位犯罪的刑事责任和自然人犯罪的刑事责任两种。

单位犯罪的刑事责任是指以单位为犯罪主体,因其实施刑法规定的犯罪行为所应承担的刑事法律后果。《刑法》第三十条规定:"公司、企业、事业单位、机关、团体实施的危害社会的行为,法律规定为单位犯罪的,应当负刑事责任。"单位犯罪与自然人犯罪相比较,其承担的刑事责任有以下特征:

1. 整体性

对于单位犯罪而言,承担刑事责任的是以单位为整体的刑事主体,而不是单位内部的全体成员。因此,单位犯罪的刑事责任具有整体性。

2. 双重性

对于单位犯罪,不仅要追究单位的刑事责任,还要追究在单位犯罪中起主要作用和负有重大责任的单位成员,即主要责任人员的刑事责任。因此,单位犯罪的刑事责任具有双重性。

3. 局限性

单位只能对某类特定犯罪承担刑事责任,而且承担刑事责任的方式也是有限的。因此,单位犯罪的刑事责任具有局限性。

对单位犯罪的刑事责任,我国采用双罚制方式。双罚制,是指对于实施犯罪行为的单位,既要处罚单位,又要处罚单位中的直接责任人员。双罚制的建立对处罚单位犯罪较为合理。首先,双罚制是对单位组织所实施的犯罪行为进行的全面的综合性处罚,这种处罚势必使单位内部成员直接或间接地承担不同的责任。其次,双罚制与我国刑法中关于主刑和附加刑可以同时使用的精神是相吻合的,这种刑罚制度体现了我国刑罚体系的特点。再次,双罚制的建立对于单位犯罪的预防具有积极的重要作用,有利于实现我国刑法的目的。《刑法》第三十一条规定:"单位犯罪的,对单位判处罚金,并对其直接负责的主管人员和其他直接责任人员判处刑罚。本法分则和其他法律另有规定的,依照规定。"

在招标投标活动中,刑事法律责任是指招标投标中当事人承担的最严重的一种法律后果。《刑法》对招标投标活动的当事人承担刑事责任的行为和刑事责任均做出了明确的规定。

任务二　厘清招标投标当事人法律责任

评标的相关法律
条例规定

一、招标人的法律责任

招标人的法律责任，是指招标人在招标过程中对其所实施的行为应当承担的法律后果。按照招标人承担责任的不同法律性质，其法律责任分为民事法律责任、行政法律责任和刑事法律责任。

1. 招标人的民事法律责任

我国现行法律、法规及部门规章中，对招标人的行为规范及其应当承担的法律责任均有所规定，主要体现在《民法典》《招标投标法》等法律规范中。

（1）招标人承担民事责任的违法行为

依据《招标投标法》《招标投标法实施条例》的规定，下列几种行为应属于承担民事法律责任的违法行为：

①招标人向他人透露已获取招标的潜在投标人的名称、数量或者影响公平竞争的有关招标投标的其他情况。

②泄露标底。招标人设有标底的，标底必须保密。

③依法必须进行招标的项目，招标人与投标人就投标价格、投标方案等实质性内容进行谈判的。

④招标人在评标委员会依法推荐的中标候选人以外确定中标人的。

⑤依法必须进行招标的项目，在所有投标被评标委员会否决后，自行确定中标人的。

⑥招标人不按招标文件和中标人的投标文件订立合同的，或者招标人与中标人订立背离合同实质性内容的协议书。

⑦招标人超过本条例规定的比例收取投标保证金、履约保证金或者不按照规定退还投标保证金及银行同期存款利息，给他人造成损失的。

⑧无正当理由不发出中标通知书，给他人造成损失的。

⑨不按照规定确定中标人，给他人造成损失的。

⑩中标通知书发出后无正当理由改变中标结果，给他人造成损失的。

⑪无正当理由不与中标人订立合同，给他人造成损失的。

⑫在订立合同时向中标人提出附加条件，给他人造成损失的。

（2）招标人承担民事责任的方式

招标人实施上述违法行为，应承担以下法律后果：

①责令改正。招标人应承担停止违法行为的法律责任，并应按照法律规定做出相应的补救措施。其改正方式主要有：招标人与中标人重新订立合同；招标人在其余投标人中重新确定中标人；招标人应当重新招标。

②恢复原状、赔偿损失。中标无效的招标人已与中标人签订书面合同的,合同无效,应当恢复原状;因该合同取得的财产,应当予以返还;没有必要返还的,应当折价补偿。有过错的一方应赔偿对方因此所遭受的损失,双方都有过错的,应当承担各自相应的责任。

③中标无效。招标人实施的违法行为对中标结果有影响的,中标无效。

2. 招标人的行政法律责任

招标人的行政法律责任是指招标人因违反行政法律规范,而依法应当承担的一种法律责任。目前,我国对于招标人的行为规范及行政责任主要体现在《招标投标法》《招标投标法实施条例》和一些部门规章之中。

(1)依据《招标投标法》的规定,招标人承担行政法律责任的违法行为有:

①必须进行招标的项目不进行招标的。

②将必须进行招标的项目化整为零或者以其他任何方式规避招标的。

③招标人以不合理的条件限制或者排斥潜在投标人的,对潜在投标人实行歧视待遇的。

④强制要求投标人组成联合体共同投标的,或者限制投标人之间竞争的。

⑤依法必须进行招标的项目的招标人向他人透露已获取招标文件的潜在投标人的名称、数量或者可能影响公平竞争的有关招标投标的其他情况的。

⑥泄露标底的。

⑦依法必须进行招标的项目,招标人违反规定,与投标人就投标价格、投标方案等实质性内容进行谈判的。

⑧招标人与中标人不按照招标文件和中标人的投标文件订立合同的。

⑨招标人、中标人订立背离合同实质性内容的协议的。

(2)依据《招标投标法实施条例》的规定,招标人承担行政法律责任的违法行为有:

①依法应当公开招标的项目不按照规定在指定媒介发布资格预审公告或者招标公告的。

②在不同媒介发布的同一招标项目的资格预审公告或者招标公告的内容不一致,影响潜在投标人申请资格预审或者投标的。

③依法应当公开招标而采用邀请招标的。

④招标文件、资格预审文件的发售、澄清、修改的时限,或者确定的提交资格预审申请文件、投标文件的时限不符合招标投标法和本条例规定的。

⑤接受未通过资格预审的单位或者个人参加投标的。

⑥接受应当拒收的投标文件的。

⑦招标人超过《招标投标法实施条例》规定的比例收取投标保证金、履约保证金或者不按照规定退还投标保证金及银行同期存款利息的。

⑧依法必须进行招标的项目的招标人不按照规定组建评标委员会,或者确定、更换评标委员会成员,违反《招标投标法》和《招标投标法实施条例》规定的。

⑨无正当理由不发出中标通知书的。

⑩不按照规定确定中标人的。

⑪中标通知书发出后无正当理由改变中标结果的。

⑫无正当理由不与中标人订立合同的。

⑬在订立合同时向中标人提出附加条件的。

⑭招标人不按照规定对异议做出答复,继续进行招标投标活动的,由有关行政监督部门责令改正,拒不改正或者不能改正并影响中标结果的。

(3)招标人承担行政法律责任的方式。

招标人在招标投标过程中对违法行为承担行政法律责任的方式主要有:

①警告、责令限期改正。招标人有上述《招标投标法》《招标投标法实施条例》及部门规章规定的违法行为,情节轻微的,行政部门有权对招标人发出书面警告,并有权责令限期改正。

②罚款。招标人有上述违法行为的,行政监督部门有权对招标人依据不同规定处以不同数额的罚款,并同时可并处没收违法所得。

③行政处分。行政处分的对象是招标人单位的直接负责主管人员和其他直接责任人员。

④暂停项目执行或者暂停资金拨付。对必须进行招标的项目而不招标的,或者是将必须进行招标的项目化整为零或以其他方式规避招标的,如果招标项目是全部或者部分使用国有资金的,有关行政部门可以暂停该项目的执行或是暂停向该项目拨付资金。

3. 招标人的刑事法律责任

招标人的刑事法律责任,是指招标人因实施《刑法》规定的犯罪行为所应承担的刑事法律后果。刑事法律责任是招标人承担的最严重的一种法律后果。

招标人向他人透露招标文件的重要内容或者可能影响公平竞争的有关招标投标的其他情况,如泄露评标专家委员会成员的或是泄露标底并造成重大损失的,招标人构成侵犯商业秘密,处3年以下有期徒刑或者拘役;造成特别严重后果的,处3年以上7年以下有期徒刑,并处罚金。

二、投标人的法律责任

投标人的法律责任,是指投标人在投标过程中对其所实施的行为应当承担的法律后果。按照投标人承担责任的不同法律性质,其法律责任分为民事法律责任、行政法律责任和刑事法律责任。

1. 投标人的民事法律责任

投标人的民事责任,是指投标人因不履行法定义务或违反合同而依法应当承担的民事法律后果。目前,我国对于投标人的行为规范主要体现在《民法典》《招标投标法》《招标投标法实施条例》等法律规范中。

投标人承担民事责任的主要方式表现为:中标无效、承担赔偿责任、转让无效、分包无效、履约保证金不予退回等。

(1)中标无效的民事责任。

《招标投标法》第五十三条规定:"投标人相互串通投标或者与招标人串通投标的,投标人以向招标人或者评标委员会成员行贿的手段谋取中标的,中标无效。"

串通投标的情况在实践中时有发生,串通投标的行为表现为:各投标人之间彼此达成协议,约定轮流中标或约定中标人等;投标人向招标人或者评标委员会成员行贿;投标人与招标人之间相互串通投标等。串通投标行为的法律后果是中标行为无效。

《招标投标法》第五十四条规定:"投标人以他人名义投标或者以其他方式弄虚作假,骗取中标的,中标无效。"

投标人以他人名义投标一般出于以下几种原因：投标人没有承担招标项目的能力；投标人不具备国家要求的或招标文件要求的从事该招标项目的资质；投标人曾因违法行为而被工商机关吊销营业执照；或是因违法行为而被有关行政监督部门在一定期限内取消其从事相关业务的资格等。投标人除以他人名义投标外，投标人还可能以其他方式弄虚作假，骗取中标。如伪造资质证书、营业执照，在递交的资格审查文件或投标文件中弄虚作假等。投标人在投标过程中有了上述的行为即属违法行为，将导致中标无效。

（2）赔偿损失的民事法律责任。

《招标投标法》第五十四条规定："投标人以他人名义投标或者以其他方式弄虚作假，骗取中标的，给招标人造成损失的，依法承担赔偿责任。"《招标投标法实施条例》第七十七条规定："投标人或者其他利害关系人捏造事实、伪造材料或者以非法手段取得证明材料进行投诉，给他人造成损失的，依法承担赔偿责任。"

投标人弄虚作假的行为给招标人造成损失的，依法承担赔偿责任。投标人的赔偿范围既包括直接损失，也包括间接损失。直接损失如因骗取中标导致中标无效后重新进行招标的成本等；间接损失如项目推迟开工的损失等。本条所定的损害赔偿对象是因投标人的骗取中标行为而遭受损害的招标人。

（3）转让无效、分包无效的民事法律责任。

《招标投标法》第五十八条规定："中标人将中标项目转让给他人的，将中标项目肢解后分别转让给他人的，违反本法规定将中标项目的部分主体、关键性工作分包给他人的，或者分包人再次分包的，转让、分包无效。"《招标投标法实施条例》第七十六条规定："中标人将中标项目转让给他人的，将中标项目肢解后分别转让给他人的，违反《招标投标法》和本条例规定将中标项目的部分主体、关键性工作分包给他人的，或者分包人再次分包的，转让、分包无效。"

投标人在中标后，不按法律规定进行中标项目分包的，投标人就应当承担转让无效、分包无效的责任。该无效为自始无效，即从转让或者分包时起就无效。因该行为取得的财产应当返还给对方当事人，有过错的一方当事人应对无效行为给他人造成的损失，承担赔偿责任。

（4）履约保证金不予退还的民事法律责任。

根据《招标投标法》的规定，中标人不履行与招标人订立的合同的，履约保证金不予退还，给招标人造成的损失超过履约保证金数额的，还应当对超过部分予以赔偿；没有提交履约保证金的，应当对招标人的损失承担赔偿责任。

2. 投标人的行政法律责任

投标人的行政法律责任是指投标人因违反行政法律规范，而依法应当承担的法律后果。投标人承担行政法律责任的主要方式有：警告、罚款、没收违法所得、责令停业、取消投标资格、吊销营业执照、没收投标保证金、对其违法行为进行公告等。

（1）《招标投标法》中关于投标人承担行政法律责任方式的规定：

①投标人相互串通投标或者与招标人串通投标的，投标人以向招标人或者评标委员会成员行贿的手段谋取中标的，处中标项目金额5‰以上10‰以下的罚款，对单位直接负责的主管人员和其他直接责任人员，处单位罚款数额5%以上10%以下的罚款；有违法所得的，并处没收违法所得；情节严重的，取消其1~2年内参加依法必须进行招标的项目的投标资格并予以公告，直至由工商行政管理机关吊销营业执照。

②投标人以他人名义投标或者以其他方式弄虚作假，骗取中标的，依法必须进行招标的项目的投标人所列行为尚未构成犯罪的，处中标项目金额5‰以上10‰以下的罚款，对单位直接负责的主管人员和其他直接责任人员，处单位罚款数额5%以上10%以下的罚款；有违法所得的，并处没收违法所得；情节严重的，取消其1~3年内参加依法必须进行招标的项目的投标资格并予以公告，直至由工商行政管理机关吊销营业执照。

③中标人将中标项目转让给他人的，将中标项目肢解后分别转让给他人的，违反本法规定将中标项目的部分主体、关键性工作分包给他人的，或者分包人再次分包的，处转让、分包项目金额5‰以上10‰以下的罚款，有违法所得的，并处没收违法所得；可以责令停业整顿；情节严重的，由工商行政管理机关吊销营业执照。

④中标人不按照与招标人订立的合同履行义务，情节严重的，取消其2~5年内参加依法必须进行招标的项目的投标资格并予以公告，直至由工商行政管理机关吊销营业执照。

⑤投标人串通投标、抬高标价或者压低标价；投标者相互勾结，以排挤竞争对手的公平竞争的，监督检查部门可以根据情节处1万元以上20万元以下的罚款。

（2）《招标投标法实施条例》中关于投标人承担行政法律责任方式的规定：

①出让或者出租资格、资质证书供他人投标的，依照法律、行政法规的规定给予行政处罚。

②中标人无正当理由不与招标人订立合同，在签订合同时向招标人提出附加条件，或者不按照招标文件要求提交履约保证金的，取消其中标资格，投标保证金不予退还。对依法必须进行招标的项目的中标人，由有关行政监督部门责令改正，可以处中标项目金额10‰以下的罚款。

③招标人和中标人不按照招标文件和中标人的投标文件订立合同，合同的主要条款与招标文件、中标人的投标文件的内容不一致，或者招标人、中标人订立背离合同实质性内容的协议的，由有关行政监督部门责令改正，可以处中标项目金额5‰以上10‰以下的罚款。

④中标人将中标项目转让给他人的，将中标项目肢解后分别转让给他人的，违反招标投标法和本条例规定将中标项目的部分主体、关键性工作分包给他人的，或者分包人再次分包的，转让、分包无效，处转让、分包项目金额5‰以上10‰以下的罚款；有违法所得的，并处没收违法所得；可以责令停业整顿；情节严重的，由工商行政管理机关吊销营业执照。

3.投标人的刑事法律责任

投标人的刑事法律责任是指投标人因实施刑法规定的犯罪行为所应承担的刑事法律后果。刑事法律责任是投标人承担的最严重的一种法律后果。

（1）承担串通投标罪的刑事法律责任。

投标人相互串通投标报价，损害招标人或者其他投标人利益的，情节严重的，处3年以下有期徒刑或者拘役，并处或单处罚金。投标人与招标人串通投标，损害国家、集体、公民合法权益的，处3年以下有期徒刑或拘役，并处或单处罚金。

（2）承担合同诈骗罪的刑事法律责任。

投标人以非法占有为目的，在签订、履行合同的过程中实施骗取对方当事人财物，数额较大的，处3年以下有期徒刑或者拘役，并处或者单处罚金，数额巨大或者有其他严重情节的，处3年以上10年以下有期徒刑，并处罚金；数额特别巨大或者有其他特别严重情节的，处10年以上有期徒刑或者无期徒刑，并处罚金或者没收财产。

（3）承担行贿罪的刑事法律责任。

投标人向招标人或者评标委员会成员行贿，构成犯罪的，处 3 年以下有期徒刑或者拘役。单位犯行贿罪的，对单位判处罚金，并对其直接负责的主管人员和其他直接责任人员，处 3 年以下有期徒刑或者拘役。

任务三　厘清其他相关当事人法律责任

一、招标代理机构的法律责任

招标代理机构的法律责任，是指招标代理机构在招标过程中对其所实施的行为应当承担的法律后果。招标代理机构是依法设立、从事招标代理业务的社会中介机构，其应当在招标人的委托范围内办理招标事宜，招标代理机构应遵守法律、法规及部门规章中关于招标人的相关规定。但招标代理机构在招标投标活动中又具有独立的法律地位，因此法律、法规及部门规章对招标代理机构的法律责任又做出了一些特殊规定。

1. 《招标投标法》对招标代理机构法律责任做出的相关规定

《招标投标法》第五十条规定了招标代理机构的法律责任，招标代理机构泄露应当保密的与招标投标活动有关的情况资料和招标代理机构违反本法规定，与招标人、投标人串通损害国家利益、社会公共利益或者他人合法权益的，应当承担法律责任。该条款中既规定了招标代理机构的民事责任，又规定了招标代理机构的刑事责任和行政责任。

依据这一条款的规定，招标代理机构承担民事责任的主要方式表现为赔偿责任和中标无效。招标代理机构因违法行为应承担的行政责任方式有：罚款、没收违法所得、禁止其 1 ～ 2 年内代理依法必须进行招标的项目并予以公告、吊销营业执照。构成犯罪的依法追究刑事责任。

2. 《招标投标法实施条例》中对招标代理机构的法律责任做出的相关规定

《招标投标法实施条例》第六十五条规定："招标代理机构在所代理的招标项目中投标、代理投标或者向该项目投标人提供咨询的，接受委托编制标底的中介机构参加受托编制标底项目的投标或者为该项目的投标人编制投标文件、提供咨询的，依照招标投标法第五十条的规定追究法律责任。"即如果招标代理机构违反本条的规定，则需要承担罚款、没收违法所得、禁止其 1 ～ 2 年内代理依法必须进行招标的项目并予以公告、吊销营业执照等法律责任。

二、评标委员会的法律责任

评标委员会成员的法律责任，是指评标委员会成员在招标过程中对其所实施的行为应当承担的法律后果。评标委员会在招标投标活动中，既不是行政领导机构，也不是业务主管部门，而是依法独立行使评标职能的组织。评标委员会成员应当客观、公正地履行职务，严格遵守法律、法规所规定的义务及职业道德，否则其也应当承担相应的法律责任。

评标委员会成员因违法行为应承担的行政法律责任方式有：

(1)警告。

(2)取消承担评标委员会的资格。

(3)违法所得的没收违法所得。

(4)罚款,根据违法行为的不同处以不同的罚款额度等。

1.《招标投标法》规定的评标委员会成员的法律责任

《招标投标法》第五十六条规定:"评标委员会成员收受投标人的财物或者其他好处的,评标委员会成员或者参加评标的有关工作人员向他人透露对投标文件的评审和比较、中标候选人的推荐以及与评标有关的其他情况的,给予警告,没收收受的财物,可以并处 3 000 元以上 5 万元以下的罚款,对有所列违法行为的评标委员会成员取消担任评标委员会成员的资格,不得再参加任何依法必须进行招标的项目的评标;构成犯罪的,依法追究刑事责任。"

2.《招标投标法实施条例》规定的评标委员会成员的法律责任

《招标投标法实施条例》第七十一条规定:"评标委员会成员有下列行为之一的,由有关行政监督部门责令改正;情节严重的,禁止其在一定期限内参加依法必须进行招标的项目的评标;情节特别严重的,取消其担任评标委员会成员的资格:

(1)应当回避而不回避。

(2)擅离职守。

(3)不按照招标文件规定的评标标准和方法评标。

(4)私下接触投标人。

(5)向招标人征询确定中标人的意向或者接受任何单位或者个人明示或者暗示提出的倾向或者排斥特定投标人的要求。

(6)对依法应当否决的投标不提出否决意见。

(7)暗示或者诱导投标人做出澄清、说明或者接受投标人主动提出的澄清、说明。

(8)其他不客观、不公正履行职务的行为。"

《招标投标法实施条例》第七十二条规定:"评标委员会成员收受投标人的财物或者其他好处的,没收收受的财物,处 3 000 元以上 5 万元以下的罚款,取消担任评标委员会成员的资格,不得再参加依法必须进行招标的项目的评标;构成犯罪的,依法追究刑事责任。"

3.评标委员会成员承担刑事法律责任的方式

评标委员会违反《招标投标法》第五十六条的相关规定或《招标投标法实施条例》第七十二条的相关规定,构成犯罪的,依法应当承担受贿罪、侵犯商业秘密罪等刑罚。根据《最高人民法院、最高人民检察院关于办理商业贿赂刑事案件适用法律若干问题的意见》第六条的相关规定,依法组建的评标委员会在招标、评标活动中,索取他人财物或者非法收受他人财物,为他人谋取利益,数额较大的,依照《刑法》第一百六十三条规定,以非国家工作人员受贿罪定罪处罚。

三、行政监督部门的法律责任

《招标投标法》第六十三条规定:"对招标投标活动依法负有行政监督职责的国家机关工

作人员徇私舞弊、滥用职权或者玩忽职守,构成犯罪的,依法追究刑事责任;不构成犯罪的,依法给予行政处分。"

《招标投标法实施条例》第八十条规定:"项目审批、核准部门不依法审批、核准项目招标范围、招标方式、招标组织形式的,对单位直接负责的主管人员和其他直接责任人员依法给予处分。

有关行政监督部门不依法履行职责,对违反招标投标法和本条例规定的行为不依法查处,或者不按照规定处理投诉、不依法公告对招标投标当事人违法行为的行政处理决定的,对直接负责的主管人员和其他直接责任人员依法给予处分。

项目审批、核准部门和有关行政监督部门的工作人员徇私舞弊、滥用职权、玩忽职守,构成犯罪的,依法追究刑事责任。"

《招标投标法实施条例》第八十一条规定:"国家工作人员利用职务便利,以直接或者间接、明示或者暗示等任何方式非法干涉招标投标活动,有下列情形之一的,依法给予记过或者记大过处分;情节严重的,依法给予降级或者撤职处分;情节特别严重的,依法给予开除处分;构成犯罪的,依法追究刑事责任:

(1)要求对依法必须进行招标的项目不招标,或者要求对依法应当公开招标的项目不公开招标。

(2)要求评标委员会成员或者招标人以其指定的投标人作为中标候选人或者中标人,或者以其他方式非法干涉评标活动,影响中标结果。

(3)以其他方式非法干涉招标投标活动。"

徇私舞弊是指行政机关工作人员,在监督过程中故意不依法履行职责,致使公共财产、国家和人民利益遭受重大损失的行为。

滥用职权是指国家机关工作人员超越职权,违法决定、处理其无权决定、处理的事项,或者违反规定处理公务,致使公共财产、国家和人民利益遭受重大损失的行为。

玩忽职守是指国家机关工作人员严重不负责任,不履行或者不认真履行职责,致使公共财产、国家和人民利益遭受重大损失的行为。

国家机关工作人员徇私舞弊、滥用职权或者玩忽职守,致使公共财产、国家和人民利益遭受重大损失、构成犯罪的,处3年以下有期徒刑或者拘役;情节特别严重的,处3年以上7年以下有期徒刑。国家机关工作人员徇私舞弊,犯前款罪的,处5年以下有期徒刑或者拘役;情节特别严重的,处5年以上10年以下有期徒刑。

案例 1-1

基本案情

2017年9月20日,某省高速公路公司对某高速公路施工项目进行公开招标。招标公告发出后,有四家单位参与投标,四家单位分别为此案原告和三被告(A公司、B公司和C公司)。

原告诉称,在招标过程中,三被告存在恶意串标的事实:吴某和姚某都是C公司的员工,吴某也曾代表C公司参加过其他项目的投标。而在此次开标过程中,吴某代表A公司参加了开标活动,姚某代表B公司参加了开标活动,而C公司最终中标,故请求法院确认中标结果无效,判令三被告共同赔偿原告经济损失人民币20万元。C公司辩称:吴某在我公司休假期间,自行去A公司应聘,代表A公司投标,我公司当时并不知情。我公司员工在投标现场才发现有吴某投标一事,我们也及时进行了处理,调查出这是吴某的个人行为,不是两公司串标的行为。公司了解情况后,和吴某解除了劳动关系。B公司辩称:C公司的姚某不是去投标的姚某。C公司辩称:鉴于吴某表现好,积极承认错误,工作能力很强,我公司没有辞退她,她又回到我公司工作。作为第三人的某招标代理公司辩称:我公司没有义务实质审查各个投标人的身份,认为应驳回原告的诉讼请求。经查,C公司2017年9月份的养老缴费明细表中含有吴某和姚某的缴费记录。

　　法院审理认为:本案为串通投标纠纷,A公司指控的主要事实为被告存在意思联络。考虑到串通投标纠纷的案件特点和被告的诉讼地位,C公司和A公司仍应对其主张的事实提交证据。如A公司、C公司陈述属实,则:①吴某2017年9月10日应聘,9月20日已被委任为投标代表,在试用期内全权代表公司参与重大竞争项目,不合常理;②吴某隐瞒在C公司任职的事实,前往A公司应聘,又在开标现场遭遇C公司,可能性极小。现有证据已经证明C公司投标代表和A公司投标代表吴某都是C公司员工,构成串通投标的重大疑点,对原告主张的事实形成明显的证据优势。在审理过程中,法院曾明确要求C公司、A公司提交吴某的劳动合同、简历、离职证明、社保缴费证明等证据,两被告未能提交相应证据。"吴某"现象已属巧合,而"吴某"+"姚某"则属于连续巧合,可能性极小。同一案件出现连续巧合,实属罕见,若无证据,难以置信。如两个"姚某"不是同一身份,C公司、B公司完全可以提交姚某的劳动合同、签字文件、简历、照片、身份证明材料等证据,可以通过照片对比和笔迹对比轻松摆脱指控。但是,C公司拒绝提交上述证据,B公司拒不参加诉讼,均应自行承担相应的不利后果。三被告的投标代表都是C公司的员工,在投标代表委任上存在明显的人事混同,可以认定三被告在投标过程中存在意思联络,构成串通投标行为。

　　根据《招标投标法》第五十三条的规定,法院最后判决:C公司中标无效,对A、B、C三公司每个公司处以中标金额千分之五的罚款×元,对A公司、B公司、C公司三被告直接负责的主管人员以及其他直接责任人员处单位罚款数额百分之五的罚款×元,A、B、C三公司共同赔偿招标人此次招标失败的直接经济损失×元,三被告负担原告为本案维权支出的律师费和公证费等相关费用×元。

知识链接

　　《招标投标法》第五十三条规定:"投标人相互串通投标或者与招标人串通投标的,投标人以向招标人或者评标委员会成员行贿的手段谋取中标的,中标无效,处中标项目金额千分之五以上千分之十以下的罚款,对单位直接负责的主管人员以及其他直接责任人员处单位罚款数额百分之五以上百分之十以下的罚款;有违法所得的,并处没收违法所得;情节严重的,取消其一年至二年内参加依法必须进行招标的项目的投标资格并予以公告,直至由工商行政管理机关吊销营业执照;构成犯罪的,应依法追究刑事责任。给他人造成损失的,依法承担赔偿责任。"

法律分析

　　本案涉及两个争议焦点:第一,三被告是否存在串通投标的行为;第二,如果三被告串通投标,应如何承担法律责任。

首先,《招标投标法实施条例》第四十条规定了视为串通投标的六种情形,其中包括"不同投标人委托同一单位或者个人办理投标事宜"。本案例中,A、B、C 三家投标单位的投标代表都是 C 公司的员工,而且最后的"中标人"也是 C 公司。虽然三被告从不同角度进行了辩解,但却不能提供支持其辩解理由的相关证据材料。因此,法院认定"三被告在投标过程中存在意思联络,构成串通投标行为",并判决 C 公司中标无效是有事实和法律依据的。

其次,《招标投标法》第五十三条规定:"投标人相互串通投标的,中标无效,给他人造成损失的,依法承担赔偿责任。"本案例中,三被告串通投标,C 公司的中标结果依法无效,三被告还应承担原告因此所受的损失。但是,投标是竞争性要约行为,中标结果具有不确定性。三被告串通投标固然违法,但即使三被告没有串通投标,原告也未必中标。因此,三被告串通投标行为和原告没有中标的结果不存在直接因果关系,不能把原告中标后的预期利润作为确定被告赔偿数额的计算依据。但是,原告为本案维权支出的律师费和公证费,数额合理,理由正当,三被告应负连带赔偿责任。

思考题

1. 招标投标活动中当事人承担法律责任有哪几种?

2. 招标人哪些违法行为应当承担民事法律责任?承担民事责任的方式有哪些?

3. 投标人承担民事责任的方式有哪些?

4. 招标代理机构因违法行为应承担的行政责任方式有哪些?

5. 评标委员会成员因违法行为应承担的行政法律责任方式有哪些?

MODULE 2 | 模 块 二
公路工程施工招标与投标

模块二 拓展学习

知识目标

1. 了解招标工作的程序、工程承包形式、施工招标应具备的条件、招标机构的组成;
2. 掌握资格预审的过程、资格预审文件的编制方法和资格审查的方法;
3. 熟悉参加资格预审的过程、掌握施工资格预审申请文件的组成及编制;
4. 掌握施工招标文件的组成、招标文件的编制方法;
5. 理解合同通用条款、合同专用条款、技术规范、工程量清单及控制价的含义;
6. 掌握工程量清单的内容组成及其编制原则和方法;
7. 理解施工投标的概念,能描述施工投标的过程;
8. 熟悉投标人在投标阶段的主要工作内容;
9. 掌握施工投标文件的组成及编制;
10. 掌握投标报价的编制步骤和报价技巧;
11. 熟悉投标文件的签署、装订、密封和递交的要求;
12. 熟悉投标注意事项。

能力目标

1. 具有资格预审文件的编制能力;
2. 具有资格预审申请文件的编制能力;
3. 具有资格预审申请文件的审查能力;
4. 具有招标文件的编写能力;
5. 具有施工投标文件的编制能力。

项目一
ITEM ONE

公路工程施工招标程序 与工作内容

任务一　认知招标条件及程序

公路工程招标投标活动中,主要参与者包括招标人、投标人、招标代理机构和政府监督部门。为确保公路工程招标工作的顺利进行,参与施工招标的招标人、招标代理机构和工程项目,必须达到国家规定的招标条件,并按照一定的程序进行。

一、公路工程施工招标应具备的条件

根据《工程建设项目施工招标投标办法》(九部委第 23 号令)第八条规定,依法必须招标的工程建设项目,应当具备下列条件才能进行施工招标:

(1)招标人已经依法成立;

(2)初步设计及概算应当履行审批手续的,已经批准;

(3)有相应资金或资金来源已经落实;

(4)有招标所需的设计图纸及技术资料。

二、公路工程施工招标的程序

根据《公路工程建设项目招标投标管理办法》(交通运输部 2015 年第 24 号令)第十一条规定,公路工程建设项目采用资格预审方式公开招标的,应当按下列程序进行:

(1)编制资格预审文件;

(2)发布资格预审公告,发售资格预审文件,公开资格预审文件关键内容;

(3)接收资格预审申请文件;

(4)组建资格审查委员会对资格预审申请人进行资格审查,资格审查委员会编写资格审查报告;

(5)根据资格审查结果,向通过资格预审的申请人发出投标邀请书;向未通过资格预审的申请人发出资格预审结果通知书,告知未通过的依据和原因;

(6)编制招标文件;

(7)发售招标文件,公开招标文件的关键内容;

(8)需要时,组织潜在投标人踏勘项目现场,召开投标预备会;

(9)接收投标文件,公开开标;

(10)组建评标委员会评标,评标委员会编写评标报告、推荐中标候选人;

(11)公示中标候选人相关信息;

(12)确定中标人;

(13)编制招标投标情况的书面报告;

(14)向中标人发出中标通知书,同时将中标结果通知所有未中标的投标人;

(15)与中标人订立合同。

采用资格后审方式公开招标的,在完成招标文件编制并发布招标公告后,按照前款程序第(7)项至第(15)项进行。

采用邀请招标的,在完成招标文件编制并发出投标邀请书后,按照前款程序第(7)项至第(15)项进行。

公路工程施工招标流程图如图2-1所示。

招标流程

"比武招亲"——招投标

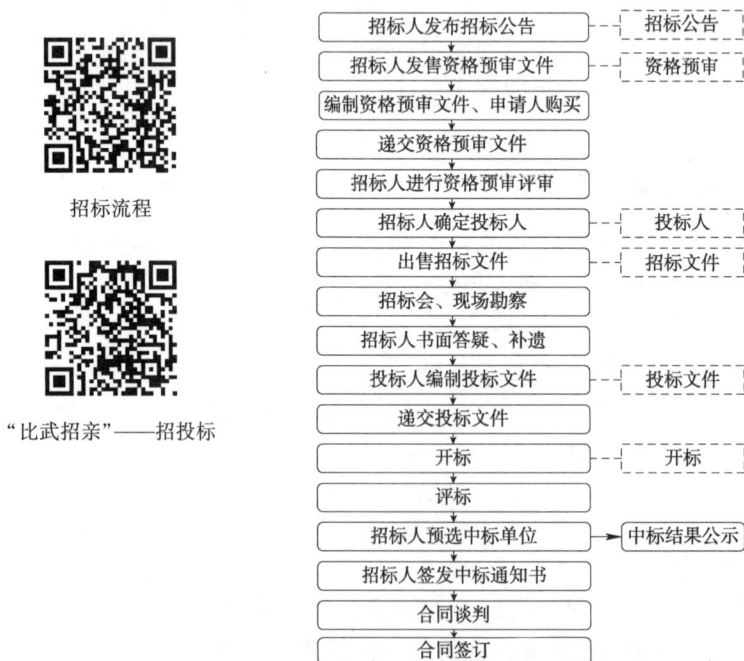

图2-1　公路工程施工招标流程图

任务二 认知招标工作内容

一、组建项目法人

项目法人是依据《中华人民共和国公司法》（以下简称《公司法》）成立的从事项目开发的有限责任公司和股份有限公司。项目法人不是出资人，项目法人是项目建设的责任主体，依法对所开发的项目负有项目的策划、资金筹措、建设实施、生产经营、债务偿还和资本的保值增值等责任，并享有相应的权利。

根据《公路建设四项制度实施方法》的规定："凡列入国家和地方基本建设计划的公路建设项目必须实行项目法人责任制度，由项目法人对建设项目负总责。"项目法人如委托中介机构对项目进行建设管理，必须按项目管理权限报交通主管部门核备。

地方人民政府或政府交通主管部门可以成立项目建设协调机构（指挥部），负责协调征地拆迁、建设环境等方面的工作，履行政府监督管理职能。可行性研究报告批准后，应正式成立或明确项目法人，在初步设计批准前，按项目管理权限报交通主管部门审批。新组建的项目法人应依法办理公司注册或事业法人登记手续。项目法人机构设置和技术、管理人员素质，必须满足工程建设管理的需要，符合公路建设市场准入条件。

公路建设项目法人分为经营性公路建设项目法人和公益性公路建设项目法人。

依法投资建设经营性公路项目的国内外经济组织为经营性公路建设项目法人。非经营性公路建设项目法人为公益性公路建设项目法人。

经营性公路建设项目法人应按照基本建设程序，履行以下职责：

（1）筹措建设资金。

（2）编制项目实施计划和年度计划。

（3）依法选择勘察、设计、施工、监理单位和设备、材料供应单位。

（4）向交通运输主管部门办理开工报告。

（5）按照合同约定，对工程质量、进度、投资、安全生产和环境保护进行监督管理，审查施工组织设计、重要施工工艺和标准试验以及工程分包等事项，保证工程处于受控状态。

（6）接受交通运输主管部门和公路工程质量监督机构的监督检查，按时报送项目建设的有关信息资料。

（7）执行国家档案管理规定，建立健全建设项目的所有档案。

（8）及时组织交工验收，做好竣工验收的准备工作。

（9）组织项目后评价，提出项目后评价报告。

（10）按照有关技术标准和规范的要求，做好公路养护管理工作，负责收费管理，按期偿还贷款。

公益性公路建设项目法人，根据交通主管部门授权，履行以上相应职责。

招投标的类型

二、确定招标方式

根据《招标投标法》,国家重点项目和地方重点项目应进行公开招标,不宜进行公开招标的,经批准可以进行邀请招标。

1. 采用邀请招标的情形

有下列情形之一的,可以邀请招标:

(1)技术复杂、有特殊要求或者受自然环境限制,只有少量潜在投标人可供选择。

(2)采用公开招标方式的费用占项目合同金额的比例过大。

2. 采用不招标的情形

除《招标投标法》第六十六条规定的可以不进行招标的特殊情况(如涉及国家安全、国家秘密、抢险救灾或者属于利用扶贫资金实行的以工代赈、需要使用农民工等特殊情况)外,有下列情形之一的,可以不进行招标:

(1)需要采用不可替代的专利或者专有技术。

(2)采购人依法能够自行建设、生产或者提供。

(3)已通过招标方式选定的特许经营项目投资人依法能够自行建设、生产或者提供。

(4)需要向原中标人采购工程、货物或者服务,否则将影响施工或者功能配套要求。

(5)国家规定的其他特殊情形。

施工承包合同
计价方式

三、选定承包方式

按计价方式的不同,施工承包合同有以下多种类型。

1. 总价合同

1)固定总价合同

按双方商定的总价承包工程的合同称为总价合同。其特点是以图纸和技术规范为依据,明确内容和计算承包价,签约时一次完成;在合同执行过程中,除非建设单位要求变更原定的承包内容,承包方一般不得要求变更承包价。这种方式简便,但双方均须承担一定的风险。对于建设单位来说,管理工作量少,结算简便,但对承包费用,特别是不可预见费难以掌握,不利于降低造价。对于承包人来说,如果图纸和规范要求不够详细,未知因素较多,若遇到材料等突然涨价以及恶劣气候等意外情况,则必须承担风险。为此,承包人往往采用加大不可预见费的方式,但其数额毕竟有限,效果难以把握。

总价承包方式只适用于施工图纸明确、规模小、工期短、技术不太复杂的工程。

2)变动(调值)总价合同

合同总承包价款随工程进展中的变更、违约索赔、材料涨价等因素变化而变动。显而易见,这种承包方式比较客观、合理,但双方操作较复杂,可能会产生一些矛盾,加大管理工作量。因此,在选择本方式时,必须注意变动或调值要以公式法或文件证据法为依据。这种方式一般适用于公开招标、工期较长的大规模工程。

2.单价合同

由招标人开列出所有工程细目的工程清单,然后交投标人投标报价,再择其中一家能胜任工程任务而总报价低的为中标方,双方签订合同,工程付款将根据所完成的工程数量按工程量清单中的单价结算,即单价合同方式。单价合同方式具有更好的合同公平性,便于处理工程变更和施工索赔问题,能避免工程变更给承包合同双方带来风险,有利于降低风险,因而被广泛采用。但本方式将增大建设单位的管理工作量,并对监理工程师的素质有很高的要求。这种方式适用于在没有详细的施工图及工程数量以及对工程某些施工条件也不完全清楚的情况下就要开工的工程。

3.成本补偿合同

按工程实际发生的成本(包括人工费、材料费、施工机械使用费、其他直接费和施工管理以及各项独立费,但不包括承包人的总管理费和应缴所得税),加上商定的总管理费和利润来确定工程总造价。本方式一般适用于开工前工程内容尚不完全确定,而又急于开工的工程,如边设计边施工的紧急工程,或遭受地震、战火等灾害破坏后的修复工程,以及保密工程或科学研究的工程等。

四、划分施工合同段和确定工期

公路工程施工招标,可以对整个建设项目分合同段一次招标,也可以根据不同专业、不同实施阶段分别进行招标,但不得将招标工程化整为零或者以其他任何方式回避招标。公路工程施工招标合同段,应按照有利于对项目实施管理和规模化施工的原则合理划分。

施工标段的划分

施工工期应当按照批复的初步设计建设工期,结合项目实际情况,合理确定。

五、组织资格审查

1.资格审查的概念

资格审查是指招标人对潜在投标人的经营范围、专业资质、财务状况、技术能力、管理能力、业绩、信誉等评估审查,以判定其是否具有投标、订立和履行合同的资格及能力。资格审查既是招标人的权利,也是大多数招标项目的必要程序,它对保障招标人和投标人的利益具有重要作用。

什么是资格审查

2.资格审查的方法

资格审查的方法有资格预审和资格后审两种。

资格审查的分类

1)资格预审

资格预审是招标人通过发布招标资格预审公告,向不特定的潜在投标人发出投标邀请,并组织招标资格审查委员会按照招标资格预审公告和资格预审文件确定的资格预审条件、标准和方法,对投标申请人的经营资格、专业资质、财务状况、类似项目业绩、履约信誉、企业认证体系等条件进行评审,确定合格的潜在投标人。

资格预审可以减少评标阶段的工作量、缩短评标时间、减少评审费用、避免不合格投标人浪费不必要的投标费用,但因设置了招标资格预审环节,延长了招标投标的过程,增加了招标

投标双方资格预审的费用。资格预审方法比较适合于技术难度较大或投标文件编制费用较高,且潜在投标人数量较多的招标项目。

资格预审办法有合格制和有限数量制两种。

(1)合格制。一般情况下应采用合格制。优点:投标竞争性强,有利于获得更多、更好的投标人和投标方案。缺点:投标人可能较多,从而增加投标和评标工作量,浪费社会资源。

(2)有限数量制。当潜在投标人过多时,可采用有限数量制。招标人在资格预审文件中既要规定投标资格条件、审查标准、评分标准和评审方法,又应明确通过资格预审的投标申请人数量。目前,除行业部门规定外,尚未统一规定合格申请人的最少数量,原则上满足3家以内。优点:一般有利于降低招标投标活动的社会综合成本。缺点:在一定程度上限制了潜在的投标人的范围。

2)资格后审

资格后审是指在开标后的初步评审阶段,评标委员会根据招标文件规定的投标资格条件对投标人资格进行评审,投标资格评审合格的投标文件进入详细评审。对资格后审不合格的投标人,评标委员会应当将其投标作废标处理,不再进行详细评审。

资格后审可以避免招标与投标双方资格预审的工作环节和费用,缩短招标投标过程,有利于增强投标的竞争性,但在投标人过多时会增加社会成本和评标工作量。资格后审方法比较适合于潜在投标人数量不多的招标项目。

3.资格审查的原则

资格审查应在坚持"合法、公开、公平、公正和诚实信用"基本原则的基础上,遵守科学、择优的原则。

(1)科学原则是为了保证申请人或潜在投标人具有合法的投标资格和相应的履约能力,招标人应根据招标采购项目的规模、技术管理特性要求,结合国家企业资质等级标准和市场竞争及其投标人状况,科学、合理地设立资格评审方法、条件和标准。

(2)择优原则是通过资格审查,选择资格能力、业绩、信誉优秀的潜在投标人参加投标。

资格预审的程序

4.资格预审的程序

(1)招标人编制资格预审文件。

(2)发布资格预审公告。

(3)出售资格预审文件。

(4)资格预审文件的澄清及修改。

(5)潜在投标人编制并递交资格预审申请文件。

(6)组建资格审查委员会。

(7)资格审查委员会对资格预审申请文件进行评审,并编写资格评审报告。

(8)招标人审核资格评审报告,确定资格预审合格申请人。

(9)向通过资格预审的申请人发出投标邀请书(代资格预审合格通知书),并向未通过资格预审的申请人发出资格预审结果的书面通知。

依法必须进行招标的项目其资格预审公告和招标公告,应当在国务院发展改革部门指定的媒介发布。在不同媒介发布的同一招标项目的资格预审公告或者招标公告的内容应当一致。指定媒介发布依法必须进行招标的项目,其境内资格预审公告、招标公告不得收取费用。

公路工程施工采用公开招标的,招标公告发布后,招标人应当根据潜在投标人提交的资格预审申请文件,对潜在投标人的资格进行审查。招标人只向资格预审合格的潜在投标人发售招标文件。

公路工程施工采用邀请招标的,投标邀请书发出后,招标人应当根据投标人提交的投标文件,对投标人的资格进行审查。

六、招标人编制招标文件

招标人编制招标文件的依据和原则如下。

1.遵守法律法规

招标文件的内容应符合我国法律法规,如《招标投标法》《民法典》《中华人民共和国建筑法》(以下简称《建筑法》)等有关法律法规的规定,遵循国际惯例、行业规范等。

2.全面反映使用单位需求

招标文件应能全面准确地反映用户的需求,功能描述准确,技术指标、工艺方法、质量水平、档次要求、验收标准明确,商务条款、使用环境、地理位置条件也应明确,这些因素会影响投标人的正常报价和投标方案。

3.公正合理

招标文件是具有法律效力的文件,双方都要遵守,都要承担义务。合理是指招标人提出的技术要求、商务条件必须依据充分并切合实际,不能盲目提高标准、提高设备精度等,否则会造成浪费。

4.公平竞争

公平竞争是指招标文件不能存有歧视性条款。招标的原则是公开、公平、公正,只有公平、公开才能吸引真正感兴趣、有竞争力的投标人竞标。招标文件应载明配套的评标因素或方法,尽量做到科学合理。这样会使招标活动更加公开,人为因素相对减少,也会使潜在的投标人更感兴趣。

5.科学规范

招标文件的用词、用语一定要准确无误,表述清楚,不允许用"大概""大约"等无法确定的语句以及表达上含糊不清的语句,尽可能地少用或不用形容词,禁止使用有歧义的语言,防止投标人出现理解误差。一份招标文件要做到"五个统一",即格式统一、字体统一、语言统一、数字运用统一、技术要求使用标准统一。

七、现场踏勘

在投标人购买招标文件并进行了初步研究后,招标人应组织投标人进行现场踏勘,以便投标人充分了解与投标报价有关的施工现场的地形、地质、水文、气象、交通运输、临时进出场道路及临时设施、施工干扰等方面的情况和风险,并在报价中对这些风险费用做出准确的估计。为了达到较好的现场考察效果,现场考察的时

现场踏勘
与投标预备会

间安排通常应考虑投标单位研究招标文件所需的合理时间。现场踏勘过程中,招标人应派比较熟悉现场情况的设计代表详细介绍各合同段的现场情况,现场考察的费用由投标人负责。在此特别指出:招标人提供的本合同工程的水文、地质、气象和料场分布、取土场、弃土场位置等参考资料不构成合同文件的组成部分。投标人应对自己就上述资料的解释、推论和应用负责,招标人不对投标人据此做出的判断和决策承担任何责任。

招标人一般在招标文件发出后,就开始着手考虑安排投标人进行现场踏勘等准备工作,并在现场踏勘中对投标人给予必要的协助。招标人不得单独或者分别组织任何一个投标人进行现场踏勘。

八、组织召开投标预备会(资源 2-8)

召开投标预备会的目的是解答投标人提出的问题。投标人在研究招标文件、进行现场踏勘后,会对招标文件中的某些地方提出疑问,这些疑问有些是因为投标人不理解招标文件产生的,也有些是由于招标文件的遗漏和错误产生的。投标人应在投标预备会议召开前,以书面的形式将要求答复的问题提交招标人。招标人应将各投标人的疑问收集汇总,并逐一研究处理。如属于投标人未理解招标文件而产生的疑问,可将这些问题放在"澄清书"中予以澄清和解释;如属于招标文件的错误或遗漏,则应编制"招标补遗"对招标文件进行补充和修正。总之,对投标人的问题应统一书面解答,当招标补遗很多且对招标文件的改动较大时,为使投标人有合理的时间将"补遗书"的内容在编标时予以考虑,招标人可视情况延长投标截止日期。

九、投标人编制及递交投标文件

投标人应当按照招标文件的要求编制投标文件,并对招标文件提出的实质性要求和条件作出响应。投标文件应当由投标人密封,并按照招标文件规定的时间、地点和方式送达招标人。

招标人对投标人按时送达并符合密封要求的投标文件,应当签收,并妥善保存,不得接受未按照要求密封的投标文件及投标截止时间后送达的投标文件。

十、组建评标委员会

招标人组织成立评标委员会,评标委员会由招标人代表和技术、经济专家组成。

十一、开标、评标、签订合同

招标人组织现场开标,评标委员会进行投标文件的评审,招标人与中标人签订合同。(详见模块三)

案例 2-1

某公路工程项目按《公路工程标准施工招标文件(2018 年版)》(交通运输部公告 2017 年第 51 号)招标并签订施工总价承包合同,投标利润率 5%。工程招标文件参考资料中提供的用砂地点距工地 4km,但开工后,发现该砂不符合质量要求,承包人只得从另一距工地 20km 供砂点采购。

问题:由于供砂距离的增大,必然引起费用的增加,承包人经过仔细计算后,在业主指令下达的第 3 天,向业主的监理人提交了将原用砂单价每吨提高 5 元人民币的索赔要求。请问承包人的索赔要求合理吗? 为什么?

参考答案:

承包人的索赔要求不合理。原因是:按《公路工程标准施工招标文件》(2018 年版) 第 4.10.1 条,招标人提供的本合同工程的水文、地质、气象和料场分布、取土场、弃土场位置等资料均属参考资料,并不构成合同文件的组成部分,承包人应对自己就上述资料的解释、推论和应用负责,发包人不对承包人据此作出的判断和决策承担任何责任。

思考题

1. 公路工程项目在进行施工招标前,应当具备哪些条件?
2. 简述公路工程施工招标的程序。
3. 招标机构是如何组成的?

项目二
ITEM TWO
公路工程资格预审文件

任务一　资格预审文件编制

　　招标资格预审文件是告知投标申请人资格预审条件、标准和方法,并对投标申请人的经营资格、履约能力进行评审,确定合格投标人的依据。

　　应交通运输部的要求,为了加强公路工程施工招标管理,规范资格预审文件编制工作,促进招投标活动实现"公开、公平、公正和诚实信用"原则,依法必须进行招标的各等级公路和桥梁、隧道建设项目,公路工程应当使用《标准施工招标资格预审文件》(2007 年版)、《公路工程标准施工招标资格预审文件》(2018 年版)以及招标人可根据项目实际情况,编制项目专用文件,二者结合使用。其他公路项目可参照执行。

　　招标资格预审文件由招标人或招标代理机构编制。

　　《公路工程标准施工招标资格预审文件》(2018 年版),公路工程资格预审文件的编制内容如下:

　　(1)资格预审公告。

　　(2)申请人须知。

　　(3)资格审查办法。

　　(4)资格预审申请文件格式。

　　(5)项目建设概况等。

　　下面以某高速公路项目土建工程施工第 6 合同段招标为例进行资格预审文件编制,其基本内容和格式根据《标准施工招标资格预审文件》(2007 年版)、《公路工程标准施工招标资格预审文件》(2018 年版)及招标项目具体特点和实际需要。

一、资格预审公告

资格预审公告见表 2-1。

招标代理机构

资格预审
文件的组成

资格预审公告

资格预审公告

表 2-1

×× 省 ×× 至 ×× 高速公路项目土建工程第 6 合同段施工招标资格预审公告

1. 招标条件

本招标项目 ×× 省 ×× 至 ×× 高速公路项目已由 ×× 省发展与改革委员会以 ×× 发改交能 ×× 号文件批准建设，初步设计已由 ×× 省交通运输厅 × 号文件 × 号批准，项目建设方为 ××。建设资金来自交通运输部补助、国内银行贷款和 ×× 省自筹，项目出资比例为 ×× 省自筹、交通运输部补助 ×%；国内银行贷款 ×%。项目已具备招标条件，现进行公开招标，特邀请有兴趣的潜在投标人（以下简称申请人）提出资格预审申请。

2. 项目概况与招标范围

本项目位于 ×× 省 ×× 市境内，主线采用 4 车道高速公路标准建设，全长 98.07km，设计速度为 100km/h，路基宽度 26m。本次招标范围为 ×× 高速公路项目土建工程施工第 6 合同段，招标人拟对本项目施工进行公开招标，并组织资格审查。其资质要求、业绩要求等见下表。

工程类别	合同段号	桩号	长度	工程内容	资质要求	业绩最低要求
土建工程	6	K12 + 800 ~ K39 + 450	26.65km	互通 1 处、服务区 1 处、超长隧道 1 座（3 550m）、中小隧道 2 座等	公路工程施工总承包特级或同时具备公路工程施工总承包一级和隧道工程专业承包一级资质	最近 5 年，交工过两个高速公路施工总承包工程（指路基、路面、桥梁、隧道中任意两个或两个以上的工程一起招标的工程）合同段的施工，且其中任意一个交工过一座左右洞累计长度不小于 6 000m 高速公路隧道施工经验

工期：本项目计划总工期 36 个月，其中本次招标工程计划工期 24 个月。

3. 申请人资格要求

3.1 本次资格预审要求申请人具备独立法人资格，持有有效的营业执照、安全生产许可证、住房和城乡建设部颁发的相应资质，具有上表业绩要求；并在人员、设备、资金等方面具有相应的施工能力。

申请人应进入交通运输部"全国公路建设市场信用信息管理系统（http://glxy.mot.gov.cn）"中的公路工程施工资质企业名录，且申请人名称和资质与该名录中的相应企业名称和资质完全一致。

3.2 本次资格预审接受联合体资格预审申请。

3.3 每个申请人最多可对一个合同段提出资格预审申请；被招标项目所在地省级交通运输主管部门评为 B 信用等级的申请人。对申请人信用等级的认定条件为：_____。

3.4 与招标人存在利害关系可能影响招标公正性的单位，不得提出资格预审申请。单位负责人为同一人或存在控股、管理关系的不同单位，对同一合同段提出资格预审申请的，最多只能有一家单位通过资格预审。

3.5 在"信用中国"（http://www.creditchina.gov.cn/）中被列入失信被执行人名单的申请人，不能通过资格预审。

4. 资格预审方法

本次资格预审采用有限数量制。

5. 资格预审文件的获取

5.1 请申请人于 2019 年 3 月 1 日至 2019 年 3 月 5 日每日 8 时 00 分至 12 时 00 分，14 时 30 分至 17 时 00 分（北京时间，下同），在 ×× 省 ×× 市 ×× 办公楼 1 楼 206 室持单位介绍信和经办人身份证购买资格预审文件。

5.2 资格预审文件每套售价人民币 1 000 元，售后不退。

6. 资格预审申请文件的递交

6.1 递交资格预审申请文件截止时间（申请截止时间，下同）为 2019 年 3 月 15 日上午 10 时 00 分，申请人应于当日 9 时 00 分至 10 时 00 分将资格预审申请文件递交至 ×× 省 ×× 市 ×× 商务中心一楼招标投标交易中心开标室交招标人签收。

6.2 逾期送达的、未送达指定地点的或不按照资格预审文件要求密封的资格预审申请文件，招标人将予以拒收。

7. 本次资格预审公告同时在中国采购与招标网（www.chinabidding.com.cn）、×× 省招标投标监管网（www.bidding.××.gov.cn）上发布。

8. 联系方式

招 标 人：

招标人地址：×× 市 ×× 路 ×× 办公楼 × 楼 ××× 室

邮　　　编：_____

电　　　话：_____

传　　　真：_____

联　 系　 人：_____

二〇 ×× 年 × 月 × 日

知识链接

1. 资格预审公告（代招标公告）的内容

（1）招标条件。

（2）项目概况与招标范围。

（3）申请人资格要求。

（4）资格预审方法。

（5）资格预审文件的获取。

（6）资格预审申请文件的递交。

（7）发布公告的媒介：国务院发展改革部门依法指定的媒介发布。

（8）联系方式。

2. 资格预审公告（代招标公告）的作用

（1）发布某项目将要招标。

（2）发布资格预审的具体细节信息。

3. 资格预审公告内容的基本要求

（1）资格预审文件的发售时间不得少于 5 日。

（2）资格预审文件中提到的货币单位除有特别说明外，均指人民币。

（3）每套资格预审文件售价只计工本费，最高不超过 1 000 元。

（4）依法必须进行招标的公路工程，自资格预审文件停止发售之日起至申请人递交资格预审申请文件截止之日止，不得少于 5 日。

（5）填写具体的招标文件发售地点，包括街道、门牌号、楼层、房间号等，不能以招标人名称替代资格预审文件发售地点。

（6）联合体。《招标投标法》第三十一条规定，两个以上法人或者其他组织可以组成一个联合体，以一个投标人的身份共同投标。

联合体主办人所承担的工程量必须超过总工程量的 50%；联合体各方签订联合体协议后，不得再以自己名义单独或以其他联合体成员的名义申请同一合同段的资格预审。

组建联合体承包工程有利于多家联合，资质互补，雄厚资金；在技术、管理、报价、投标策略上可以取长补短，竞争优势明显。此外，它是承包人避免相互间过度竞争、平衡市场占有与利益分配、增加整体抵御风险能力的一种选择。

（7）资格预审公告媒体发布。《招标投标法实施条例》第十五条规定，依法必须进行招标的项目资格预审公告和招标公告，应当在国务院发展改革部门依法指定的媒介发布。

根据《招标公告和公示信息发布管理办法》（国家发改委会令第 10 号）规定，依法必须招标项目的招标公告和公示信息应当在"中国招标投标公共服务平台"或者项目所在地省级电子招标投标公共服务平台发布。省级电子招标投标公共服务平台应当与"中国招标投标公共服务平台"对接，按规定同步交互招标公告和公示信息。对依法必须招标项目的招标公告和公示信息，发布媒介应当与相应的公共资源交易平台实现信息共享。

招标人可以通过信息网络或者其他媒介发布招标文件，通过信息网络或者其他媒介发布的招标文件与书面招标文件具有同等法律效力，但出现不一致时以书面招标文件为准。招标人应当保持书面招标文件原始正本的完好。

（8）申请人资质要求：

申请人资质要求招标人应根据项目的规模、难易程度、其他的具体情况以及建筑业企业资质管理的要求来确定。

①建筑业企业资质管理一览表（表2-2）。

建筑业企业资质管理一览表 表2-2

<table>
<tr><td rowspan="8">建筑业企业资质管理</td><td colspan="4">建筑业企业实行资质管理制度，在取得相应类别资质证书后，方可从事相应资质许可范围内的工程施工承包活动</td></tr>
<tr><td>资质分类</td><td>资质的类别</td><td>资质的等级</td><td>承揽业务范围</td></tr>
<tr><td>施工总承包资质</td><td>房屋建筑、公路、铁路、港口航道、水利水电、电力、矿山、冶炼、机电安装等</td><td>特级、一级、二级、三级</td><td>承接施工总承包工程</td></tr>
<tr><td>专业承包资质</td><td>路基、路面、桥梁、隧道、公路交通工程交通安全设施、通信系统等约60种</td><td>一级、二级、三级</td><td>承接施工总承包企业分包的专业工程和项目建设方依法发包的专业工程</td></tr>
<tr><td>劳务分包</td><td>木工作业、砌筑作业、油漆作业、钢筋作业、混凝土作业、脚手架搭设作业等</td><td>一级、二级或资质不分等级（根据具体作业而划分）</td><td>承接施工总承包企业或专业承包企业分包的劳务作业</td></tr>
<tr><td colspan="4">已经开始推行设计与施工一体化资质标准，是今后发展的方向</td></tr>
</table>

②公路施工企业承包工程范围一览表（表2-3）。

公路施工企业承包工程范围一览表 表2-3

<table>
<tr><td colspan="2">1. 公路工程施工总承包企业承包工程范围</td></tr>
<tr><td>企业等级</td><td>承包工程范围</td></tr>
<tr><td>特级企业</td><td>可承担各等级公路及其桥梁、隧道工程的施工</td></tr>
<tr><td>一级企业</td><td>可承担单项合同额不超过企业注册资本金5倍的各等级公路及桥梁、长度3 000m及以下的隧道工程的施工</td></tr>
<tr><td>二级企业</td><td>可承担单项合同额不超过企业注册资本金5倍的一级标准及以下公路、单跨跨径＜100m的桥梁、长度＜1 000m的隧道工程的施工</td></tr>
<tr><td>三级企业</td><td>可承担单项合同额不超过企业注册资本金5倍的二级标准及以下公路、单座桥长＜500m、单跨跨径＜40m的桥梁工程的施工</td></tr>
<tr><td colspan="2">2. 公路路面工程专业承包企业承包工程范围</td></tr>
<tr><td>企业等级</td><td>承包工程范围</td></tr>
<tr><td>一级企业</td><td>可承担各级公路的各类路面和钢桥面工程的施工</td></tr>
<tr><td>二级企业</td><td>可承担单项合同额不超过企业注册资本金5倍的一级标准及以下公路路面工程的施工</td></tr>
<tr><td>三级企业</td><td>可承担单项合同额不超过企业注册资本金5倍的二级标准及以下公路路面工程的施工</td></tr>
</table>

续上表

3.公路路基工程专业承包企业承包工程范围	
企业等级	承包工程范围
一级企业	可承担各级公路的土石方、单跨跨度小于100m、单座桥长小于500m的桥梁、防护及排水、软基处理工程的施工
二级企业	可承担单项合同额不超过企业注册资本金5倍的一级标准及以下公路的土石方、中小桥涵、防护及排水、软基处理工程的施工
三级企业	可承担单项合同额不超过企业注册资本金5倍的二级标准及以下公路的土石方、中小桥涵、防护及排水、软基处理工程的施工
4.桥梁工程专业承包企业承包工程范围	
企业等级	承包工程范围
一级企业	可承担各类桥梁工程的施工
二级企业	可承担单跨跨径100m及以下桥梁工程的施工
5.隧道工程专业承包企业承包工程范围	
企业等级	承包工程范围
一级企业	可承担各类隧道工程施工
二级企业	可承担断面面积20m² 及以下且长度1 000m及以下的隧道工程的施工
6.公路交通工程专业承包企业承包工程范围	
企业等级	承包工程范围
交通安全设施分项	可承担各级公路标志、标线、护栏、隔离栅、防眩板等工程的施工及安装
通信系统工程分项	可承担各级公路干线传输系统、程控交换系统、移动通信系统、紧急电话系统的施工及安装
监控系统工程分项	可承担各级公路交通信息采集系统、信息发布系统、中央控制系统、供电配套设施系统的施工及安装
收费系统工程分项	可承担收费公路收费车道及附属配套设备、收费管理系统及配套设备的施工及安装
通信、监控、收费综合系统工程分项	可承担各级公路干线传输系统、移动通信系统、紧急电话系统、交通信息采集系统、信息发布系统、中央控制系统、供电配套设施系统的施工及安装和收费公路收费车道及附属配套设备、收费管理系统及配套设备的施工及安装

资格预审——申请人
须知前附表的编制1

资格预审——申请人
须知前附表的编制2

二、申请人须知

（一）申请人须知前附表

"申请人须知前附表"（表2-4）由招标人根据招标项目的具体特点和实际需要编制和填写，当"申请人须知前附表"与"申请人须知"不一致时，以"申请人须知前附表"为准。"申请人须知前附表"中的附录表格（表2-5～表2-12）同属"申请人须知前附表"内容，具有同等效用。

申请人须知前附表

表2-4

条款号	条款名称	编列内容
1.1.2	招标人	招　标　人：＿＿＿＿＿＿＿ 招标人地址：××市××路××办公楼×楼×××室 邮　　　编：＿＿＿＿＿＿＿ 联　系　人：＿＿＿＿＿＿＿ 电　　　话：＿＿＿＿＿＿＿ 传　　　真：＿＿＿＿＿＿＿
1.1.4	项目名称	××省××至××高速公路项目土建工程
1.1.5	建设地点	××省××市
1.2.1	资金来源	资金来源为：交通运输部补助、国内银行贷款和××省自筹
1.2.2	出资比例	××省自筹、交通运输部补助×%；国内银行贷款×%
1.2.3	资金落实情况	已落实
1.3.1	招标范围	××省××至××高速公路项目土建工程第6合同段
1.3.2	计划工期	计划工期：×××日历天 计划开工日期：××××年×月×日 计划交工日期：××××年×月×日
1.3.3	质量要求	合同段工程交工验收的质量评定：合格 竣工验收的质量评定：优良
1.4.1	申请人资质条件、能力和信誉	资质条件：见附录1 财务要求：见附录2 业绩要求：见附录3 信誉要求：见附录4 项目经理和项目总工资格：见附录5 其他主要管理人员和技术人员：见附录6 主要机械设备和试验检测设备：见附录7和附录8
1.4.2	是否接受联合体资格预审申请	□不接受 ☑接受，但联合体所有成员数量不得超过3家
1.4.3	申请人不得存在的其他关联情形	
1.4.4	申请人不得存在的其他不良状况或不良信用记录	
2.2.1	申请人要求澄清资格预审文件	递交资格预审申请文件截止之日5天前
2.2.2	资格预审文件澄清发出的形式	时间：××××年×月×日×时×分 形式：书面
2.2.3	申请人确认收到资格预审文件澄清	时间：收到澄清后24小时内（以发出时间为准） 形式：书面
2.3.1	资格预审文件修改发出的形式	书面
2.3.2	申请人确认收到资格预审文件修改	时间：收到修改后24小时内（以发出时间为准） 形式：书面

续上表

条款号	条款名称	编列内容
3.1.1	资格预审申请文件的组成	目录 一、资格预审申请函 二、授权委托书或法定代表人身份证明 三、联合体协议书 四、申请人基本情况 1.申请人基本情况表 2.申请人企业组织机构框图 五、近年财务状况 1.财务状况表 2.银行信贷证明 六、近年完成的类似项目情况表 七、申请人的信誉情况表 八、拟委任的项目经理和项目总工资历表 九、拟委任的其他管理和技术人员情况表 1. 拟委任的其他管理和技术人员汇总表 2.拟委任的其他管理和技术人员资历表 十、拟投入本合同段的主要设备表 1.拟投入本合同段的主要施工机械表 2.拟配备本合同段的主要材料试验、测量、质检仪器设备表 十一、其他资料
3.2.4	近年财务状况的年份要求	×××× —20 × × 年
3.2.5	近年完成的类似项目情况的时间	×××年×月×日至20 × × 年×月×日
3.3.1	资格预审文件签字、盖章	（1）资格预审申请文件，用不褪色的材料书写或打印，并由申请人的法定代表人或其委托代理人逐页亲笔签署姓名(封面、扉页、目录和本页正文内容)，不得使用印章、签名章或其他电子制版签名代替。 （2）明确要求申请人加盖单位章之处，必须加盖单位章。 （3）对资格预审申请文件的澄清、说明和任何改动之处应加盖申请人单位章或由申请人的法定代表人或其委托代理人签字。 （4）以联合体形式申请资格预审的，由联合体牵头人的法定代表人或其委托代理人按上述规定签署和加盖联合体牵头人单位章
3.3.2	资格预审申请文件副本份数及其他要求	资格预审申请文件副本份数：1 份 是否要求提交电子版文件：否 正本和副本的封面右上角上应清楚地标记"正本"或"副本"字样

续上表

条款号	条款名称	编列内容
3.3.3	资格预审申请文件的装订要求	资格预审申请文件正本与副本应分别装订成册(A4纸幅)并编制目录,并且自目录起(含目录,以阿拉伯数字"1"开始)逐页标注连续页码
4.1.2	封套上写明	招标人名称:_____ 招标人地址:_____ _____(项目名称)合同段施工招标资格预审申请文件 在___年___月___日___时___分前不得开启 申请人名称:_____
4.2.3	是否退还资格预审申请文件	☑否 □是
5.1.2	审查委员会的组建	审查委员会构成:__7__人,其中招标人代表__1__人, 专家__6__人; 专家确定方式:依法从相应评标专家库中随机抽取
5.2	资格审查方法	□合格制 ☑有限数量制
6.1	资格预审结果的通知时间	发放投标邀请书之前或同日通知
6.3	资格预审结果的确认时间	收到投标邀请书后24小时内(以招标人发出时间为准)予以确认
8.4	监督部门的联系方式	监督部门:_____ 地　　址:××市××路×号 电　　话:_____ 传　　真:_____ 邮　　编:_____
9	是否采用电子招标投标	☑否 □是,具体要求:
10.1.1	申请人申请资格	每个申请人最多可对本项目的一个合同段提出资格预审申请

附录1 资格预审条件(资质最低条件)(表2-5)

资质最低条件 表2-5

施工企业资质等级要求
(1)具有独立法人资格,持有效的营业执照、安全生产许可证。 (2)具备公路工程施工总承包特级或同时具备公路工程施工总承包一级和隧道工程专业承包一级资质。 (3)投标人应进入交通运输部"全国公路建设市场信用信息管理系统(http://glxy.mot.gov.cn)"中的公路工程施工资质企业名录,且投标人名称和资质与该名录中的相应企业名称和资质完全一致。

知识链接

公路施工企业应按照《建筑业企业资质等级标准》规定的承包工程范围承包工程,不得跨资质序列、越级、超范围承包工程。

附录2 资格预审条件(财务最低要求)(表2-6)

财务最低要求　　　　　　　　　　　　　　　　　　　　表2-6

财务最低要求
(1)投标人近三年(××××—××××年)的平均营业额不少于 ___×___ 亿元;
(2)投标人近三年(××××—××××年)流动资产与流动负债的比率不应小于1

知识链接

(1)根据《工程设计与施工企业资质管理规定》(2011年),公路工程施工总承包企业资质等级标准,一级资质标准第3条:企业注册资本金6000万元以上。隧道工程专业承包企业资质等级标准,企业注册资本金3000万元以上,企业净资产1200万元以上。

(2)财务最低要求:招标人审查投标人是否有足够的资金承担本工程。投标人必须有一定数量的流动资金。投标人的财务状况将根据其提交的经审计的财务报表以及银行开具的资信证明来判断,其中特别需要考虑的是承担新工程所需要的财务资源能力,投标人必须有足够的资金承担新的工程。其财务状况必须是良好的,对承诺的工程量不应超出本人的能力。不具备充足的资金执行新的工程合同将导致其资格审查不合格。

附录3 资格预审条件(业绩最低要求)(表2-7)

业绩最低要求　　　　　　　　　　　　　　　　　　　　表2-7

业绩最低要求
最近5年(××××年×月×日起至××××年×月×日止),交工过两个高速公路施工总承包工程(指路基、路面、桥梁、隧道中任意两个或两个以上的工程一起招标的工程)合同段的施工,且其中任意一个交工过一座高速公路特长隧道施工;其中任意一个具有30mT梁及以上桥梁工程施工

知识链接

业绩最低要求是招标人审查投标人的施工经验:是否承担过类似本工程项目,特别是具有特别要求的施工项目;近年来施工的工程数量、规模。投标人要提供近几年中令建设单位满意地完成过相似类型和规模及复杂程度相当的工程项目的施工情况。

附录4 资格预审条件(信誉最低要求)(表2-8)

信誉最低要求　　　　　　　　　　　　　　　　　　　　表2-8

信誉最低要求
投标人在本省公路建设市场未发生重大违约问题

知识链接

(1)国家发展改革委办公厅《关于规范招标投标领域信用评价应用的通知》(发改办财金[2023]860号)规定:各地方不得以信用评价、信用评分等方式变相设立招标投标交易壁垒,不得对各类经营主体区别对待,不得将特定行政区域业绩、设立本地分支机构、本地缴纳税金社保等作为信用评价加分事项。

(2)国家发展改革委、住房城乡建设部等8部门联合印发《招标投标领域公平竞争审查规则》(国家发展改革委令第16号)(自2024年5月1日起施行)第九条规定:政策制定机关可以通过组织开展信用评价引导经营主体诚信守法参与招标投标活动,并可以通过制定实施相应政策措施鼓励经营主体应用信用评价结果,但应当平等对待不同地区、所有制形式的经营主体,依法保障经营主体自主权,不得制定以下政策措施:

①在信用信息记录、归集、共享等方面对不同地区或者所有制形式的经营主体作出区别规定;
②对不同地区或者所有制形式经营主体的资质、资格、业绩等采用不同信用评价标准;
③根据经营主体的所在地区或者所有制形式采取差异化的信用监管措施;
④没有法定依据,限制经营主体参考使用信用评价结果的自主权;
⑤其他排除限制竞争或者损害经营主体合法权益的政策措施。

附录5　资格预审条件(项目经理和项目总工最低要求)(表2-9)

项目经理和项目总工最低要求　　　　　　　　　　　　　　表2-9

人员	数量	资格要求	在岗要求
项目经理	1	工程师,具有公路工程专业的一级建造师注册证书; 具有交通运输行政主管部门颁发的《安全生产考核合格证书》B 类; 近 5 年内至少担任过高速公路特长隧道工程施工的项目经理(副经理)	无在岗项目(指目前未在其他项目上任职,或虽在其他项目上任职但本项目中标后能够从该项目撤离)
项目总工	1	高级工程师,公路工程、道路、桥梁、隧道等工程相关专业(以职称证为准); 具有交通运输行政主管部门颁发的《安全生产考核合格证书》B 类; 近 5 年内至少担任过高速公路特长隧道工程施工的项目总工(副总工)或技术负责人	

注:1. 以上人员均不得处于暂停执业处罚期内,且未被取消资格。
　　2. 未在资格预审申请文件中填报的人员不作为评审依据。

知识链接

(1)《注册建造师管理规定》第三条规定,注册建造师是指通过考核认定或考试合格取得中华人民共和国建造师资格证书,并按照本规定注册,取得中华人民共和国建造师注册证书和执业印章,担任施工单位项目负责人及从事相关活动的专业技术人员。未取得注册证书和执业印章的,不得担任大中型建设工程项目的施工单位项目负责人,不得以注册建造师的名义从事相关活动。

(2)中华人民共和国交通运输部令 2007 年第 1 号《公路水运工程安全生产监督管理办法》第八条规定,施工单位应当取得安全生产许可证,施工单位的主要负责人、项目负责人、专项安全生产管理人员,必须取得考核合格证书,方可参加公路水运工程投标及施工。施工单位主要负责人,是指对本企业日常生产经营活动和安全生产工作全面负责、有生产经营决策权的人员,包括企业法定代表人、企业安全生产工作的负责人等。项目负责人,是指由企业法定代表人授权,负责公路水运工程项目施工管理的负责人,包括项目经理、项目副经理和项目总工。

附录6　资格预审条件(其他主要管理人员和技术人员最低要求)(表2-10)

其他主要管理人员和技术人员最低要求　　　　　　　　　表2-10

人员	数量	资格要求
计量工程师	1	交通运输部(或原交通部)颁发的甲级造价工程师或住房和城乡建设部颁发的注册造价工程师
试验工程师	2	工程系列工程师或以上职称,持有交通运输部工程质量监督局颁发的试验检测工程师资格证书
安全负责人	2	工程系列工程师及以上职称,具有交通运输部核发的安全生产"三类人员"C 类证
……		

知识链接

本表仅适用于采用有限数量制进行资格审查的技术特别复杂的特大桥梁和长大隧道工程。对其他主要管理人员和技术人员的最低要求,由招标人在满足国家相关法律法规前提下,根据招标项目具体特点和实际情况确定,但不得设置过高的资格条件。

附录7　资格审查条件(主要机械设备最低要求)(表2-11)

主要机械设备最低要求　　　　　　　　　　　　　　　　　　表2-11

序号	设备名称及型号	单位	最低数量要求	序号	设备名称及型号	单位	最低数量要求
一、路基工程				二、桥梁工程			
①	1.0m³以上挖掘机	台	20	①	50m³/h以上混凝土搅拌站	座	2
②	135kW以上推土机	台	8	②	60m³/h混凝土输送泵	台	1
……							
三、隧道工程							
①	整体式液压模板衬砌台车	台	8	②	1 800m³/min以上通风机	台	8
……							
四、路面工程				五、其他			
①	稳定土搅拌站300t/h以上	套	1	①	380kW以上发电机	台	2
……							

知识链接

(1)本表仅适用于采用综合评估法评标的技术特别复杂的特大桥梁和长大隧道工程。对主要机械设备和试验检测设备的最低要求由招标人在满足国家相关法律法规前提下,根据招标项目具体特点和实际情况确定。

(2)主要机械设备和试验检测设备最低要求是招标人审查投标人所拥有的施工设备是否能满足工程的要求。

附录8　主要试验检测设备最低要求(表2-12)

主要试验检测设备最低要求　　　　　　　　　　　　　　　　表2-12

序号	仪器设备名称	单位	数量
一	土工设备		
1	CBR试验仪	台	2
2	弯沉仪	台	1
……			
二	称量设备		
1	台秤(称量10kg)	台	4
2	磅秤	台	1
……			

续上表

序号	仪器设备名称	单位	数量
三	水泥检测设备		
1	电动抗折机	台	1
2	水泥胶砂搅拌机	台	1
	......		

注:1. 本表仅适用于采用综合评估法评标的技术特别复杂的特大桥梁和长大隧道工程。对主要机械设备和试验检测设备的最低要求由招标人在满足国家相关法律法规前提下,根据招标项目具体特点和实际情况确定。

2. 主要机械设备和试验检测设备最低要求是招标人审查投标人所拥有的施工设备是否能满足工程的要求。

知识链接

(1)申请人须知是指导申请人根据招标人对项目资格审查的要求,正确编制资格预审申请文件的说明。

(2)申请人须知内容由申请人须知前附表和申请人须知正文两部分组成。

(3)申请人须知前附表用于进一步明确正文中的未尽事宜,由招标人根据《公路工程标准施工招标资格预审文件》(2018年版)结合招标项目具体特点和实际需要编制和填写,但务必与资格预审文件中其他内容相衔接,且不得与本正文内容相抵触,否则抵触内容无效。

(4)申请人须知前附表中基本要求:

①第1.3.3款,质量要求。

a.合同段工程交工验收的质量评定。根据《公路工程质量检验评定标准 第一册 土建工程》(JTG F80/1—2017)第3.1款规定,工程质量评定等级分为合格与不合格。

b.竣工验收的质量评定。根据《公路工程竣(交)工验收办法》(2017年版)第二十一条规定,竣工验收工程质量评分采取加权平均法计算,工程质量评分大于等于90分为优良,小于90分且大于等于75分为合格,小于75分为不合格。

②第2.2.1款,申请人要求澄清资格预审文件的截止时间。根据《招标投标法实施条例》第二十二条规定,潜在投标人或者其他利害关系人对资格预审文件有异议的,应当在提交资格预审申请文件截止时间2日前提出。

③第2.2.2款,招标人澄清资格预审文件的截止时间。根据《招标投标法实施条例》第二十一条规定,招标人可以对已发出的资格预审文件进行必要的澄清或者修改。澄清或者修改的内容可能影响资格预审申请文件编制的,招标人应当在提交资格预审申请文件截止时间至少3日前,以书面形式通知所有获取资格预审文件的潜在投标人;不足3日的,招标人应当顺延提交资格预审申请文件的截止时间。

④第3.2.4款,近年财务状况的年份要求。申请人应提交近年(一般为近3年)经会计师事务所或审计机构审计的财务报表,包括资产负债表、损益表、现金流量表等,用于招标人判断投标人的总体财务状况以及盈利能力和偿债能力,进而评估其承担招标项目的财务能力和抗风险能力。申请工程招标资格预审者,特别需要反映申请人近3年每年的营业额、固定资产、流动资产、长期负债、流动负债、净资产等。必要时,应由开户银行出具金融信誉等级证书或银行资信证明。

⑤第3.2.5款,近年完成的类似项目的年份要求。类似项目业绩是指使用功能类型、标

准、规模相似或相近的工程建设项目。主要包括两类项目,一类是近年已完成项目,是考察申请人类似经验、履约能力。二类是已承接施工项目,考察申请人可调动剩余资源和能力,项目数量、质量以及使用情况,履约状况。

近年完成的类似项目的年份要求一般要求是3年或5年,招标人根据具体情况而定。

⑥第5.1.2款,审查委员会人数。根据《招标投标法》第三十七条规定,依法必须进行招标的项目,其评标委员会由招标人的代表和有关技术、经济等方面的专家组成,成员人数为5人以上单数,其中技术、经济等方面的专家不得少于成员总数的三分之一。

(二)申请人须知正文

1. 总则
1.1 (略)
1.2 (略)
1.3 (略)
1.4
1.4.1 (略)
1.4.2 (略)
1.4.3 申请人(包括联合体各成员)不得与本合同段相关单位存在下列关联关系:
(1)为招标人不具有独立法人资格的附属机构(单位)。
(2)与招标人存在利害关系且可能影响招标公正性。
(3)为本合同段前期准备提供设计或咨询服务的法人或其任何附属机构(单位)。
(4)为本合同段的监理人。
(5)为本合同段的代建人。
(6)为本合同段的招标代理机构。
(7)与本合同段的监理人或代建人或招标代理机构同为一个法定代表人。
(8)与本合同段的监理人或代建人或招标代理机构存在控股或参股关系。
(9)法律法规或申请人须知前附表规定的其他情形。
1.4.4 申请人(包括联合体各成员)不得存在下列不良状况或不良信用记录:
(1)被省级及以上交通运输主管部门取消招标项目所在地的投标资格且处于有效期内。
(2)被责令停业,暂扣或吊销执照,或吊销资质证书。
(3)进入清算程序,或被宣告破产,或其他丧失履约能力的情形。
(4)在国家企业信用信息公示系统(http://www.gsxt.gov.cn/)中被列入严重违法失信企业名单。
(5)在"信用中国"网站(http://www.creditchina.gov.cn/)中被列入失信被执行人名单。
(6)申请人或其法定代表人、拟委任的项目经理在近3年内有行贿犯罪行为的(行贿犯罪行为的认定以检察机关职务犯罪预防部门出具的查询结果为准)。
(7)法律法规或申请人须知前附表规定的其他情形。
2. 资格预审文件(略)
3. 资格预审申请文件的编制(节选)
3.1 资格预审申请文件的组成
3.1.1 资格预审申请文件应包括下列内容(见投标人须知前附表3.1.1)
3.2 资格预审申请文件的编制要求
3.2.1 资格预审申请文件应按"资格预审申请文件格式"进行编写,如有必要,可以增加附页,并作为资格预审申请文件的组成部分。
3.2.2 法定代表人授权委托书必须由法定代表人签署。
(1)如果资格预审申请文件由委托代理人签署,则申请人须提交授权委托书,授权委托书应按规定的书面方式出具,并

资格预审申请(后审)
文件的编制要求

由法定代表人和委托代理人亲笔签名，不得使用印章、签名章或其他电子制版签名代替。

（2）如果由申请人的法定代表人亲自签署资格预审申请文件，则申请人须提交法定代表人身份证明，身份证明应按规定的书面方式出具，以联合体形式申请资格预审的，法定代表人授权委托书或法定代表人身份证明须由联合体牵头人按上述规定出具。

3.2.3 "申请人基本情况表"应附企业法人营业执照副本和组织机构代码证副本（按照"三证合一"或"五证合一"登记制度进行登记的，可仅提供营业执照副本，下同）、施工资质证书副本、安全生产许可证副本、基本账户开户许可证的复印件，申请人在交通运输部"全国公路建设市场信用信息管理系统"公路工程施工资质企业名录中的网页截图复印件，以及申请人在国家企业信用信息公示系统中基础信息（体现股东及出资详细信息）的网页截图或由法定的社会验资机构出具的验资报告或注册地工商部门出具的股东出资情况证明复印件。

企业法人营业执照副本和组织机构代码证副本、施工资质证书副本、安全生产许可证副本、基本账户开户许可证的复印件应提供全本（证书封面、封底、空白页除外），应包括申请人名称、申请人其他相关信息、颁发机构名称、申请人信息变更情况等关键页在内，并逐页加盖申请人单位章。

3.2.4 "近年财务状况表"应附经会计师事务所或审计机构审计的财务会计报表，包括资产负债表、现金流量表、利润表和财务情况说明书的复印件，具体年份要求见申请人须知前附录5。申请人的成立时间少于申请人须知前附表规定年份的，应提供成立以来的财务状况表。

3.2.5 "近年完成的类似项目"应是已列入交通运输主管部门"公路建设市场信用信息管理系统"并公开的主包已建业绩或分包已建业绩，具体时间要求见申请人须知前附表。

"近年完成的类似项目情况表"应附在交通运输部"全国公路建设市场信用信息管理系统"（网址：http://glxy.mot.gov.cn/BM/）中查询到的企业"业绩信息"相关项目网页截图复印件，即包括"项目名称""合同段类型""合同价""主要工程量""项目主要管理人员"等栏目在内的项目详细信息网页截图复印件。在交通运输部"全国公路建设市场信用信息管理系统"中无法查询，但可在省级交通运输主管部门"公路建设市场信用信息管理系统"中查询的，应附省级交通运输主管部门"公路建设市场信用信息管理系统"中查询到的网页截图复印件。除网页截图复印件外，申请人无须再提供任何业绩证明材料。

如申请人未提供相关项目网页截图复印件或相关项目网页截图中的信息无法证实申请人满足资格预审文件规定的资格预审条件（业绩最低要求），则该项目业绩不予认定。

3.2.6 "申请人的信誉情况表"应附申请人在国家企业信用信息公示系统中未被列入严重违法失信企业名单、在"信用中国"网站中未被列入失信被执行人名单的网页截图复印件，以及由项目所在地或申请人住所地检察机关职务犯罪预防部门出具的近3年内申请人及其法定代表人、拟委任的项目经理均无行贿犯罪行为的查询记录证明原件。

3.2.7 "拟委任的项目经理和项目总工资历表"应附项目经理和项目总工的身份证、职称资格证书以及资格预审条件所要求的其他相关证书（如建造师注册证书、安全生产考核合格证书等）的复印件，建造师注册证书、安全生产考核合格证书在政府相关部门网站上公开信息的网页截图复印件，以及申请人所属社保机构出具的拟委任的项目经理和项目总工的社保缴费证明或其他能够证明拟委任的项目经理和项目总工参加社保的有效证明材料复印件。

"拟委任的项目经理和项目总工资历表"还应附交通运输部"全国公路建设市场信用信息管理系统"中载明的、能够证明项目经理和项目总工具有相关业绩的网页截图复印件。在交通运输部"全国公路建设市场信用信息管理系统"中无法查询，但可在省级交通运输主管部门"公路建设市场信用信息管理系统"中查询的，应附省级交通运输主管部门"公路建设市场信用信息管理系统"中查询到的网页截图复印件。除网页截图复印件外，申请人无须再提供任何业绩证明材料。如申请人未提供相关业绩网页截图复印件或相关业绩网页截图中的信息无法证实申请人满足资格预审文件规定的资格预审条件（项目经理和项目总工最低要求），则该业绩不予认定。

如项目经理和项目总工目前仍在其他项目上任职，则申请人应提供由该项目发包人出具的、承诺上述人员能够从该项目撤离的书面证明材料原件。

3.2.8 "拟委任的其他管理和技术人员汇总表"（如有）应填报满足申请人须知前附表附录6规定的其他人员的相关信息。"拟委任的其他管理和技术人员资历表"

（如有）中相关人员应附身份证、职称资格证书以及资格预审条件所要求的其他相关证书的复印件，相关业绩证明材料复印件，以及申请人所属社保机构出具的社保缴费证明或其他能够证明其参加社保的有效证明材料复印件。

3.2.9 "拟投入本合同段的主要施工机械表""拟配备本合同段的主要材料试验、测量、质检仪器设备表"（如有）应填报满足申请人须知前附表附录7规定的机械设备和试验检测设备。

3.2.10　申请人在资格预审申请文件中填报的资质、业绩、主要人员资历和目前在岗情况、信用等级等信息,应与其在交通运输主管部门"公路建设市场信用信息管理系统"上填报并发布的相关信息一致。申请人应根据本单位实际情况及时完成相关信息的申报、录入和动态更新,并对相关信息的真实性、完整性和准确性负责。

知识链接

投标人须知正文包括的内容有总则、资格预审文件、资格预审申请文件的编制、资格预审申请文件的递交、资格预审申请文件的审查、通知和确认、申请人的资格改变、纪律和监督及需要补充的其他内容。

1.总则

总则中的项目概括、资金来源和落实情况、招标范围、计划工期和质量要求、申请人资格要求等在申请人须知前附表中进行了具体化。

2.资格预审文件

1)资格预审文件的组成

资格预审文件由资格预审公告、申请人须知、资格审查办法、资格预审申请文件格式、项目建设概况,以及根据本申请人须知对资格预审文件的澄清和对资格预审文件的修改组成。

2)资格预审文件的澄清

申请人应仔细阅读和检查资格预审文件的全部内容。如有疑问,应在申请人须知前附表规定的时间前以书面形式(包括信函、电报、传真等可以有形表现所载内容的形式,下同),要求招标人对资格预审文件进行澄清。

招标人应在申请人须知前附表规定的时间前,以书面形式将澄清内容发给所有购买资格预审文件的申请人,但不指明澄清问题的来源。

申请人收到澄清后,应在申请人须知前附表规定的时间内以书面形式通知招标人,确认已收到该澄清。

3)资格预审文件的修改

在申请人须知前附表规定的时间前,招标人可以书面形式通知申请人修改资格预审文件。在申请人须知前附表规定的时间后修改资格预审文件的,招标人应相应顺延申请截止时间。

申请人收到修改的内容后,应在申请人须知前附表规定的时间内以书面形式通知招标人,确认已收到该修改。

3.资格预审申请文件的编制

1)资格预审申请文件的组成

详见投标人须知前附表第3.1.1款内容。

2)资格预审申请文件的编制要求

(1)资格预审申请文件应按"资格预审申请文件格式"进行编写,如有必要,可以增加附页,并作为资格预审申请文件的组成部分。

(2)资格预审申请文件中要求申请人提供的各类证照复印件均指彩色扫描件或彩色复印件,其他资料的复印件可为黑白扫描件或黑白复印件。

3)资格预审申请文件的装订、签字

(1)申请人应按本申请人须知的要求,编制完整的资格预审申请文件,用不褪色的材料书写或打印,并由申请人的法定代表人或其委托代理人逐页亲笔签署姓名(封面、扉页、目录和本页正文内容已由申请人的法定代表人或其委托代理人签署姓名的可不签署),不得使用印章、签名章或其他电子制版签名。

(2)以联合体形式申请资格预审的,资格预审申请文件由联合体牵头人的法定代表人或其委托代理人按上述规定签署。资格预审申请文件中的任何改动之处应加盖单位章或由申请人的法定代表人或其委托代理人签字确认。签字或盖章的其他要求见申请人须知前附表。

(3)资格预审申请文件正本一份,副本份数见申请人须知前附表。正本和副本的封面上应清楚地标记"正本"或"副本"字样。当正本和副本不一致时,以正本为准。

(4)资格预审申请文件正本与副本应分别装订成册(A4 纸幅),并编制目录,且逐页标注连续页码。

(5)资格预审申请文件不得采用活页夹装订,否则,招标人对由于资格预审申请文件装订松散而造成的丢失或其他后果不承担任何责任。

4. 资格预审申请文件的递交

1)资格预审申请文件的密封和标识

(1)资格预审申请文件的正本、副本及其电子版文件(如需要)应统一密封在一个封套中。封套应加贴封条,并在封套的封口处加盖申请人单位章或由申请人的法定代表人或其委托代理人签字。

(2)资格预审申请文件封套上应写明的内容见申请人须知前附表。

(3)未按"申请人须知"第 4.1.1 款或第 4.1.2 款要求密封和加写标记的资格预审申请文件,招标人不予受理。

2)资格预审申请文件的递交

(1)申请截止时间:见"资格预审公告"的内容。

(2)申请人递交资格预审申请文件的地点:见"资格预审公告"的内容。

(3)申请人所递交的资格预审申请文件不予退还。

(4)逾期送达或未送达指定地点的资格预审申请文件,招标人将予以拒收。

5. 资格预审申请文件的审查

资格预审申请文件由招标人组建的审查委员会负责资格审查。

6. 通知和确认

(1)招标人在申请人须知前附表规定的时间内以书面形式将资格预审结果通知申请人,并向通过资格预审的申请人发出投标邀请书。

(2)应申请人书面要求,招标人应对资格预审结果做出解释,但不保证申请人对解释内容满意。

(3)通过资格预审的申请人收到投标邀请书后,应在申请人须知前附表规定的时间内以书面形式明确表示是否参加投标。在申请人须知前附表规定时间内未表示是否参加投标或明确表示不参加投标的,不得再参加投标,因此造成潜在投标人数量不足 3 个的,招标人重新组织资格预审或不再组织资格预审而直接招标。

7. 申请人的资格改变

通过资格预审的申请人组织机构、财务能力、信誉情况等资格条件发生变化,使其不再实质上满足"资格审查办法"规定标准的,其投标不被接受。

8. 纪律、监督和投诉

严禁申请人向招标人、审查委员会成员和与审查活动有关的其他工作人员行贿。

招标人、审查委员会成员,以及与审查活动有关的其他工作人员应对资格预审申请文件的审查、比较进行保密,不得在资格预审结果公布前泄露资格预审结果,不得向他人泄露可能影响公平竞争的有关情况。

申请人和其他利害关系人认为本次资格预审活动违反法律、法规和规章规定的,有权向有关行政监督部门投诉。

9. 需要补充的其他内容(略)

三、资格审查办法及程序(有限数量制)

(一)资格审查办法前附表(表2-13)

资格审查办法前附表 表2-13

条款号		条款名称	编列内容
1		通过资格预审的人数	通过初步审查和详细审查的申请人,按综合得分由高到低的顺序排序,选择前10名通过资格预审
2		审查因素	审查标准
2.1	初步审查标准	申请人名称	与营业执照、资质证书、安全生产许可证一致
		申请函签字盖章	有法定代表人或其委托代理人签字或加盖单位章
		申请文件格式	符合资格审查申请文件格式的要求
		提交资格预审申请文件	类别、数量与意向函的类别、数量一致
		申请人的法定代表人身份证明或授权委托书	符合资格预审"申请人须知"第3.2.2款规定
		资格预审申请文件逐页签署情况	符合资格预审"申请人须知"第3.3.1款规定
		资格预审申请文件正、副本份数	符合资格预审"申请人须知"第3.3.2款规定
		资格预审申请文件	没有对招标人的权利提出削弱性或限制性要求,没有对申请人的责任和义务提出实质性修改
2.2	详细审查标准	营业执照	具备有效的营业执照
		组织机构代码证	具备有效的组织机构代码证
		资质证书	具备有效的组织机构代码证
		安全生产许可证	具备有效的安全生产许可证
		基本账户开户许可证	具备有效的基本账户开户许可证
		申请人资质等级	符合资格预审"申请人须知"第1.4.1款规定
		申请人财务状况	符合资格预审"申请人须知"第1.4.1款规定
		申请人类似项目业绩	符合资格预审"申请人须知"第1.4.1款规定
		申请人信誉	符合资格预审"申请人须知"第1.4.1款规定
		申请人项目经理和项目总工	符合资格预审"申请人须知"第1.4.1款规定
		申请人主要管理人员和技术人员	符合资格预审"申请人须知"第1.4.1款规定
		申请人主要机械设备和试验检测设备	符合资格预审"申请人须知"第1.4.1款规定

续上表

条款号	条款名称				编列内容
2.3	评分标准	评分因素与权重分值			评分标准
		评分因素	评分因素权重分值	各评分因素细分项	分值	
		拟投入本合同段的主要人员资历	20	项目经理	6	满足资格预审要求,得满分6分
				项目总工	6	满足资格预审要求,得满分6分
				其他主要管理人员	8	满足资格预审要求,得满分8分
		拟投入本合同段的主要机械设备	10	主要机械设备	5	满足资格预审要求,得满分5分
				试验检测设备	5	满足资格预审要求,得满分5分
		类似工程施工经验	30	类似工程施工经验	30	满足资格预审要求,得满分12分;增加交工一座高速公路特长隧道工程施工的业绩,加8分,加满30分为止
		履约信誉	20	获奖	5	2003年1月以来(以证书颁发日期为准),投标人所完成的公路桥梁隧道工程获得中国建筑工程鲁班奖或中国土木工程詹天佑奖的,每项加2.5分,加满5分为止;同一个项目获多奖项不重复加分
				信用等级	15	信用等级评分表 信用等级 / ××××年 / ××××年 / ××××年 AA / 4 / 5 / 6 A / 2 / 3 / 4 B、C / 0 注:信用等级以本省交通运输厅发布的公路工程施工企业信用评价结果为准,信用评价得分为本省交通运输厅发布的某一施工企业最近3年信用等级得分之和
		财务能力	15	年平均营业额	10	近三年年平均营业额不少于__×__亿元,得基本分8分;每超过__×__亿元,加0.4分,加满10分为止
				流动资产与流动负债的比率	5	近三年流动资产与流动负债的比率不应小于1。满足要求,得满分5分
		技术能力	5	获得的与项目施工有关的技术创新	2	满足要求,得满分2分
				获得的与项目施工有关的国家级工法、专利	2	满足要求,得满分2分
				主编或参编过与项目施工有关的国家、行业或地方标准等	1	满足要求,得满分1分

知识链接

（1）资格审查办法由资格审查办法前附表和资格审查办法正文两部分组成。

（2）"资格审查办法前附表"用于明确资格审查的方法、初步审查标准、详细审查标准、评分因素与权重、评分标准和程序。招标人应根据招标项目具体特点和实际需要，详细列明全部审查因素、评分标准，没有列明的因素和标准不得作为资格审查的依据。资格审查办法前附表与资格审查正文不一致时，以资格审查办法前附表为准。

（3）评分标准。

评分标准是招标人对申请人投标人的拟投入主要人员资历、类似工程施工经验、履约信誉、财务能力、技术能力、拟投入主要机械设备和试验检测设备等资格条件，制订可以量化的评分标准。

资格条件应尽可能明确、具体，同时根据鼓励参加竞争的原则，资格条件（尤其是经验部分的要求）不宜定得过高，可将项目规模以及施工规划中初步确定的高峰强度和施工特性指标等条件略微降低些，作为评审资格的标准，以吸引更多的承包人参加资格预审申请。对各评分因素的权重分值应在如下规定的标准范围内：

①拟投入本合同段的项目经理（包括备选人）和项目总工（包括备选人）资历、信誉25~40分；

②类似工程施工经验5~25分；

③履约信誉10~25分；

④财务能力10~20分；技术能力0~10分；

⑤招标人可结合招标项目所在地省级交通运输主管部门对申请人的信用评级，对其履约信用进行评分，但不得设置歧视性条款并不得任意设立行政许可。

对于技术特别复杂的特大桥梁和特长隧道项目主体工程以及其他有特殊要求的工程，还可以将其他管理和技术人员（如项目副经理、专业工程师等）以及主要机械设备和试验检测设备列为评分因素进行评分，并适当调整如上规定的评分因素权重分值范围。

（4）招标人应根据项目具体情况确定各评分因素及评分因素权重分值，并对各评分因素进行细分（如有），确定各评分因素细分项的分值，各评分因素权重分值合计为100分。各评分因素得分应以审查委员会各成员的打分平均值确定，审查委员会成员总数为7人以上时，该平均值以去掉一个最高分和去掉一个最低分后计算。

（5）合格制评审方法是在有限数量制评审方法的基础上减少了"资格审查办法前附表"第2.3条评分标准，没有综合评分，只有初步审查标准和详细审查标准进行资格预审文件的审查。

（二）资格审查办法正文

1.审查方法

本次资格预审采用有限数量制。审查委员会依据本章规定的审查标准和程序，对通过初步审查和详细审查的资格预审申请文件进行量化打分，按得分由高到低的顺序确定通过资格预审的申请人。通过资格预审的申请人不超过资格审查办法前附表规定的数量。

2.审查标准

2.1　初步审查标准

初步审查标准：见资格审查办法前附表。

2.2 详细审查标准

详细审查标准：见资格审查办法前附表。

2.3 评分标准

评分标准见资格审查办法前附表。

3.审查程序

3.1 初步审查

3.1.1 审查委员会依据资格审查办法前附表第2.1款规定的标准，对资格预审申请文件进行初步审查。有一项因素不符合审查标准的，不能通过资格预审。

3.1.2 审查委员会可以要求申请人提交资格审查"申请人须知前附表"第3.2.3款至第3.2.8款规定的有关证明和证件的原件，以便核验。

3.2 详细审查

3.2.1 审查委员会依据资格审查办法前附表第2.2款规定的标准，对通过初步审查的资格预审申请文件进行详细审查。有一项因素不符合审查标准的，不能通过资格预审。

3.2.2 在详细审查过程中，审查委员会应查询交通运输主管部门"公路建设市场信用信息管理系统"，对申请人的资质、业绩、主要人员资历和目前在岗情况、信用等级等信息进行核实。若资格预审申请文件载明的信息与交通运输主管部门"公路建设市场信用信息管理系统"发布的信息不符，使得申请人的资格条件不符合资格预审文件规定的，申请人不能通过资格预审。

3.3 资格预审申请文件的澄清

在审查过程中，审查委员会可以书面形式，要求申请人对所提交的资格预审申请文件中不明确的内容进行必要的澄清或说明。申请人的澄清或说明应采用书面形式，并不得改变资格预审申请文件的实质性内容。申请人的澄清和说明内容属于资格预审申请文件的组成部分。招标人和审查委员会不接受申请人主动提出的澄清或说明。

3.4 评分

3.4.1 通过详细审查的申请人不少于3个且没有超过本资格审查办法前附表第1条规定数量的，均通过资格预审，不再进行评分。

3.4.2 通过详细审查的申请人数量超过本资格审查办法前附表第1条规定数量的，审查委员会依据本章第2.3款评分标准进行评分，按得分由高到低的顺序进行排序。

3.5 不得否决资格预审申请文件的情形

审查委员会不得以资格预审申请文件页码不连续、采用活页夹装订、个别文字有遗漏错误等不影响资格预审申请文件实质性内容的偏差为由，否决申请人的资格预审申请文件。

4.审查结果

4.1 提交审查报告

审查委员会按照第3条规定的程序对资格预审申请文件完成审查后，确定通过资格预审的申请人名单，并向招标人提交书面审查报告。

4.2 重新进行资格预审或招标

通过资格预审申请人的数量不足3个的，招标人重新组织资格预审或不再组织资格预审而直接招标。

四、资格审查申请文件格式

招标人应根据资格预审须知中关于资格预审申请文件的编制要求，给出潜在投标人在资格预审申请文件中需要填报的资格预审申请表的格式。本项目采用《公路工程标准施工招标资格预审文件》(2018年版)资格预审申请文件的格式，具体格式详见模块二项目二任务二公路工程资格预审申请文件的编制。

五、项目建设概况

项目建设概况

一、项目说明(略)

二、项目建设条件(略)

三、项目建设要求

(1)主要技术标准

有关技术指标执行《公路工程技术标准》(JTG B01—2014)及相关技术标准、规范、规程的规定。

(2)工程建设规模

本项目路线全长98.07km,设计速度采用100km/h;全线土建工程施工共划分为6个合同段,工程内容为:路基工程、桥涵工程、交叉工程、其他工程。采用4车道高速公路标准建设,设计速度100km/h,路基宽度26m。本次招标为1个合同段即第6合同段,招标路线长26.65km,大、中桥1 297.84m/11座,隧道4 056m/2座(其中特长隧道1座,左洞桩号ZK31 +790 ~ ZK35 +350,长3 560m,右洞桩号YK31 +790 ~ YK35 +325,长3 535m,折合长度3 550m),互通式立交2处。沿线设完善的安全设施、服务设施和交通管理设施。

(3)工期、质量等要求

本项目土建工程计划工期:暂定2019年6月26日开工。

本项目土建工程质量:合同段工程交工验收的质量评定为合格;竣工验收的质量评定为优良。

知识链接

项目建设概况包括的内容有项目说明、项目建设条件、项目建设要求、其他需要说明的情况等。

1)项目说明

(1)项目位置,如公路的起讫地点、里程、主要控制点防水排水、衬砌和设施等。

(2)主要工程内容。

2)项目建设条件

(1)地形与地貌简况。

(2)地质与地震简况。

(3)水文与气象简况。

(4)交通、电力、通信及其他条件。

3)项目建设要求

(1)主要技术标准。有关技术指标执行《公路工程技术标准》(JTG B01—2014)及相关技术标准、规范、规程的规定。

(2)工程建设规模。

(3)工期、质量等要求。

4)其他需要说明的情况

附件:主要工程数量一览表,见表2-14。

主要工程数量一览表　　　　　表2-14

合同号	起讫桩号	所在地区	路线长度	路基工程				桥梁工程	隧道工程	控制点
				挖方	填方	防护工程	排水工程			
	K12 +800 ~	××县	km	m³	m³	m³	m³	m/座	m/座	隧道1座、互通1处、服务区1处
6	K39 +450		26.65	4 204 845	3 728 386	88 996	61 920	2 697.8/18	4 056/2	

任务二　资格预审申请文件编制

　　编制一份合理、合格的资格预审申请文件，以达到取得投标资格的目的，是申请人在投标过程中必须过的第一关。因此，在投标过程中，资格预审申请工作是一个至关重要的环节，申请人应充分重视资格预审申请工作，提高企业在建筑市场中的竞争力。但要能够编制好资格预审申请文件，顺利通过资格预审，还有许多事无巨细的工作要做，只要充分理解资格预审文件的实质内容，熟悉掌握资格预审文件的评审要点和评审标准，依照资格预审文件给定的格式和强制性要求进行认真细致的编制，就一定能顺利通过。

　　资格预审申请文件应按照资格预审文件规定的格式编写，如有必要，可增加附页，作为资格预审申请文件的组成部分。

　　资格预审申请文件应对资格预审文件有关工期、质量要求、申请人资质条件、财务要求、业绩要求、信誉要求、项目经理和项目总工资格和信誉等实质性内容做出全面具体的响应。

　　以下资格预审申请文件的编制是依据本书模块二项目二任务一中示例——某高速公路项目土建工程施工第 6 合同段招标资格预审文件进行编制的。编制资格预审申请文件的格式根据《公路工程标准施工招标资格预审文件》(2018 年版)进行，具体内容如下：

一、资格预审申请函

资格预审申请函

_____(招标人名称)：

　　1. 按照资格预审文件的要求，我方递交的资格预审申请文件及有关资料，用于你方(招标人)审查我方参加 × × 省 × × 至 × × 高速公路项目土建工程(项目名称)第 6 合同段施工招标的投标资格。

　　2. 我方的资格预审申请文件包含"申请人须知"第 3.1.1 款规定的全部内容。

　　3. 我方接受你方的授权代表进行调查，以审核我方提交的文件和资料，并通过我方的客户，澄清资格预审申请文件中有关财务和技术方面的情况。

　　4. 你方授权代表可通过_____(联系人及联系方式)得到进一步的资料。

　　5. 我方在此声明，所递交的资格预审申请文件及有关资料内容完整、真实和准确，且不存在"申请人须知"第 1.4.1 款附录 4 规定的任何一种情形。

　　6. 我方在此承诺，资格预审申请文件中做出的有关人员、设备投入的承诺将作为施工合同文件的组成部分，对我方具有约束力。

申　请　人：_____(盖单位章)

法定代表人或其委托代理人：_____(签字)

电　　　话：_____

传　　　真：_____

申请人地址：_____

邮 政 编 码：_____

____年___月___日

知识链接

(1)资格预审申请函是申请人响应招标人、参加投标资格预审的申请函,同意招标人或其委托代表对申请文件进行审查,并应对所递交的资格预审申请文件及有关材料内容的完整性、真实性和有效性做出声明。

(2)资格预审申请函填写的基本要求如下:

①资格预审申请函中的内容应根据资格预审文件的要求和申请人的实际情况填写。

②申请人填写处切记要盖单位章。

③法定代表人或其委托代理人的签字必须是亲笔签名,不得使用印章、签名章或电子制版签名。

二、授权委托书或法定代表人身份证明

1.授权委托书

授权委托书

本人××(姓名)系××(申请人名称)的法定代表人,现委托××(姓名)为我方代理人。代理人根据授权,以我方名义签署、澄清确认、递交、撤回、修改××省××至××高速公路项目土建工程(项目名称)6合同段施工招标资格预审申请文件,其法律后果由我方承担。

委托期限:自本委托书签署之日起×个月内。

代理人无转委托权。

附:法定代表人身份证复印件及委托代理人身份证复印件。

申　请　人:_____(盖单位章)

法定代表人:_____(签字)

身份证号码:_____

委托代理人:_____(签字)

身份证号码:_____

_____年___月___日

知识链接

(1)授权委托书是申请人及其法定代表人出具的正式文书,明确授权其委托代理人在规定的期限内负责申请文件的签署、澄清确认、递交、撤回、修改等活动,其活动的后果,由申请人及其法定代表人承担法律责任。

(2)如果由申请人的法定代表人亲自签署资格预审申请文件,则不需提交授权委托书。

(3)授权委托书填写的基本要求如下:

①授权委托书的内容应根据资格预审文件的要求和申请人实际的情况填写。

②法定代表人和其委托代理人必须亲笔签名,不得使用印章、签名章或电子制版签名。

③以联合体形式投标的,本授权委托书应由联合体牵头人的法定代表人按上述规定签署并公证。

④申请人处切记要加盖单位章。

⑤具体委托期限按招标人在资格预审文件中做出的统一规定填写。

2.法定代表人身份证明

法定代表人身份证明

申请人名称：__××__

姓名：__××__（法定代表人亲笔签字）性别：__×__年龄：__××__职务：__××__系__××__（申请人名称）的法定代表人。

特此证明。

附:法定代表人身份证复印件。

申请人:_____（盖单位章）

_____年____月____日

知识链接

(1)法定代表人身份证明是申请人出具的用于证明法定代表人合法身份的证明。内容包括申请人名称、法定代表人姓名、性别、年龄、职务等。

(2)法定代表人身份证明填写的基本要求如下：

①本证明中的内容应根据资格预审文件的要求和申请人实际的情况填写。

②法定代表人的签字必须是亲笔签名,不得使用印章、签名章或电子制版签名。

③申请人处切记要加盖单位章。

三、联合体协议书

联合体协议书

　　××(所有成员单位名称)自愿组成××(联合体名称)联合体,共同参加××(项目名称)6合同段施工招标资格预审和投标。现就联合体投标事宜订立如下协议。

　　1. ××(某成员单位名称)为××(联合体名称)牵头人。

　　2.联合体各成员授权牵头人代表联合体参加资格预审申请或投标活动,签署文件,提交和接收相关的资料、信息及指示,进行合同谈判活动,负责合同实施阶段的组织和协调工作,以及处理与本招标项目有关的一切事宜。

　　3.联合体牵头人在本项目中签署的一切文件和处理的一切事宜,联合体各成员均予以承认。联合体各成员将严格按照招标文件、投标文件和合同的要求全面履行义务,并向招标人承担连带责任。

　　4.联合体各成员单位内部的职责分工如下:××(牵头人名称)承担××专业工程,占总工程量的××%;××(成员一名称)承担××专业工程,占总工程量的__××__%;……

　　5.资格预审申请工作、投标工作和联合体在中标后工程实施过程中的有关费用按各自承担的工作量分摊。

　　6.本协议书自所有成员单位法定代表人签字并加盖单位章之日起生效,合同履行完毕后自动失效。

　　7.本协议书一式 份,联合体成员和招标人各执一份。

联合体牵头人名称:_____（盖单位章）

法 定 代 表 人:_____（签字）

联合体成员名称:_____（盖单位章）

法 定 代 表 人:_____（签字）

联合体成员名称:_____（盖单位章）

法 定 代 表 人:_____（签字）

_____年____月____日

知识链接

(1)联合体协议书适用于允许联合体形式参与投标的资格预审。联合体各方联合声明共同参加资格预审和投标活动签订的联合协议。

(2)联合体协议书填写的基本要求如下:

①联合体协议书中应明确牵头人、各方职责分工及协议期限,承诺对递交文件承担法律责任等。

②联合体成员处切记要加盖单位章。

资格后审文件的编制1

四、申请人基本情况表

1. 申请人基本情况表(表2-15)

申请人基本情况表   表2-15

申请人名称					
注册地址			邮政编码		
联系方式	联系人		电话		
	传真		电子邮件		
法定代表人	姓名		技术职称		电话	
技术负责人	姓名		技术职称		电话	
成立时间		员工总人数:			
企业资质等级				项目经理	
营业执照号		其中	高级职称人员	
注册资金			中级职称人员	
基本账户开户银行			初级职称人员	
基本账户账号			技工	
经营范围					
申请人关联企业情况	申请人应提供关联企业情况,包括: (1)申请人的所有股东名称及相应股权(出资额)比例;如申请人为上市公司,申请人应提供股权占公司股份总数××%以上的所有股东名称及相应股权比例。 (2)申请人投资(控股)或管理的下属企业名称、持有股权(出资额)比例。 (3)与申请人单位负责人(即法定代表人)为同一人的其他单位名称				
备注					

知识链接

(1)表2-15包括的内容:申请人的名称、企业性质、主要投资股东、法人治理结构、法定代表人、经营范围与方式、营业执照、注册资金、成立时间、企业资质等级与资格声明、技术负责人、联系方式、开户银行、员工专业结构与人数等。

(2)本表填写的基本要求如下:

①本表的内容应根据资格预审文件的要求和申请人实际的情况填写。

②申请人应根据资格预审文件第二章"申请人须知"正文第 3.2.3 款的要求在本表后附相关证明材料。

(3)以联合体形式申请资格预审的,联合体各成员应分别填写。

2. 申请人企业组织结构框图

申请人企业组织结构框图如图 2-2 所示。

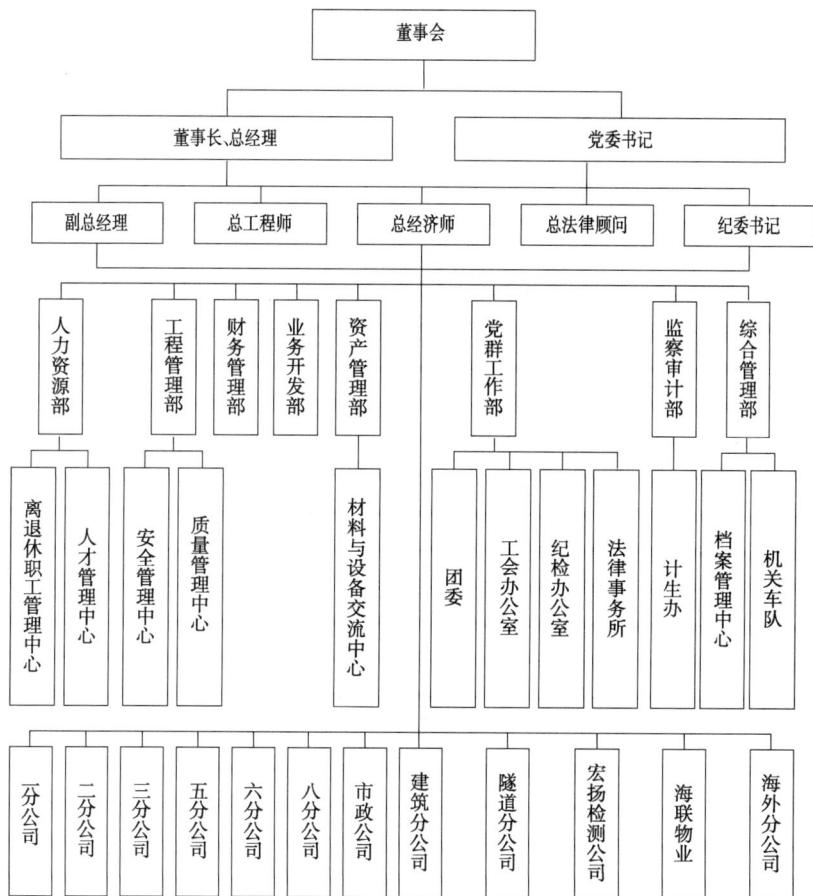

图 2-2 申请人企业组织结构框图

注:我公司上级主管单位为××省国有资产监督管理委员会,100% 国有资产控股,无上级母公司,所有下属分(子)公司均列于本框图中。根据企业的组织结构按从高到低的顺序做出图表示意。

知识链接

(1)申请人企业组织结构框图是把工作岗位、部门的划分以及直线指挥系统与职能参谋系统的相互关系等方面的工作任务组合,建立职权、控制幅度和集权分权等人与人相互影响的机制,是最有效的协调手段。

(2)申请人企业组织结构框图填写的基本要求如下:

①应根据资格预审文件的要求和申请人实际情况填写。

②在编制框图后应编写说明。

五、近年财务状况

1. 财务状况表(表2-16)

财务状况表 表2-16

项目或指标	单位	××××年	××××年	××××年
一、注册资金	万元			
二、净资产	万元			
三、总资产	万元			
四、固定资产	万元			
五、流动资产	万元			
六、流动负债	万元			
七、负债合计	万元			
八、营业收入	万元			
九、净利润	万元			
十、现金流量净额				
十一、主要财务指标	%			
1.净资产收益率	%			
2.总资产报酬	%			
3.主营业务利润率	%			
4.资产负债率	%			
5.流动比率	%			
6.速动比率	%			

表后附——财务会计报表

××××年、××××年、××××年经会计师事务所或审计机构审计的财务会计报表,包括资产负债表、现金流量表、利润表和财务情况说明书的复印件

知识链接

(1)申请工程招标资格预审者,特别需要反映申请人近3年每年的营业额、固定资产、流动资产、长期负债、流动负债、净资产等。必要时,应由开户银行出具金融信誉等级证书或银行资信证明。

(2)表2-16填写的基本要求:

①本表的内容应根据资格预审文件的要求和申请人实际的情况填写。

②申请人应根据本书模块二项目二任务一中的"二、申请人须知"正文第3.2.4款的要求在本表后附相关证明材料。

③本表所列数据必须与本表各附件中的数据相一致。

(3)以联合体形式申请资格预审的,联合体各成员应分别填写。

2. 银行信贷证明

银行信贷证明

银行名称：××

地　　址：××日期：××

致：××(招标人全称)

兹开具最高限额为人民币1500万元的银行信贷,供××(申请人注册地点)××(申请人名称)于××年××月××日之前,在××省××至××高速公路项目土建工程6合同段(项目名称)需要时使用。我行保证由××(申请人名称)提供的财务报表中所开列的作为流动资产的各项中无一项包含在上述提到的银行信贷中。

此项目若未中标,该信贷证明自动失效,无须退回我行。

银行(盖章)：＿＿＿＿＿＿＿＿＿＿＿＿＿＿

银行主要负责人(签字)：＿＿＿＿＿＿＿＿＿

银行主要负责人的姓名、职务：＿＿＿(打印)

银行电话：＿＿＿＿＿＿＿＿＿＿＿＿＿＿＿＿

银行传真：＿＿＿＿＿＿＿＿＿＿＿＿＿＿＿＿

知识链接

(1)招标人要求申请人提供银行信贷证明是为了避免申请人中标后因流动资金不足而影响工程施工,招标人可根据招标项目具体特点和实际情况选择是否要求申请人提供银行信贷证明。如采用银行信贷证明,招标人应在此规定开具信贷证明的银行级别。

(2)银行信贷证明填写的基本要求如下:

①银行信贷证明内容应根据资格预审文件的要求和申请人实际的情况填写。

②出具信贷证明的银行应为投标人注册地国有或股份制商业银行的支行及其以上的银行。

③允许申请人实际开具的银行信贷证明的格式与《公路工程标准施工招标资格预审文件》(2018年版)提供的格式有所不同,但不得更改《公路工程标准施工招标资格预审文件》(2018年版)提供的银行信贷证明格式中的实质性内容。

④银行主要负责人应亲笔签名,不得使用印章、签名章或其他电子制版签名,否则视为无效。

六、近年完成的类似项目情况表(表2-17)

近年完成的类似项目情况　　　　　　　　表2-17

序号	
项目名称	
项目所在地	
发包人名称	
发包人地址	
发包人电话	

续上表

合同价格	
开工日期	
交工日期	
承担的工作	
工程质量	
项目经理	
项目总工	
总监理工程师及电话	
项目描述	
备注	
表后附——证明材料 业绩信息网页截图复印件	

知识链接

(1) 申请人应提供近年已经完成项目名称、合同段类型、合同价格，主要工程量、项目主要管理人员等的相关信息。

(2) 表2-17填写的基本要求：

①本表的内容应根据资格预审文件的要求和申请人实际的情况填写。

②每张表格只填写一个项目，并标明序号。

③申请人应根据本书模块二项目二任务一中的"二、申请人须知"正文第3.2.5款的要求在本表后附相关证明材料。

④如近年来，申请人法人机构发生合法变更或重组或法人名称变更时，应提供相关部门的合法批件或其他相关证明材料来证明其所附业绩的继承性。

资格后审文件的编制2

(3) 以联合体形式申请资格预审的，联合体各成员应分别填写。

七、申请人的信誉情况表（表2-18）

申请人的信誉情况表

表2-18

项目	申请人情况说明
无	
表后附——证明材料 1. 未被列入严重违法失信企业名单网页截图复印件。 2. 未被列入失信被执行人名单的网页截图复印件。 3. 出具的近3年内申请人及其法定代表人、拟委任的项目经理均无行贿犯罪行为的查询记录证明原件	

知识链接

(1)申请人应提供近年来在合同履行中,因争议或纠纷引起的诉讼、仲裁情况,以及有无违法违规行为而被处罚的相关情况,包括法院或仲裁机构做出的判决、裁决、行政处罚决定等法律文书复印件。

(2)表2-18填写的基本要求

①本表的内容应根据资格预审文件的要求和申请人实际的情况填写。

②申请人应根据本书模块二项目二任务一中的"二、申请人须知"正文第3.2.6款的要求在本表后附相关证明材料。

八、拟委任的项目经理和项目总工资历表

1.拟委任的项目经理资历表(表2-19)

拟委任的项目经理资历表 表2-19

姓名	××	年龄	××	专业	公路与桥梁
职称	高级工程师/公路与桥梁	公司单位职务	项目经理	拟在本合同段工程担任职务	项目经理
毕业学校	××年××月毕业于××学校××专业,学制××年				
经历					
时间	参加过的工程项目名称		担任何职	发包人及联系电话	
2002—2004年	××高速公路项目××合同段		总工程师	××	
2005—2007年	××高速公路项目××合同段		项目经理	××	
……					
获奖情况					
说明在岗情况	□目前未在其他项目上任职,现从事工作为:_____。 □目前虽在其他项目上任职,但本项目中标后能够从该项目撤离,目前任职项目:_____, 担任职位:_____				
备注					

表后附——证明材料

1.身份证复印件。

2.职称资格证书复印件。

3.建造师注册证书的网页截图复印件。

4.安全生产考核合格证书的网页截图复印件。

5.社保缴费证明复印件。

6.相关业绩的网页截图复印件

知识链接

表2-19填写的基本要求如下:

(1)表中的内容应根据资格预审文件的要求和申请人实际的情况填写。

(2)申请人应根据本书模块二项目二任务一中的"二、申请人须知"正文第3.2.7款的要求在本表后附相关证明材料。

2.拟委任的总工资历表

拟委任项目总工资历表表格同于项目经理资历表,由于篇幅所限,此处略。

九、拟委任的其他管理和技术人员情况表

1.拟委任的其他主要管理人员和技术人员汇总表(表2-20)

拟委任的其他主要管理人员和技术人员汇总表　　　　　　表2-20

姓名	年龄	拟在本项目中担任的职务	技术职称	工作年限	类似施工经验年限
××	35	计量工程师	工程师	13	12
××	34	质检工程师	工程师	15	15
……					

知识链接

表2-20填写的基本要求如下:

(1)填报的人员应满足资格预审文件申请人须知前附表附录6的要求和申请人的具体情况填写。

(2)仅适用于有限数量制进行资格审查的技术特别复杂的特大桥梁和长大隧道工程。

2.拟委任的其他主要管理人员和技术人员资历表(表2-21)

拟委任的其他主要管理人员和技术人员资历表　　　　　　表2-21

姓名	××	年龄	××	专业	公路与桥梁
职称	工程师/公路与桥梁	公司单位职务	计量工程师	拟在本合同段工程担任职务	计量工程师
毕业学校	××年××月毕业于××学校××专业,学制××年				
经历					
时间	参加过的工程项目名称		担任何职	发包人及联系电话	
2004—2006年	××高速公路项目××合同段		计量员	××	
2007—2009年	××高速公路项目××合同段		计量工程师	××	
……					
获奖情况					
说明在岗情况	□目前未在其他项目上任职,现从事工作为:_____。 □目前虽在其他项目上任职,但本项目中标后能够从该项目撤离,目前任职项目:_____,担任职位:_____				
备注					

续上表

表后附——证件复印件
1.身份证复印件。
2.职称资格证书复印件。
3.造价工程师执业资格证书的复印件。
4.业绩证明材料复印件。
5.社保缴费证明复印件

知识链接

（1）表2-21人员应与表2-4中所列人员相一致。

（2）申请人应根据本书模块二项目二任务一中的"二、申请人须知"正文第3.2.8款的要求在本表后附相关证明材料。

（3）表2-21仅适用于有限数量制进行资格审查的技术特别复杂的特大桥梁和长大隧道工程。

（4）表2-21列举计量工程师人员，其他主要管理人员和技术人员，由于篇幅有限，此处略。

十、拟投入本合同段的主要设备表

1.拟投入本合同段的主要施工机械表（表2-22）

拟投入本合同段的主要施工机械表 表2-22

序号	设备名称	型号规格	国别产地	制造年份	额定功率（kW）	生产能力	数量（台）				预计进场时间
							小计	其中			
								自有	新购	租赁	
一	路基施工										
1	1.0m³以上挖掘机	HB215LC-1	日本	2017	141	1.0m³	20	20			××××.×
2	135kW以上推土机	TY220	中国	2016	220		8	8			××××.×
	......										
二	桥梁施工										
1	50m³/h以上混凝土搅拌站	JS500	中国	2016		50m³/h	2	2			××××.×
2	60m³/h混凝土输送泵	HBT60-10	中国	2017		60m³/h	1	1			××××.×
	......										
三	隧道工程										
1	整体式液压模板衬砌台车		中国	2017			8	8			××××.×
2	1 800m³/min以上通风机	DTF	中国	2015			8	8			××××.×
	......										

续上表

序号	设备名称	型号规格	国别产地	制造年份	额定功率（kW）	生产能力	数量（台）				预计进场时间
							小计	其中			
								自有	新购	租赁	
四	路面工程										
1	稳定土搅拌站300t/h以上	WCB600	中国	2016	150	300t/h	1	1			××××.×
	......										
五	其他										
1	380kW以上发电机	HC420GF	中国	2015	420		2	2			××××.×
	......										

知识链接

表 2-22 填报的内容应满足资格预审文件申请人须知前附表附录 7 的要求,并根据申请人的具体情况填写。

2. 拟配备本合同段的主要材料试验、测量、质检仪器设备表(表 2-23)

拟配备本合同段的主要材料试验、测量与质检仪器设备表　　　　　表 2-23

序号	仪器设备名称	型号规格	数量	国别产地	制造年份	用途	备注
一	土工设备						
1	CBR 试验仪	CBR-1	2	中国	2016	试验	新购
2	弯沉仪	5.4/3.6m	1	中国	2015	试验	现有
	......						
二	称量设备						
1	台秤	称量10kg	4	中国	2015	试验	新购
2	磅秤		1	中国	2016	试验	新购
	......						
三	水泥检测设备						
1	电动抗折机	DKZ-6000	1	中国	2016	试验	现有
2	水泥胶砂搅拌机	JJ-5	1	中国	2017	试验	新购
	......						
四	混凝土检测设备						
1	振动台	HZ1000	1	中国	2016	试验	新购
2	混凝土搅拌机	HJW-60	1	中国	2017	试验	现有
	......						
五	测量设备						
1	全站仪	SET 1X	1	日本	2015	试验	新购
2	自动安平水准	NA730	4	日本	2015	试验	新购
	......						

知识链接

表 2-23 填报的内容应满足资格预审文件申请人须知前附表附录 7 的要求,并根据申请人的具体情况填写。

十一、其他材料

知识链接

申请人提交的其他材料包括以下两部分:

(1)资格预审文件的须知、评审办法等有关要求,但申请文件格式中没有表述的内容,如 ISO 9000、ISO 14000、ISO 18000 等质量管理体系、环境管理体系、职业健康安全管理体系认证证书,企业、工程、产品的获奖、荣誉证书等。

(2)资格预审文件中没有要求提供,但申请人认为对自己通过预审比较重要的资料。

任务三 资格预审申请文件审查

资格预审评审是为了检查、评估投标人是否具备能令人满意地执行合同的能力。只有表明投标人有能力胜任,公司机构健全,财务状况良好,人员技术、管理水平高,施工设备适用,丰富的类似工程经验,有良好信誉,才能被招标人认为资格预审申请文件合格。

资格预审申请文件的审查工作由招标人组织,评审委员会进行审查。

依据以上示例,某高速公路项目土建工程施工第 6 合同段招标,招标人卖出去 12 份资格审查文件,在×××年×月×日上午×:00—×:00 准时在××省××市××商务中心×楼招标投标交易中心开标室接收资格预审申请文件。

一、资格预审申请文件审查前期工作

1. 招标人签收资格预审申请文件

招标人只接收在规定的截止时间前递交的资格预审申请文件,其余均不受理。表 2-24 为资格预审申请文件签收表。

资格预审申请文件签收表   表 2-24

项目名称	某高速公路项目土建工程施工招标		截止时间: ×××年×月×日上午×:00			
递交地点	××省××市××商务中心一楼招标投标交易中心开标室					
序号	资格申请名称	递交时间	份数	密封和加写标记是否合格	递交人签名	备注
1	单位 A	××××.×× ×:×	1 正 2 副	☑是 □否	王××	
2	单位 B	××××.×× ×:×	1 正 2 副	☑是 □否	刘××	
3	单位 C	××××.×× ×:×	1 正 2 副	☑是 □否	张××	
		······				

2.组织资格审查委员会

审查委员会一般由招标人负责组织,由招标人的代表、有关专业技术和财务经济等方面的专家组成,人数在 5 人以上且为单数。

3.资格审查前事项

(1)审查委员会成员签到。

(2)宣布资格审查纪律及审查注意事项。

(3)审查委员会推举或招标人直接确定评审委员会主任委员。

(4)审查委员会熟悉资格预审文件,工作人员对资格预审申请文件进行拆封、分类等准备。

二、资格预审申请文件审查程序及内容

1.符合性审查

(1)审查资格预审申请文件的完整性。

(2)审查申请人(包括联合体成员)营业执照、资质证书和授权代理人授权书应有效。

(3)审查申请人(包括联合体成员)企业资质等级和资信登记等级,应与拟承担的工程标准和规模相适应。

(4)如以联合体形式申请资格预审,应提交联合体协议,明确联合体主办人。

(5)如有分包工程,应提交分包人的资信登记、人员和设备资料。

符合以上条件的,方可进入下一阶段的评审。若有一项不符合要求的,即视为无效申请文件。

符合性审查内容汇总见表 2-25。

符合性审查内容及汇总　　　　　　　　　　　　　　　　　表 2-25

	审查因素	审查标准	单位 A	单位 B	单位 C	
初步审查标准	申请人名称	与营业执照、资质证书、安全生产许可证一致	√	√	√	……
	申请函签字盖章	有法定代表人或其委托代理人签字或加盖单位章	√	√	√	
	申请文件格式	符合资格预审申请文件格式的要求	√	√	√	
	……					
通过符合性审查,合格申请文件为 11 份,有一份申请文件的申请函未签字						

知识链接

审查委员会在审查申请人(包括联合体成员)营业执照时需注意,不得以营业执照记载的经营范围作为确定投标人经营资质资格的依据,不得以招标项目超出投标人营业执照记载的经营范围为由认定其投标无效。因《关于进一步规范招标投标过程中企业经营资质资格审查

工作的通知》(发改办法规〔2020〕727号)明确规定:招标人在招标项目资格预审公告、资格预审文件、招标公告、招标文件中不得以营业执照记载的经营范围作为确定投标人经营资质资格的依据,不得将投标人营业执照记载的经营范围采用某种特定表述或者明确记载某个特定经营范围细项作为投标、加分或者中标条件,不得以招标项目超出投标人营业执照记载的经营范围为由认定其投标无效。招标项目对投标人经营资质资格有明确要求的,应当对其是否被准予行政许可、取得相关资质资格情况进行审查,不应以对营业执照经营范围的审查代替,或以营业执照经营范围明确记载行政许可批准证件上的具体内容作为审查标准。

2.强制性审查

(1)审查拟投入主要人员资历标准、机械设备、试验设备的要求。

(2)审查类似工程施工经验要求。

(3)审查履约信誉要求。

(4)审查财务能力要求。

(5)审查技术能力要求。

(6)审查联合体申请人要求。

强制性审查内容及汇总见表2-26。

强制性审查内容及汇总 表2-26

	审查因素	审查标准	单位A	单位B	单位C	
详细审查标准	营业执照	具备有效的营业执照	√	√	√	......
	安全生产许可证	具备有效的安全生产许可证	√	√	√	
	申请人资质等级	符合资格预审"申请人须知"第1.4.1款规定	√	√	√	
	申请人财务状况		√	√	√	
	申请人类似项目业绩		√	√	√	
	申请人信誉		√	√	√	
	申请人项目经理和项目总工		√	√	√	
	......					

通过强制性审查,合格申请文件为10份,有一份申请文件不符合资格预审"申请人须知"第1.4.1款规定(项目经理未附安全生产合格证复印件)

如果工程项目资格预审是采用合格制评审方法,那只要以上强制性审查资格条件全部满足要求,申请人即可通过资格审查。如果工程项目资格预审是采用有限数量制评审方法,那么在全部满足以上强制性审查资格条件后,还要进行综合评分。

3.综合评分

(1)对拟投入主要人员资历标准、机械设备、试验设备进行评分。

(2)对类似工程施工经验进行评分。

(3)对履约信誉要求进行评分。

(4)对财务能力进行评分。

(5)对技术能力进行评分。

审查委员会依据资格审查办法前附表中的评分标准进行评分。

4. 澄清与核实

(1)资格审查委员会对资格预审申请文件中有不明确之处,可通过招标人要求申请人进行澄清。如申请人不按照招标人的要求进行澄清,其资格审查可不予通过。

(2)澄清应以书面材料为主,一般不得直接接触申请人。

(3)资格审查委员会在审查申请人的主要人员资历、类似工程经验和履约信誉时,应当通过省级以上交通主管部门设立的交通行业施工企业信息网进行查询;若申请人所提供的信息与企业信息网上的相关内容不符,经核实存在虚假、夸大的内容,将不予通过资格审查。

通过澄清与核实后,再按规定的资格预审审查标准,对申请人的主要人员资历、类似工程经验和履约信誉进行评分计算,计算得分时以审查委员会的打分平均值确定,该平均值以去掉一个最高分和一个最低分后计算,得分按从高到低的顺序进行排序。推荐符合资格审查要求的申请人数(如10家)为通过资格预审的投标申请人。评审结论分"通过"和"未通过"两种。

5. 资格评审报告

资格审查工作结束后,由资格审查委员会编制资格审查报告,其内容如下:

(1)工程项目概述。

(2)资格审查工作简介。

(3)审查委员会完成并签署资格审查报告。

(4)未通过资格审查的主要理由及相关附件证明。

(5)审查委员会向招标人提交资格审查报告。

(6)招标人宣布资格审查结束前注意事项,收回相关资格审查资料等。

招标人应在资格审查工作结束后15日内,按项目管理权限,将资格审查报告报交通主管部门备案。

6. 公布资格预审结果

交通主管部门在收到资格审查报告后5个工作日内未提出异议的,招标人可向通过资格审查的申请人发出投标邀请书,向未通过资格审查的申请人告知资格审查结果,并将结果进行公示。资格预审结果公示见表2-27。

××省××至××高速公路项目土建工程第6合同段资格预审结果公示　　表2-27

序号	申请人	审查结果	未通过原因及评分排名(由高分到低分)
1	单位C	√	
2	单位D	√	
3	单位B	√	
4	单位A	√	
5	单位E	√	
6	单位I	√	
7	单位G	√	
8	单位H	√	

续上表

序号	申请人	审查结果	未通过原因及评分排名(由高分到低分)
9	单位 J	√	
10	单位 K	√	
11	单位 F	×	不符合资格预审"申请人须知"第1.4.1款规定(项目经理未附安全生产合格证复印件)
12	单位 L	×	不符合初步审查标准(申请函未签字)

注:表中"√"表示此项符合本资格预审要求,"×"表示此项不符合本资格预审要求。

7. 重新审查

在资格预审的过程中出现下列情况之一的,招标人负责组织重新审查。

(1)由于申请人有违法违规行为,导致评审结果无效的。

(2)由于招标人提供给资格评审委员会的信息有误或不完整,导致评审结果出现重大偏差的。

(3)由于评审委员会的原因导致评审结果出现重大偏差的。

三、资格审查委员会成员在审查过程中的注意事项

(1)资格审查委员会成员名单在评审工作结束前应当保密。

(2)资格审查委员会成员应当客观、公正地履行职责,遵守职业道德,对所提出的评审意见承担个人责任。

(3)资格审查委员会成员不得私下接触潜在投标人,不得收受潜在投标人的财物或者其他好处,不得泄露资格审查的有关情况。

(4)对申请人的资格审查,应当严格按照资格预审文件载明的资格预审的条件、标准和方法进行。不得采用抽签、摇号等博彩方式进行资格审查。

四、招标人在资格审查过程中的注意事项

(1)严格自律,不能借组织资格审查之便,干扰或影响资格审查工作。

(2)做好保密工作。

(3)审查委员会对资格预审文件有疑问时,要正确解释。

(4)为审查委员会完成审查工作提供条件。

(5)少数审查委员会成员不同意评审结论,不在资格审查报告上签字,应要求他们写出书面意见和理由,并在其上签字。

(6)对审查委员会完成的资格审查文件进行必要的核对工作等。

案例2-2

某公路工程项目,经当地招投标办公室批准,实行公开招标。有10家施工单位申请投标。建设单位向10家施工单位发出了招标文件及设计资料,并组织了现场踏勘。10家施工单位

均在规定的时间内递交了投标书。在开标前,招标单位要求对投标单位进行资格审查,在审查中,对A公司提出疑问,A公司提交的资质材料种类和份数齐全,有单位盖的公章,有项目负责人签字。

问题:

(1)上述招标程序是否正确,为什么?

(2)A公司的投标书是否有效,为什么?

参考答案:

(1)不符合招标程序。原因是公开招标采用资格预审时,只有资格预审合格的施工单位才能参加投标,不采用资格预审的应进行资格后审,即在开标后进行资格审查。而不是在开标前进行资格补审。

(2)A公司的投标书无效。原因是不能由项目负责人签字,而是应由法定代表人或授权的代表签字。

思考题

1.资格审查有哪几种方法?怎样选择一个项目资格审查方法?确定了审查方法后,有哪几种办法进行资格审查?

2.简述资格预审公告包括的内容及掌握填报相关条款的基本要求。

3.简要介绍资格预审申请文件审查的程序。

4.资格审查申请文件包括哪些内容?

项目三
ITEM THREE
公路工程施工招标文件

任务一　招标文件编制

招标文件是指招标人向潜在投标人发出的要约邀请文件,是告知投标人招标项目的内容范围、数量与招标要求,投标资格要求、招标投标程序规则、投标文件编制与递交要求、评标标准与方法、合同条款与技术标准等招标投标活动主体必须掌握的信息和遵守的依据要求,对招标投标各方均具有法律约束力。

招标文件不仅是招标人与中标人签订合同的基础,是合同的重要组成部分,还是工程实施过程中合同双方都应该遵守的准则,是发生纠纷时进行判断、裁决的论据,招标文件关系着工程的顺利实施。

应交通运输部的要求,为了加强公路工程施工招标管理,规范资格预审文件编制工作,促进招投标活动的公开、公平和公正原则,依法必须进行招标的公路工程项目应当使用《标准施工招标文件》(2007年版)、《公路工程标准施工招标文件》(2018年版)以及招标人可根据项目实际情况,编制项目专用文件,三者结合使用。二级以下公路项目可参照执行。

招标文件由招标人或招标代理机构编制。

根据《公路工程标准施工招标文件》(2018年版),公路工程招标文件编制内容如下:

(1)招标公告/投标邀请书。

(2)投标人须知。

(3)评标办法。

(4)合同条款及格式。

(5)工程量清单。

(6)图纸。

(7)技术规范。

招标文件的组成

（8）工程量清单计量规则。

（9）投标文件格式。

本招标文件的编制是以任务一资格预审文件的编制示例（某高速公路项目土建工程施工第 6 合同段招标）进行编制,其基本内容和格式根据《标准施工招标文件》(2007 年版)、《公路工程标准施工招标文件》(2018 年版)以及项目具体特点和实际需要进行编制。具体编制内容如下。

一、投标邀请书(代资格预审通过通知书)

投标邀请书(代资格预审通过通知书)

××省××至××高速公路项目土建工程第 6 合同段

施工投标邀请书

_____(被邀请单位名称):

你单位已通过资格预审,现邀请你单位按招标文件规定的内容,参加××省××至××高速公路第 6 合同段施工投标。

请你单位于 2019 年 4 月 1 日至 2019 年 4 月 5 日(法定公休日、法定节假日除外),每日 9 时 00 分至 11 时 00 分,14 时 30 分至 17 时 00 分(北京时间,下同),在××省××市××办公楼 1 楼 206 室持本投标邀请书、单位介绍信及经办人身份证购买招标文件。

招标文件每套售价人民币 1 000 元,施工招标图纸每套售价 3 000 元,招标人根据对本合同工程勘察所取得的水文、地质、气象和料场分布、取土场、弃土场位置等资料编制的参考资料售价人民币 1 000 元,售后不退。

招标人将于下列时间和地点组织进行工程现场踏勘并召开投标预备会。

现场踏勘时间:2019 年 4 月 15 日 9:00,集中地点:××省××市××办公楼前坪。

投标预备会时间:2019 年 4 月 17 日 9:00,地点:××省××市××办公楼 1 楼 208 会议室。

递交投标文件的截止时间(投标截止时间,下同)、地点(开标地点,下同)为 2019 年 5 月 5 日 10 时 00 分,投标人应于当日 8 时 00 分至 10 时 00 分将投标文件递交至××省××市××商务中心一楼招标投标交易中心开标室交招标人签收。

逾期送达或者未送达指定地点的投标文件,招标人不予受理。

你单位收到本投标邀请书后,请于 2019 年 3 月 30 日 17 时 30 分前以传真或快递方式予以确认,并明确是否准备参与投标。

回复传真号码:_____

招　标　人:_____

招标人地址:××市××路××办公楼　×　楼　×　室

邮　　　编:_____

联　系　人:_____

电　　　话:_____

传　　　真:_____

电　子　邮　件:_____

网　　　址:_____

开　户　银　行:_____

账　　　号:_____

二〇一九年三月二十六日

知识链接

(1)投标邀请书是招标人向通过资格预审的投标人或潜在投标人正式发出的参与本项目投标的邀请文件,也是投标人具有参加投标资格的证明。

招标人可根据项目具体特点和实际需要对招标文件标内容进行补充、细化,但应遵守《招标投标法》等有关法律法规的规定。

(2)招标人应自招标文件开始发售之日起,将招标文件的关键内容上传至具有招标监督职责的交通运输主管部门政府网站或其指定的其他网站上进行公开,公开内容包括项目概况、对投标人的全部资格条件要求、评标办法全文、招标人联系方式等。

(3)《公路工程标准施工招标文件》(2018年版)中,提供了3种情况的招标公告/投标邀请书格式内容及区别,见表2-28。

招标公告/投标邀请书内容   表2-28

			适用范围	内容
招标公告与投标邀请书的区别	招标公告	招标公告(未进行资格预审)	适用于未进行资格预审项目的公开招标项目	招标公告包括项目名称、招标条件、项目概况、招标范围、投标人资格要求、招标文件的获取、投标文件的递交、发布公告的媒介和联系方式等
	投标邀请书	投标邀请书(适用于邀请招标)	适用于邀请招标的项目	其中大部分内容与招标公告基本相同,不同之处是,投标邀请书无须说明发布公告的媒介,但增加了对投标人在收到投标邀请书后的约定时间内,以传真或快递的方式确认是否参加投标的要求
		投标邀请书(代资格预审通过通知书)	适用于代资格预审通过通知书的投标邀请书	与邀请招标的投标邀请书相比,由于已经经过了资格预审阶段,所以在代资格预审通过通知书的投标邀请中,不包括招标条件、项目概况与招标范围和投标人资格要求等内容

(4)投标邀请书中内容的基本要求如下:

①每套招标文件售价只计工本费,最高不超过1 000元(不含图纸部分);图纸每套售价最高不超过3 000元;参考资料也应只计工本费,最高不超过1 000元。

②招标文件的发售时间不少于5日。

③现场踏勘。是否组织现场踏勘,以及何时组织现场踏勘,由招标人依据项目特点及招标进程自主决定选择不组织或组织,二者取其一。但注意,如果选择后者,则应进一步明确踏勘的时间和集合地点。现场踏勘后涉及对招标文件进行澄清修改的,应当依据《招标投标法》第二十三条规定,在招标文件要求提交投标文件的截止时间至少15日前以书面形式通知所有招标文件收受人。

招标人在现场踏勘中介绍的工程场地和相关的周边环境情况,以及提供的本合同工程的水文、地质、气象和料场分布、取土场、弃土场位置等参考资料,并不构成合同文件的组成部分,投标人应为自己对上述资料的解释、推论和应用负责,招标人不对投标人据此做出的判断和决策承担任何责任。

现场踏勘一般安排在投标预备会的前1~2天。

④投标预备会与发售招标文件的时间应有一定的间隔,一般不得少于3天,以便投标人阅

读招标文件和准备提出问题。

⑤依法必须进行招标的公路工程,自招标文件开始发售之日起至投标人递交投标文件截止之日止,不得少于20日。

招标文件编制

二、投标人须知

(一)投标人须知前附表(表2-29)

投标人须知前附表   表2-29

条款号	条款名称	编列内容
1.1.2	招标人	招标人名称:_____ 招标人地址:××市××路××办公楼1楼206室 邮　　编:_____ 联　系　人:_____ 电　　话:_____ 传　　真:_____
1.1.4	招标项目名称	××省××至××高速公路项目土建工程
1.1.5	标段建设地点	××省××市
1.2.1	资金来源及比例	资金来源为:交通运输部补助、国内银行贷款和××省自筹、××省自筹、交通运输部补助×%;国内银行贷款×%
1.2.2	资金落实情况	已落实
1.3.1	招标范围	××省××至××高速公路项目土建工程第6合同段
1.3.2	计划工期	计划工期:24个月即730日历天 计划开工日期:2019年6月26日, 计划交工日期:2021年6月26日
1.3.3	质量要求	标段工程交工验收的质量评定:合格; 竣工验收的质量评定:优良
1.3.4	安全目标	重大安全责任事故为零;人员因施工负伤率小于3‰,重伤率小于0.5‰
1.11.1	分包	□不允许 ☑允许
1.12	偏离	□不允许:重大偏差(见评标办法) ☑允许:细微偏差(见评标办法)
2.2.1	投标人要求澄清招标文件	时间:2019年4月15日17时00分 形式:投标人应以书面形式传真_____或电邮_____将提出的问题送达招标人
2.2.2	招标文件澄清发出的形式	招标人将以书面形式在××省公共资源交易中心系统上发布澄清
2.2.3	投标人确认收到招标文件澄清的时间	收到澄清后24小时内(以招标人发出时间为准)

续上表

条款号	条款名称	编列内容
2.3.1	招标文件修改发出的形式	招标人将以书面形式在××省公共资源交易中心系统上发布澄清
2.3.2	投标人确认收到招标文件修改的时间	收到修改后24小时内(以招标人发出时间为准)
3.1.1	投标文件密封形式	□双信封 ☑单信封
3.1.2	投标文件的组成	原文修改为:投标文件应包括下列内容: (1)投标函及投标函附录; (2)授权委托书或法定代表人身份证明; (3)联合体协议书; (4)投标保证金; (5)已标价工程量清单; (6)施工组织设计; (7)项目管理机构; (8)拟分包项目情况表; (9)资格审查资料; (10)投标人须知前附表规定的其他资料
3.2.1	工程量清单的填写方式	☑投标人按照招标人提供的工程量固化清单电子文件填写工程量清单 □投标人按照招标人提供的书面工程量清单填写工程量清单
3.2.6	是否接受调价函	□是 ☑否
3.2.8	最高投标限价	□无 ☑有 招标人将在投标截止时间15天前以书面形式在××省公共资源交易中心系统上发布
3.3.1	投标有效期	自投标人提交投标文件截止之日起计算90天

3.4.1	投标保证金	是否要求投标人递交投标保证金:
		☑要求,投标保证金的金额:人民币100万元整。
		    投标保证金可采用的其他形式:电子保函。
		    招标人指定的开户银行及账号如下:
		    账户名称:_____
		    开户银行:_____
		    账 号:_____
		    采用银行保函时,出具保函的银行级别:国有或股份制商业银行的支行及以上级别
		□不要求

条款号	条款名称	编列内容
3.4.3	投标保证金的利息计算原则	(1)计算利息的起始日期为投标截止当日,终止日期为招标人退还投标保证金日期的前一日; (2)投标保证金的利息按照第(1)项所述计息时间段内招标人指定汇入银行公告的活期存款利率计付,并扣除招标人汇款手续费; (3)利息金额计算至分位,分以下尾数四舍五入
3.6.1	是否允许递交备选投标方案	☑不允许 □允许
3.7.3	投标文件的编制	投标文件应用不褪色的材料书写或打印。 法定代表人或其委托代理人签字之处,必须由相关人员亲笔签名,不得使用印章、签名章或其他电子制版签名代替;明确要求投标人加盖单位章之处,必须加盖单位章。 如果投标文件由委托代理人签署,则投标人须提交授权委托书,授权委托书应按"投标文件格式"的要求出具,并由法定代表人和委托代理人亲笔签名,如果由投标人的法定代表人亲自签署投标文件,则投标人须提交法定代表人身份证明,身份证明应符合"投标文件格式"的要求。 以联合体形式参与投标的,投标文件由联合体牵头人的法定代表人或其委托代理人按上述规定签署并加盖联合体牵头人单位章。法定代表人授权委托书或法定代表人身份证明须由联合体牵头人按上述规定出具。 投标文件应尽量避免涂改、行间插字或删除。如果出现上述情况,改动之处应由投标人的法定代表人或其授权的代理人签字或盖单位章
4.1.2	封套上应载明的信息	投标文件第一个信封(商务及技术文件)封套: 招标人名称:_____ 招标人地址:_____ _____(项目名称)_____标段施工招标第一个信封(商务及技术文件)投标文件 招标项目编号:_____ 在___年___月___日___时___分前不得开启 投标人名称:_____ 投标文件第二个信封(报价文件)封套: 招标人名称:_____ 招标人地址:_____ _____(项目名称)_____标段施工招标第二个信封(报价文件)投标文件 招标项目编号:_____ 在投标文件第二个信封(报价文件)开标前不得开启 投标人名称:_____ 投标人地址:_____

续上表

条款号	条款名称	编列内容
4.1.2	封套上应载明的信息	银行保函封套：_____ 招标人名称：_____ 招标人地址：_____ _____（项目名称）_____标段施工招标投标保证金 （银行保函原件） 招标项目编号：_____ 投标人名称：_____
4.2.3	是否退还投标文件	☑否 □是
5.1	开标时间和地点	开标时间：同投标截止时间 开标地点：同递交投标文件规定地点
5.2.1	开标程序	(1)密封情况检查：检查投标文件是否存在提前开启情况； (2)开标顺序：按投标文件递交的先后顺序
6.1.1	评标委员会的组建	评标委员会构成：$x+1$(总数为单数)人，其中招标人代表1人，专家x人； 评标专家确定方式：从××省综合评标专家库中随机抽取
7.1	中标候选人公示 媒介及期限	公示媒介：××省公共资源交易中心网站、××省招标投标公共服务平台、中国采购与招标网 公示期限：3日 公示的其他内容：/
7.6	中标结果公告 媒介及期限	公告媒介：××省公共资源交易中心网站、××省招标投标公共服务平台、中国采购与招标网 公告期限：3日
7.7.1	履约保证金	是否要求中标人提交履约保证金： ☑要求，履约保证金的形式：银行保函 履约保证金的金额：10%签约合同价 □不要求
9	是否采用电子招标投标	☑否 □是，具体要求：_____

知识链接

投标人须知是工程招标中的重要组成部分，是为了让投标人了解投标项目的性质、基本情况以及在整个投标活动中所必须遵守的各项规定和投标时应注意的事项，并给出了有关投标文件编制与投标、开标、评标直至签订合同的信息。投标人员要仔细阅读，以便做好投标工作的安排，正确履行投标手续，避免造成废标。

1.投标人须知的内容

(1)投标人须知由投标人须知前附表和投标人须知（正文）组成。

(2)投标人须知主要包括以下内容:投标人须知前附表、总则、招标文件、投标文件、开标、评标;合同授予、重新招标和不再招标、纪律与监督、需要补充的其他内容。

"投标人须知前附表"由招标人编制和填写。具体内容由招标人在满足国家相关法律法规的前提下,根据招标项目具体特点和实际情况确定,但不得设置过高的资格条件。当"投标人须知前附表"与"申请人须知"不一致时,以"投标人须知前附表"为准。"投标人须知前附表"中的附录表格同属"投标人须知前附表"内容,具有同等效力。

2. 投标人须知前附表的主要作用

(1)对投标人须知中的关键内容和数据摘要列表,起到强调和提醒作用,为投标人迅速掌握投标人须知内容提供方便,但必须与招标文件相关章节内容衔接一致,并不得与本章正文内容相抵触,否则抵触内容无效。

(2)对投标人须知正文中交由前附表明确的内容给予具体约定。

3. 投标人须知前附表中相关条款的基本要求

(1)第1.3.3款,质量要求。见资格预审申请人须知前附表知识链接。

(2)如果工程项目未进行资格预审,那么要在投标人须知前附表中增加:1.4.1款,投标人资质条件、财务要求、业绩要求、信誉要求、项目经理和总工资格要求等。

(3)第2.2.1款,投标人提出问题的截止时间和招标人书面澄清的时间:根据《招标投标法实施条例》第二十二条规定,潜在投标人或者其他利害关系人对招标文件有异议的,应当在投标截止时间10日前提出。招标人应当自收到异议之日起3日内做出答复;做出答复前,应当暂停招标投标活动。

(4)第2.3.1款,招标文件的修改。根据《招标投标法实施条例》第二十一条规定,招标人可以对已发出的资格预审文件或者招标文件进行必要的澄清或者修改。澄清或者修改的内容可能影响资格预审申请文件或者投标文件编制的,招标人应当在提交资格预审申请文件截止时间至少3日前,或者投标截止时间至少15日前,以书面形式通知所有获取资格预审文件或者招标文件的潜在投标人;不足3日或者15日的,招标人应当顺延提交资格预审申请文件或者投标文件的截止时间。

这里15日是个界限,本项规定如果澄清发出的时间距投标截止时间不足15日,则投标截止时间相应延长。

(5)招标文件澄清、修改时间流程图如图2-3所示。

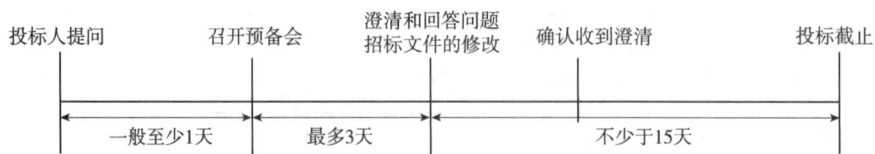

图2-3 招标文件澄清、修改时间流程图

(6)第3.2.1款,工程量清单的填写方式。建设单位为减少评标阶段对投标报价进行修正的工作量,招标人在出售招标文件时,同时提供"工程量固化清单",清单的数据、格式及运算定义投标人无法修改,也不允许修改。投标人只需填写各子目单价或总额价,即可自动生成投标报价。

工程量清单的填写有两种方式:

①采用工程量固化清单。

②由招标人提供书面工程量清单,由投标人按照招标人提供的工程量清单填写本合同各工程子目的单价、合价和总额价。

(7)第3.2.6款,是否接受调价函。若招标人接受调价函,则应在招标文件中给出调价函的格式。投标人若有调价函则应遵循如下规定:

①调价函必须采用招标文件规定的格式,调价函应说明调价后的最终报价,并以最终报价为准,而且投标人只能有一次调价的机会。

②工程量清单中招标人指定的报价不允许调价。

③调价函必须附有调价后的工程量清单,调价函必须粘贴或机械装订在投标文件正本首页,与投标文件一起密封提交。

若投标人未提交调价后的工程量清单,或调价函未装在投标文件正本首页,调价函均视为无效,仍以原报价作为最终报价,若投标人提交的调价函多于一个,或对不允许调价的内容进行了调价,或调价函有附加条件,投标文件作为废标处理。

④若招标人接受调价函,投标人调价后的工程量清单和有效调价函的大写金额报价应保持一致,如果报价金额出现差异,则以有效调价函的大写金额报价为准。

(8)第3.3.1款,投标有效期。投标有效期主要用来组织评标委员会评标、招标人定标、发出中标通知书,以及签订合同等工作所需要的时间。

每个行业领域的投标有效期都不一样,而且和地域也有一定的关系。因此,投标有效期到底怎么确定,要根据具体的项目特点、采购代理机构的实际情况及地域特点,认真分析,全面权衡,最终确定。一般项目为60~90天,大型项目为120天左右。《公路工程标准施工招标文件》(2018年版)中要求:除投标人须知前附表另有规定外,投标有效期为90日。

该期限由招标人在招标文件中载明,从提交投标文件的截止之日起算。

(9)第3.4.1款,投标保证金。投标保证金是指在招标投标活动中,投标人随投标文件一同递交给招标人的一定形式、一定金额的投标责任担保。其主要保证投标人在递交投标文件后不得在投标有效期内撤销或修改投标文件,中标后不得无正当理由不与招标人订立合同,在签订合同时不得向招标人提出附加条件,或者不按照招标文件要求提交履约保证金,否则,招标人有权不予退还其递交的投标保证金。

招标人最迟将在中标通知书发出后5日内向中标候选人以外的其他投标人退还投标保证金,与中标人签订合同后5日内向中标人和其他中标候选人退还投标保证金。投标保证金以现金或支票形式递交的,招标人应同时退还投标保证金的银行同期活期存款利息,且退还至投标人的基本账户。招标人不得挪用投标保证金。

根据《招标投标法实施条例》第二十六条,招标人在招标文件中要求投标人提交投标保证金不得超过项目估算价的2%,投标保证金有效期应当与投标有效期一致。

(10)第3.7.3款,投标文件的编制。如果投标人以联合体形式参与投标的,投标文件由联合体牵头人的法定代表人或其委托代理人按3.7.3款规定编制。

(11)第3.7.4款,投标文件副本份数。正本是一份,副本份数由招标人根据具体情况而定,可以采用正本复印件,内容没有区别,在正本和副本的内容相互冲突时以正本为准。

(12)第4.2.3款,是否退还投标文件。投标文件一般不予退还,确需退还的,只退副本,并在本项对应的投标人须知前附表中明确退还时间、方式和地点。

（13）第5.1款，开标时间和地点。根据《招标投标法》第三十四条规定，开标应当在招标文件确定的提交投标文件截止时间的同一时间公开进行；开标地点应当为招标文件中预先确定的地点。

开标地点需要详细填写，包括街道、门牌号、楼层、房间号等，如：××省××市××商务中心二楼招标投标交易中心开标室206。

（14）第5.2.1款，开标程序。根据《招标投标法》第三十五条规定，开标由招标人主持，邀请所有投标人参加。招标人可以在投标人须知前附表中对此作进一步说明，同时明确投标人的法定代表人或其委托代理人不参加开标的法律后果，如：投标人的法定代表人或其委托代理人不参加开标的，视同该投标人承认开标记录，不得事后对开标记录提出任何异议。

（15）第6.1.1款，评标委员会的组建：见资格预审投标人须知前附表的知识链接。

（16）第7.1款，中标候选人公示媒介及期限。招标人在收到评标报告之日起3日内，按照投标人须知前附表规定的公示媒介和期限公示中标候选人，公示期不得少于3日。

（17）第7.7.1款，履约保证金。根据《招标投标法实施条例》第五十八条规定，招标文件要求中标人提交履约保证金的，中标人应当按照招标文件的要求提交。履约保证金不得超过中标合同金额的10%。

履约担保形式有两种：①银行保函；②银行保函＋现金（银行电汇或银行汇票形式）。如果采用银行保函＋现金，现金比例一般不超过签约合同价的5%。

联合体形式中标的，其履约担保由牵头人递交，并应符合投标人须知前附表规定的金额、担保形式和招标文件规定的履约担保格式要求。

中标人不能按要求提交履约担保的，视为放弃中标，其投标保证金不予退还，给招标人造成的损失超过投标保证金数额的，中标人还应当对超过部分予以赔偿。

（18）国务院办公厅《关于创新完善体制机制推动招标投标市场规范健康发展的意见》（国办发〔2024〕21号）第（九）条规定：加快推广数智技术应用。推动招标投标与大数据、云计算、人工智能、区块链等新技术融合发展。制定实施全国统一的电子招标投标技术标准和数据规范，依法必须进行招标的项目推广全流程电子化交易。加快推进全国招标投标交易主体信息互联互通，实现经营主体登记、资格、业绩、信用等信息互认共享。加快实现招标投标领域数字证书全国互认，支持电子营业执照推广应用。推动固定资产投资项目代码与招标投标交易编码关联应用。全面推广以电子保函（保险）等方式缴纳投标保证金、履约保证金、工程质量保证金。

（二）投标人须知正文

投标人须知正文

1.总则（略）

2.招标文件（略）

3.投标文件（略）

4.投标（节选）

4.1 投标文件的密封和标记

4.1.1 投标文件的正本与副本、投标文件电子版文件（如需要）以及填写完毕的工程量固化清单电子文件应统一密封在一个封套中。封套应加贴封条，并在封套的封口处加盖投标人单位章或由投标人的法定代表人或其委托代理人签字。

采用银行保函形式提交投标保证金的,银行保函原件应密封在单独的封套中。

4.1.2 投标文件的封套上应清楚地标记"正本"或"副本"字样,内、外层封套上应写明的其他内容见投标人须知前附表。

4.2 投标文件的递交

4.2.1 投标人应在"投标邀请书"规定的投标截止时间前递交投标文件。

4.2.2 投标人递交投标文件地点:见投标人须知前附表。

4.2.3 是否退还投标文件:见投标人须知前附表。

4.2.4 招标人收到投标文件后,向投标人出具签收凭证。

4.2.5 逾期送达的或者未送达指定地点的投标文件,招标人不予受理。

4.3 投标文件的修改与撤回

4.3.1 在投标人须知前附表第4.2.1款规定的截止时间前,投标人可以修改与撤回已递交的投标文件,但应以书面形式通知招标人。

4.3.2 投标人修改或撤回已递交投标文件的书面通知应按照投标人须知前附表第3.7.3款的要求签字或盖章。招标人收到书面通知后,向投标人出具签收凭证。

5. 开标(略)

6. 评标(略)

7. 合同授予(略)

8. 重新招标与不再招标(略)

9. 纪律与监督(略)

10. 需要补充的其他内容

知识链接

投标人须知正文主要包括总则、招标文件、投标文件、开标、评标、合同授予、重新招标和不再招标、纪律与监督、需要补充的其他内容。

1. 总则

(1)项目概况。应说明项目已具备的招标条件、项目招标人、招标代理机构(如有)、项目名称及工程项目建设地点等内容,并且在投标人须知前附表中体现。

(2)资金来源和落实情况。应说明该项目的资金来源、出资比例、资金落实情况等内容,并且在投标人须知前附表中体现。

(3)招标范围、计划工期和质量要求。应说明招标范围、计划工期、质量要求等,并且在投标须知前附表中体现。

(4)投标人资格要求。未进行资格预审的,应当规定投标人应具备承担本合同段施工的资质条件、财务、业绩、信誉、项目经理资格及其他要求,并在投标人须知前附表中体现;已进行资格预审的,投标人是符合资格预审条件,收到招标人发出投标邀请书的单位;投标人须知前附表规定接受联合体形式参与投标的,应写明对联合体的规定和要求。除前附表的要求外,还应遵守资格预审文件申请人须知中的第1.4.1款的信誉最低要求。

(5)费用承担。投标人准备和参加投标活动发生的费用自理。

(6)保密。参与招标投标活动的各方应对招标文件和投标文件中的商业和技术等秘密保密,违者应对由此造成的后果承担法律责任。

(7)语言文字、计量单位。除专用术语外,与招标投标有关的语言均使用中文。必要时专用术语应附有中文注释。所有计量均采用中华人民共和国法定计量单位。

(8)现场踏勘、投标预备会。招标人应根据具体的情况考虑是否组织现场踏勘、投标预备会,应在投标人须知前附表中说明。

（9）分包。招标人应判断该项目是否可以转包和分包。如可分包,招标人应规定:分包内容要求、分包金额要求、接受分包的第三人资质要求。如专业工程分包的工程量累计不得超过总工程量的30%。

（10）偏离。招标人应根据项目具体情况来规定项目是否允许投标文件偏离招标文件某些要求,如可以偏离则应说明偏离的范围和幅度。

2. 招标文件

（1）招标文件的组成。应明确地列出招标文件的组成。

（2）招标文件的澄清。应说明澄清的时间、书面的形式,并在投标人须知前附表中体现。例如,书面形式:信函、电报、传真等。

（3）招标文件的修改。应说明修改的书面形式、修改的时间界限、修改的回执的时间界限,并在投标人须知前附表中体现。

3. 投标文件

（1）投标文件的组成。应说明投标文件的组成,并在投标人须知前附表中体现。

（2）投标报价。应说明工程量清单的填报要求,要求投标人应按"工程量清单"的要求填写相应表格。投标人如果发现工程量清单中的数量与图纸中数量不一致时,应立即通知招标人核查,除非招标人以书面方式予以更正,否则,应以工程量清单中列出的数量为准。

（3）投标有效期。应说明投标有效期的期限,在投标人须知前附表中体现。投标人不得要求撤销或修改其投标文件。如出现特殊情况需要延长投标有效期的,招标人以书面形式通知所有投标人延长投标有效期。

（4）投标保证金。投标保证金作为其投标文件的组成部分,应说明投标保证金的金额、担保形式,并在投标人须知前附表中体现。投标人不按要求提交投标保证金的,其投标文件作无效文件处理。

（5）资格审查资料。如已进行了资格预审的,投标人在编制投标文件时,应按新情况更新或补充其在申请资格预审时提供的资料;如没有进行资格预审的,则招标人应在投标人须知前附表中说明相关要求。

（6）备选投标方案。招标人应根据项目具体情况来规定项目是否采用备选投标方案,除投标人须知前附表另有规定外,投标人不得递交备选投标方案。

（7）投标文件的编制。投标文件格式、投标文件的份数、签署或盖章、装订以及其他要求应在投标人须知前附表中体现。

4. 投标

（1）投标文件的密封和标记。应说明密封和标记的具体要求,在投标人须知前附表中体现。

（2）投标文件的递交。应说明投标文件递交的时间、地点,在投标人须知前附表中体现。

（3）投标文件的修改与撤回。应说明修改与撤回的截止时间及通知招标人的形式,在投标人须知前附表中体现。

5. 开标

应说明开标时间、地点、开标程序及其他要求,在投标人须知前附表中体现。

6. 评标

评标委员会的组织、评标的原则。评标活动遵循公平、公正、科学和择优的原则。

7. 合同授予

包括定标方式、中标通知、履约担保、签订合同。

8. 重新招标与不再招标

有下列情形之一的，招标人将重新招标：

(1) 投标截止时间止，投标人少于 3 个的情形。

(2) 经评标委员会评审后否决所有投标的情形。

(3) 中标候选人均未与招标人签订合同的情形。

(4) 法律规定的其他情形。

9. 纪律和监督

对招标人的纪律要求、对投标人的纪律要求、对评标委员会成员的纪律要求、对与评标活动有关的工作人员的纪律要求均应说明。

10. 投诉

监督部门的联系方式在投标人须知前附表中体现。

11. 需要补充的其他内容

(略)

知识链接

(1)《国家发展改革委等部门关于严格执行招标投标法规制度进一步规范招标投标主体行为的若干意见》(发改法规〔2022〕1117 号)规定：发现投标文件中含义不明确、对同类问题表述不一致、有明显文字和计算错误、投标报价可能低于成本影响履约的，应当先请投标人作必要的澄清、说明，不得直接否决投标；有效投标不足三个的，应当对投标是否明显缺乏竞争和是否需要否决全部投标进行充分论证，并在评标报告中记载论证过程和结果。

(2)十四届全国人大常委会立法规划于 2023 年 9 月 7 日公布，拟对招标投标法进行修订，并发布《中华人民共和国招标投标法(修订草案公开征求意见稿)》，拟将原第四十二条修订为："第四十八条　评标委员会经评审，认为所有投标都不符合招标文件要求的，应当否决所有投标。依法必须进行招标的项目的所有投标被否决的，招标人应当分析招标失败的原因，必要时采取对招标文件设定的投标人资格条件等进行修改或者其他相应措施后，依照本法重新招标。重新招标后，投标人少于三个的，可以开标、评标，或者依法以其他方式从现有投标人中确定中标人，并向有关行政监督部门备案；所有投标再次被否决的，可以不再进行招标，并向有关行政监督部门备案。"

三、评标办法(详见模块三项目一)

(略)

四、合同条款及格式

(一)通用合同条款

通用合同条款采用《标准施工招标文件》(2007 年版)的通用合同条款。

通用合同条款（节选）

9. 施工安全、治安保卫和环境保护

9.2　承包人的施工安全责任

9.2.5　合同约定的安全作业环境及安全施工措施所需费用应遵守有关规定，并包括在相关工作的合同价格中。因采取合同未约定的安全作业环境及安全施工措施增加的费用，由监理人按第 3.5 款商定或确定。

由于篇幅有限，通用合同条款的内容略。

（二）专用合同条款

1. 公路工程专用合同条款

公路工程专用合同条款采用《公路工程标准施工招标文件》（2018 年版）的公路工程专用合同条款。

公路工程专用合同条款（节选）

9. 施工安全、治安保卫和环境保护

9.2　承包人的施工安全责任

9.2.5　细化如下：

除项目专用合同条款另有约定外，安全生产费用应为投标价（不含安全生产费及建筑工程一切险及第三者责任险的保险费）的 1.5%（若发包人公布了最高投标限价时，按最高投标限价的 1.5% 计）。安全生产费用应用于施工安全防护用具及设施的采购和更新、安全施工措施的落实、安全生产条件的改善，不得挪作他用。如承包人在此基础上增加安全生产费用以满足项目施工需要，则承包人应在本项目工程量清单其他相关子目的单价或总额价中予以考虑，发包人不再另行支付。因采取合同未约定的特殊防护措施增加的费用，由监理人按第 3.5 款商定或确定。

由于篇幅有限，公路工程专用合同条款的内容略。

---

2. 项目专用合同条款数据表（表2-30）

项目专用合同条款数据表　　　　　　　　　　　　表 2-30

序号	条目号	信息或数据
3	1.1.4.5	缺陷责任期：自实际交工日期起计算 2 年
5	3.1.1	监理人在行使下列权利前需要经发包人事先批准： 根据第 15.3 款发出变更指示的，监理人的变更权详见发包人的监理实施办法
7	5.2.1	发包人是否提供材料或工程设备：否
8	6.2	发包人是否提供施工设备和临时设施：否
10	11.5(3)	逾期交工违约金：10 万元/天
11	11.5(3)	逾期交工违约金限额：10% 签约合同价
12	11.6	提前交工的奖金：10 万元/天
13	11.6	提前交工的奖金限额：10% 签约合同价
15	16.1	因物价波动引起的价格调整按本省交通运输部门相关政策执行
16	17.2.1(1)	开工预付款金额：10% 签约合同价
17	17.2.1(2)	材料、设备预付款比例：凭运至工地并经验收合格的钢材、水泥等主要材料、设备单据所列费用的 70%

续上表

序号	条目号	信息或数据
19	17.3.3(1)	进度付款证书最低限额:150 万元
20	17.3.3(2)	逾期付款违约金的利率:按同期银行短期贷款利率加手续费
22	17.4.1	质量保证金限额:3% 合同价格 质量保证金是否计付利息: □是,利息的计算方式:_____ ☑否
25	18.2	竣工资料的份数:1 份
28	19.7(1)	保修期:自实际交工日期起计算 5 年
29	20.1	建筑工程一切险的保险费率:3‰
30	20.4.2	第三者责任险的最低投保金额:100 万元,事故次数不限(不计免赔额),保险费率:10‰

......

3.项目专用合同条款

项目专用合同条款(节选)

9.施工安全、治安保卫和环境保护

9.2 承包人的施工安全责任

9.2.5 细化如下:

除项目专用合同条款另有约定外,安全生产费用应为投标价(不含安全生产费及建筑工程一切险及第三者责任险的保险费)的1.5%。安全生产费用应用于完善、改造和维护安全防护设施设备支出(不含"三同时"要求初期投入的安全设施),包括施工现场临时用电系统、洞口、临边、机械设备、高处作业防护、交叉作业防护、防火、防爆、防尘、防毒、防雷、防台风、防地质灾害、地下工程有害气体监测、通风、临时安全防护等设施设备支出;配备、维护、保养应急救援器材、设备支出和应急演练支出;开展重大危险源和事故隐患评估、监控和整改支出;安全生产检查、评价(不包括新建、改建、扩建项目安全评价)、咨询和标准化建设支出;配备和更新现场作业人员安全防护用品支出;安全生产宣传、教育、培训支出;安全生产适用的新技术、新标准、新工艺、新装备的推广应用支出;安全设施及特种设备检测检验支出;其他与安全生产直接相关的支出,不得挪作他用。在规定的使用范围内,承包人应当将安全生产费用优先用于满足安全生产监督管理部门以及行业主管部门对企业安全生产提出的整改措施或达到安全生产标准所需的支出。如承包人在此基础上增加安全生产费用以满足项目施工的需要,则承包人应在本项目工程量清单其他相关子目的单价或总额价中予以考虑,发包人不再另行支付。因采取合同未约定的特殊防护措施增加的费用,由监理人按第3.5款商定或确定。

由于篇幅有限,项目专用合同条款的内容略。

知识链接

合同条款主要规定了合同履行中当事人基本的权利和义务以及合同履行中的工作程序,监理工程师的职责和权利也应在合同条款中进行说明,目的是让投标人充分了解施工中将面临的监理环境。也是投标人编制投标文件的依据之一。

合同条款由通用合同条款和专用合同条款两部分组成。

1)通用合同条款

通用合同条款,根据国家有关法律、法规和部门规章以及按合同管理的操作要求进行约定和设置。

鉴于工程建设项目施工较为复杂、合同履行周期较长等特点,为使当事人能够在合同订立时客观评估合同风险,按照国内工程建设有关法律、法规、规程确立的工程建设项目施工管理模式,参考 FIDIC 有关内容,合同条款对发包人、承包人的责任进行恰当的划分,在材料和设备、工程质量、计量、变更、违约责任等方面,对双方当事人权利、义务、责任作了相对具体、集中和具有操作性的规定,为明确责任、减少合同纠纷提供了条件。

为了节省编制招标文件的时间、较好地保证合同的公平性和严密性,也便于投标人节省阅读招标文件的时间,招标人可直接采用《标准施工招标文件》(2007 年版)的通用合同条款。编写和使用通用合同条款时,不允许直接对其进行修改。若根据项目实际情况,需要对其进行修改时,则应在合同专用条款中进行。

《标准施工招标文件》(2007 年版)的通用合同条款内容包括:

一般约定、发包人义务、有关监理单位的约定、有关承包人义务的约定、材料和工程设备、施工设备和临时设备、交通运输、测量、放线、施工安全、治安保卫和环境保护、进度计划、开工和竣工、暂停施工、工程质量、试验和检验、变更与变更的估价原则、价格调整原则、计量与支付、竣工验收、缺陷责任与保修责任、保险、不可抗力、违约、索赔、争议的解决等共 24 条。

2)专用合同条款

专用合同条款是针对项目具体情况,在通用合同条款基础上编制而成的,是对某些通用条款的补充、修改和完善。应按《标准施工招标文件》(2007 年版)的通用条款中同一编号的条款一起阅读和理解。

专用合同条款由公路工程专用合同条款和项目专用合同条款两部分组成。

(1)公路工程专用合同条款

公路工程专用合同条款是以《标准施工招标文件》(2007 年版)为依据,结合公路工程施工的特点和实际,对通用合同条款作了公路工程专业规范性的细化和补充,从而更加具有针对性、规范性、指导性和可操作性。

一般情况下,在编制公路工程专用合同条款时,通用合同条款中的保险条款、开工预付款条款、材料、设备预付款条款及建设单位拖期付款支付利息的条款不得删除,如有特殊情况,对这些条款的修改应征得招标文件审批部门的批准。

(2)项目专用合同条款

项目专用合同条款由项目专用合同条款数据表和项目专用合同条款两部分组成。

项目专用合同条款数据表用于对合同条款中适用于本项目的信息和数据的归纳与提示,是项目专用合同条款的组成部分,其内容应明确、具体。表格中的内容需要招标人编制时填写,其中有些内容在《公路工程标准施工招标文件》(2018 年版)中已经给出,而没有给出的内容则根据相关的标准及规定填写,招标人如认为有其他信息或数据需要增加时,可以在数据表中增列。

在编制项目专用合同条款数据表时特别要注意:"招标文件格式"的投标函附录中的数据(供投标人确认)与本表所列有重复。编写招标文件时应仔细校核,不使数据出现差错或不一致。

①项目专用合同条款数据表中相关条款基本要求。

a. 第 1.1.4.5 款,缺陷责任期:一般应为自实际交工日期起计算 1 年,最长不超过 2 年。

b. 第 3.1.1 款,监理人在行使下列权力前需要经发包人事先批准:监理人的变更权限详见发包人的监理实施办法。

c. 第 11.5(3)款,逾期交工违约金限额一般应为 10% 签约合同价。

d. 第 11.5(3)款,逾期交工违约金:依据发包人制定的相关承包人考核奖惩办法施行。

e. 第 11.6 款,提前交工奖金及提前交工奖金限额:依据发包人制定的相关承包人考核奖惩办法施行。

f. 第 16.1 款,对于工程规模不大、工期较短的工程(例如工期不超过 12 个月),可以不进行调价。

g. 第 17.2.1(1)款,开工预付款金额一般应为 10% 签约合同价。

h. 第 17.2.1(2)款,材料、设备预付款比例:指主要材料,一般应为 70% ~ 75% ,最低不少于 60% 。

i. 第 17.3.3(1)款,国际上一般按月平均支付额的 0.3 ~ 0.5 计算,我国可按 0.2 ~ 0.3 计,以利承包人资金周转。

j. 第 17.3.3(2)款,相当于中国人民银行短期贷款利率加手续费。招标人不能自行取消本项内容或降低利率。

k. 第 17.4.1 款,质量保证金限额一般不超过合同价格的 3% 。

l. 第 19.7(1)款,保修期一般应为自实际交工日期起计算 5 年。

m. 第 20.1 款,建筑工程一切险的保险费率:建筑工程一切险,是承保各类民用、工业和公用事业建筑工程项目,包括道路、桥梁、水坝、港口等,在建设过程中因自然灾害或意外事故而引起的一切损失的险种。

建筑工程一切险是保险公司根据项目的工程性质、施工所在地、施工工期、保险金额等各个因素来确定保险费率提取标准的,招标人应和保险公司一起根据国家税法的规定、地方政府的规定和项目具体情况而确定费率提取标准。一般提取标准不超过第 100 章 ~ 第 700 章工程量清单合计的 0.4% 。

n. 第 20.4.2 款,第三者责任险:是在本保险期限内,因发生与本保险单所承保工程直接相关的意外事故引起工地内及邻近区域的第三者人身伤亡、疾病或财产损失,依法应由被保险人承担的经济赔偿责任。第三者责任险属于强制投保安责险的范畴,没有具体最低保额要求,各省、自治区、直辖市会根据本地实际情况,通过地方性法规、规章或联合发文的形式,规定本区域内安责险的最低责任限额(包括每次事故责任限额、每人伤亡责任限额、累计责任限额等)。第三者责任险的最低责任限额应满足项目所在地关于安责险的最低责任限额规定以及项目的招标文件和施工合同中的规定。

招标人应和保险公司一起根据国家税法的规定、地方政府的规定和项目具体情况而确定费率提取标准。

②项目专用合同条款编制原则及要点。

招标人在根据《公路工程标准施工招标文件》(2018 年版)编制项目招标文件中的"项目专用合同条款"时,可根据招标项目的具体特点和实际需要,对"通用合同条款"及"公路工程专用合同条款"进行补充和细化,除"通用合同条款"明确"专用合同条款"可作出不同约定及"公路工程专用合同条款"明确"项目专用合同条款"可作出不同约定外,补充和细化的内容不得与"通用合同条款"及"公路工程专用合同条款"强制性规定相抵触。同时,补充、细化的不同内容,不得违反法律、行政法规的强制性规定和平等、自愿、公平和诚实信用原则。

项目专用合同条款的编号应与通用合同条款和公路工程专用合同条款一致。

项目专用合同条款可对下列内容进行补充和细化：

a."通用合同条款"中明确指出"专用合同条款"可对"通用合同条款"进行修改的内容（在"通用合同条款"中用"应按合同约定""应按专用合同条款约定""除合同另有约定外""除专用合同条款另有约定外""在专用合同条款中约定"等多种文字形式表达）；

b."公路工程专用合同条款"中明确指出"项目专用合同条款"可对"公路工程专用合同条款"进行修改的内容（在"公路工程专用合同条款"中用"除项目专用合同条款中有约定外""项目专用合同条款可能约定的""项目专用合同条款约定的其他情形"等多种文字形式表达）；

c.其他需要补充、细化的内容。

在编制合同条款时，一定要满足合同的公平性及合法性的要求。招标人在编制合同条款时不得随意修改《标准施工招标文件》（2007年版）及《公路工程标准施工招标文件》（2018年版）中的合同条款，也不得将一些不合理的规定强加在投标人的身上。合同条款应尽可能地具体明确，充分满足可操作性的要求，一份可操作性的合同，应该是各种问题面面俱到、处理办法应有尽有，凡是在合同履行中出现的任何情况，都可以在合同中找出相应的处理办法。

（三）合同附件格式（中标后填写）

合同附件格式

附件一　合同协议书

附件二　廉政合同

附件三　安全生产合同

附件四　其他管理和技术人员最低要求（见本项目资格预审文件）

附件五　主要机械设备和试验检测设备最低要求（见本项目资格预审文件）

附件六　项目经理委任书格式

附件七　履约保证金格式

附件八　预付款担保格式

附件九　工程资金监管协议格式

采用《公路工程标准施工招标文件》（2018年版）的合同附件格式。

五、工程量清单

（一）说明

1.工程量清单说明

（1）本工程量清单是根据招标文件中包括的、有合同约束力的图纸以及有关工程量清单的国家标准、行业标准、合同条款中约定的工程量计算规则编制。约定计量规则中没有的子目，其工程量按照有合同约束力的图纸所标示尺寸的理论净量计算。计量时，采用中华人民共和国法定计量单位。

（2）本工程量清单中所列工程数量是估算的或设计的预计数量，仅作为投标报价的共同基础，不能作为最终结算与支付的依据。实际支付应按实际完成的工程量，由承包人按技术规范规定的计量方法,以监理人认可的尺寸、断面计量,按本工程量清单的单价和总额价计算支付金额;或者根据具体情况,按合同条款的规定,由监理人确定的单价或总额价计算支付额。

(3)图纸中所列的工程数量表及数量汇总表仅是提供资料,不是工程量清单的外延。当图纸与工程量清单所列数量不一致时,以工程量清单所列数量作为报价的依据。

2.投标报价说明

(1)工程量清单中的每一子目须填入单价或价格,且只允许有一个报价。

(2)除非合同另有规定,工程量清单中有标价的单价和总额价均已包括了为实施和完成合同工程所需的劳务、材料、机械、质检(自检)、安装、缺陷修复、管理、保险、税费、利润等费用,以及合同明示或暗示的所有责任、义务和一般风险。

(3)工程量清单中投标人没有填入单价或价格的子目,其费用视为已分摊在工程量清单中其他相关子目的单价或价格之中。承包人必须按监理人指令完成工程量清单中未填入单价或价格的子目,但不能得到结算与支付。

(4)工程量清单中各项金额均以人民币(元)结算。

(5)建筑工程一切险保险费的报价按投标价第100章(不含建筑工程一切险和第三方责任险)~第700章清单合计的0.3%计算。第三者责任险的报价按最低投保金额100万元,事故次数不限(不计免赔额),保险费率1%计算。

(6)施工环保费的报价按不低于投标价第200章~第700章合计的0.3%计算。

(7)安全生产费的报价按投标价第100章~第700章清单合计(不含建筑工程一切险、第三者责任险和安全生产费)的1.5%计算。

(8)工程管理软件费(暂估价)其投标报价为200 000元列入清单;桥梁荷载试验(暂估价)的投标报价为500 000元列入清单。

(9)暂列金额按投标价第100章~第700章合计(不含暂估价)的3%计算。

3.计日工说明

1)总则

(1)本说明应参照《公路工程标准施工招标文件》(2018年版)通用合同条款第15.7款一并理解。

(2)未经监理人书面指令,任何工程不得按计日工施工;接到监理人按计日工施工的书面指令,承包人也不得拒绝。

(3)投标人应在计日工单价表中填列计日工子目的基本单价或租价,该基本单价或租价适用于监理人指令的任何数量的计日工的结算与支付。计日工的劳务、材料和施工机械由招标人(或发包人)列出正常的估计数量。

(4)计日工不调价。

2)计日工劳务

(1)在计算应付给承包人的计日工工资时,工时应从工人到达施工现场,并开始从事指定的工作算起,到返回原出发地点为止,扣去用餐和休息的时间。只有直接从事指定的工作,且能胜任该工作的工人才能计工,随同工人一起做工的班长应计算在内,但不包括领工(工长)和其他质检管理人员。

（2）承包人可以得到用于计日工劳务的全部工时的支付,此支付按承包人填报的"计日工劳务单价表"所列单价计算,该单价应包括基本单价及承包人的管理费、税费、利润等所有附加费,说明如下:

①劳务基本单价包括:承包人劳务的全部直接费用,如工资、加班费、津贴、福利费及劳动保护费等。

②承包人的利润、管理、质检、保险、税费;易耗品的使用、水电及照明费,工作台、脚手架、临时设施费,手动机具与工具的使用及维修,以及上述各项伴随而来的费用。

3）计日工材料

承包人可以得到计日工使用的材料费用(上述已计入劳务费内的材料费用除外)的支付,此费用按承包人"计日工材料单价表"中所填报的单价计算,该单价应包括基本单价及承包人的管理费、税费、利润等所有附加费,说明如下:

（1）材料基本单价按供货价加运杂费(到达承包人现场仓库)、保险费、仓库管理费以及运输损耗等计算。

（2）承包人的利润、管理、质检、保险、税费及其他附加费。

（3）从现场运至使用地点的人工费和施工机械使用费不包括在上述基本单价内。

4）计日工施工机械

（1）承包人可以得到用于计日工作业的施工机械费用的支付,该费用按承包人填报的"计日工施工机械单价表"中的租价计算。该租价应包括施工机械的折旧、利息、维修、保养、零配件、油燃料、保险和其他消耗品的费用以及全部有关使用这些机械的管理费、税费、利润和司机与助手的劳务费等费用。

（2）在计日工作业中,承包人计算所用的施工机械费用时,应按实际工作小时支付。只有经监理人的同意,计算的工作小时才能将施工机械从现场某处运到监理人指令的计日工作业的另一现场往返运送时间包括在内。

4.其他说明

（略）

（二）工程量清单（表2-31）

工程量清单　　　　　　　　　　　表2-31

清单　第100章　总则					
子目号	子目名称	单位	数量	单价	合价
101－1	保险费				
－a	按合同条款规定,提供建筑工程一切险	总额	1		
－b	按合同条款规定,提供第三者责任险	总额	1		
102－1	竣工文件	总额	1		
102－2	施工环保费	总额	1		
102－3	安全生产费	总额	1		
102－4	信息化系统(暂估价)	总额	1	200 000	

清单 第100章 总则					
103－1	临时道路修建、养护与拆除(包括原道路的养护)	总额	1		
103－2	临时占地	总额	1		
	......				
清单第100章合计 人民币 _____					
清单 第200章 路基					
子目号	子目名称	单位	数量	单价	合价
202－1	清理与挖除				
－a	清理现场	m²	794 053		
203－1	路基挖方(包括借土开挖)				
－a	挖土方	m³	1 584 326		
－b	挖石方	m³	2 018 577		
－c	挖除非适用材料(不含淤泥岩盐、冻土)	m³	500 121		
203－2	改路、改渠、改河挖方				
－a	挖土方	m³	101 821		
204－1	路基填筑(包括填前压实)				
－a	填土方	m³	1 424 234		
－b	填石方	m³	2 386 571		
	......				
清单第200章合计 人民币 _____					
清单 第300章 路面					
子目号	子目名称	单位	数量	单价	合价
304－1	水泥稳定土底基层				
－a	厚20cm 4%水泥稳定碎石底基层	m²	15 294		
304－3	水泥稳定土基层				
－d	厚18cm5%水泥稳定碎石基层	m²	53 274		
306－1	级配碎石底基层				
－a	厚16cm	m²	9 208		
	......				
清单第300章合计 人民币 _____					
清单 第400章 桥梁、涵洞					
子目号	子目名称	单位	数量	单价	合价
401－1	桥梁荷载试验(暂估价)	总额			500 000
403－1	基础钢筋				
－a	光圆钢筋(HPB300)	kg	167 431		
－b	带肋钢筋(HRB400)	kg	1 060 546		
403－2	下部结构钢筋				

续上表

清单　第400章　桥梁、涵洞					
子目号	子目名称	单位	数量	单价	合价
-a	光圆钢筋(HPB300)	kg	222 502		
-b	带肋钢筋(HRB400)	kg	1 309 501		
403-3	上部结构钢筋				
-a	光圆钢筋(HPB300)	kg	714 571		
-b	带肋钢筋(HRB400)	kg	3 370 845		
-c	冷轧带肋钢筋网	kg	337 286		
405-1	水中钻孔灌注桩				
-e	桩径1.5m	m	92		
-g	桩径2.0m	m	63		
405-2	陆上钻(挖)孔灌注桩				
-c	桩径1.2m	m	2 124		
……					
清单第400章合计　人民币＿＿＿＿＿＿					

清单　第500章　隧道					
子目号	子目名称	单位	数量	单价	合价
502-1	洞口、明洞开挖				
-a	土方	m³	12 734		
-b	石方	m³	9 763		
502-2	防水与排水				
-a	M7.5浆砌片石截水沟	m³	277		
-f	排水管	m	153		
-h	C30防水混凝土	m³	502		
-j	1.2mm EVA防水卷材	m²	1 860		
-k	PVC-U管	m	120		
502-3	洞口坡面防护				
-d	C20喷混凝土	m³	302		
-e	20MnSiφ22砂浆锚杆	m	9 503		
-f	φ8钢筋网	kg	12 091		
……					
清单第500章合计　人民币＿＿＿＿＿＿					

清单　第600章　安全设施及预埋管线					
子目号	子目名称	单位	数量	单价	合价
602-3	双面波形梁护栏	m			
602-4	活动式钢护栏	m			
602-5	波形梁钢护栏起、终端头				
-a	分设型圆头式端头				
-b	分设型地锚式端头	个			
-c	组合型圆端头	个			
……					
清单第600章合计　人民币＿＿＿＿＿＿					

续上表

<table>
<tr><td colspan="6" align="center">清单 第 700 章 绿化及环境保护设施</td></tr>
<tr><td>子目号</td><td>子目名称</td><td>单位</td><td>数量</td><td>单价</td><td>合价</td></tr>
<tr><td>702 – 1</td><td>开挖并铺设表土</td><td>m³</td><td></td><td></td><td></td></tr>
<tr><td>702 – 2</td><td>铺设利用的表土</td><td>m³</td><td></td><td></td><td></td></tr>
<tr><td>703 – 1</td><td>撒播草皮</td><td>m²</td><td></td><td></td><td></td></tr>
<tr><td>703 – 2</td><td>铺设草皮</td><td></td><td></td><td></td><td></td></tr>
<tr><td>– a</td><td>马尼拉草皮</td><td>m²</td><td></td><td></td><td></td></tr>
<tr><td>– b</td><td>美国二号草皮</td><td>m²</td><td></td><td></td><td></td></tr>
<tr><td>704 – 4</td><td>人工种植乔木</td><td></td><td></td><td></td><td></td></tr>
<tr><td>– a</td><td>香樟</td><td>棵</td><td></td><td></td><td></td></tr>
<tr><td colspan="6" align="center">……</td></tr>
<tr><td colspan="6" align="center">清单第 700 章合计 人民币 ＿＿＿＿＿＿＿＿</td></tr>
</table>

(三)计日工表

1. 劳务数量(表 2-32)

劳务数量表 表 2-32

编号	子目名称	单位	暂定数量	单价	合价
101	班长	h	1 000		
102	普通工	h	1 000		
103	焊工	h	1 000		
104	电工	h	1 000		
105	混凝土工	h	1 000		
106	木工	h	1 000		
107	钢筋工	h	1 000		
		……			
劳务小计金额:		(计入"计日工汇总表")			

2. 材料数量(表 2-33)

材料数量表 表 2-33

编号	子目名称	单位	暂定数量	单价	合价
201	水泥	t	1 000		
202	钢筋	t	100		
203	钢绞线	t	100		
204	砂	m³	1 000		
205	碎石	m³	1 000		
		……			
材料小计金额:		(计入"计日工汇总表")			

3. 施工机械数量(表 2-34)

施工机械数量表　　　　　　　　　　　　　表 2-34

编号	子目名称	单位	暂定数量	单价	合价
301	装载机				
301 - 1	$1.5m^3$ 以下	h	150		
301 - 2	$1.5 \sim 2.5m^3$	h	150		
301 - 3	$2.5m^3$ 以上	h	100		
302	推土机				
302 - 1	90kW 以下	h	100		
302 - 2	$90 \sim 180$kW	h	100		
302 - 3	180kW 以上	h	100		
		......			
施工机械小计金额:		(计入"计日工汇总表")			

4. 计日工汇总(表 2-35)

计日工汇总表　　　　　　　　　　　　　表 2-35

名称	金额	备注
劳务		
材料		
施工机械		
计日工总计: (计入"投标报价汇总表")		

(四) 暂估价表

1. 材料暂估价(表 2-36)

材料暂估价表　　　　　　　　　　　　　表 2-36

序号	名称	单位	数量	单价	合价	备注

2. 工程设备暂估价(表 2-37)

工程设备暂估价表　　　　　　　　　　　　表 2-37

序号	名称	单位	数量	单价	合价	备注

3. 专业工程暂估价(表 2-38)

专业工程暂估价表　　　　　　　　　　　　表 2-38

序号	专业工程名称	工 程 内 容	金额(元)
1	工程管理软件费		200 000
2	桥梁荷载试验		500 000
小计:700 000			

(五) 投标报价汇总表(表2-39)

投标报价汇总表　　　　　　　　　　　　　　　　表2-39

××省××至××高速公路项目第6标段

序号	章次	科目名称	金额(元)
1	100	总则	
2	200	路基	
3	300	路面	
4	400	桥梁、涵洞	
5	500	隧道	
6	600	安全设施及预埋管线	
7	700	绿化及环境保护设施	
8		第100章~第700章合计	
9		已包含在清单合计中的材料、工程设备、专业工程暂估价合计	
10		清单合计减去材料、工程设备、专业工程暂估价合计(即 8 − 9 = 10)	
11		计日工合计	
12		暂列金额(不含计日工和暂估价)(10 × 3% = 12)	
13		投标总价(8 + 11 + 12 = 13)	

(六) 工程量清单单价分析表(表2-40)

工程量清单单价分析表　　　　　　　　　　　　　表2-40

序号	编码	子目名称	人工费			材料费						机械使用费	其他	管理费	税费	利润	综合单价
			工日	单价	金额	主材				辅材费	金额						
						主材耗量	单位	单价	主材费								

知识链接

1. 工程量清单的概念及作用

1) 工程量清单的概念

工程量清单是表现拟建工程实体性项目及非实体性项目名称和相应数量的明细清单,以满足工程项目具体量化和计量支付的需要。

2) 工程量清单的作用

(1) 投标人公平竞争投标报价的共同基础。

(2) 评标的共同基础。

(3) 促进投标人提高技术水平和管理水平。

(4) 工程计量支付和中期支付的依据。

(5) 为费用监理提供依据。

2. 工程量清单的编制主体和依据

1)编制主体

具有编制能力的招标人编制,若招标人不具备编制工程量清单的能力,可委托工程造价咨询人员编制。

2)编制依据

(1)工程量清单计量规则。

(2)国家或省级、行业建设单位颁发的计价依据和办法。

(3)建设工程设计文件。

(4)与建设工程项目有关的标准、规范和技术资料。

(5)招标文件及其补充通知、答疑纪要。

(6)施工现场情况、工程特点及常规施工方案。

(7)其他相关资料。

3.《公路工程标准施工招标文件》(2018年版)工程量清单的内容组成

1)说明

说明是对工程量清单所作的一种解释,主要说明工程量清单的性质、特点、编制清单报价时应遵守的规定和注意事项等。该说明在招标期间对如何进行投标报价有实质性影响,在工程实施期间对工程是否进行计量与支付以及如何进行计量与支付有实质性影响。

说明由工程量清单说明、投标报价说明、计日工说明及其他说明等四个部分组成。

编制工程量清单说明时,既可采用《公路工程标准施工招标文件》(2018年版)中的原文,也可根据实际需要对其更改和补充。

2)工程量清单表

工程量清单表又称工程细目或分项清单表,它反映了工程项目中的各个细目及其工程数量,是工程量清单的主体部分,在工程量清单表中,单价和合价栏由投标人填写,其余各栏均由招标人填写。工程量清单表中的数量是招标人根据设计图纸、工程量计算规则和技术规范估算得到的预计数量,而不是承包人应实际完成的准确的工程量。

工程量清单表按技术规范的章节顺序进行划分排列,共分为七章,内容分别为:第100章 总则;第200章 路基;第300章 路面;第400章 桥梁、涵洞;第500章 隧道;第600章 安全设施及预埋管线;第700章 绿化及环境保护设施。

3)计日工表

计日工俗称"点工",在施工过程中,完成发包人提出的工程合同范围以外的零星项目或工作,按合同中约定的综合单价计价。计日工的特点是灵活性较强,可操作性较强。

计日工的劳务、材料和施工机械由招标人列出正常的估计数量或假定数量,投标人报出单价,计算出计日工总额后列入工程量清单汇总表中。在施工过程中,以单价为准,按实际完成的工程量进行计日工的结算与支付,不可以调价。

有的招标文件只要求投标人在计日工表中填报单价而不填报计日工总价,这样计日工费用没有计入总报价中,承包人会将计日工价格报得偏高或很高。如果在施工中使用计日工,那建设单位将支付出更多的费用。因此,为控制投标人的计日工报价的合理性,限制投标人随意提高计日工报价,应将计日工总额计入投标总价。

在计日工单价表中,也可由建设单位给定单价,并要求投标人不得更改。也可将计日工费用直接给出一个比例,如第100章~第700章清单合计的1%~3%,招标人根据具体情况而定,列入清单汇总中进行计算。

计日工表由计日工劳务、计日工材料、计日工施工机械以及计日工汇总表等4个部分内容组成。

4)暂估价表

暂估价是指招标人在工程量清单中提供的用于支付必然发生但暂时不能确定价格的材料和设备的单价以及专业工程的金额,包括材料暂估价、设备暂估价及专业工程暂估价。招标人在发布工程量清单时,应在材料、设备暂估单价表和专业工程暂估价表中分别列项。招标人发布的招标文件应明确暂估价的定价或发承包方式及结算办法。

招标文件提供了暂估单价的材料,按暂估的单价计入综合单价。

暂估价表由材料暂估价表、工程设备暂估价表、专业工程暂估价表等内容组成。

5)投标报价汇总表

投标报价汇总表是投标人在投标报价时将工程量清单各章合计、计日工合计及暂列金额合计进行汇总,得出该项目的总报价。

暂列金额是招标人在工程量清单中暂定并包括在合同价款中的一笔款项。用于施工合同签订时尚未确定或者不可预见的所需材料、设备、服务的采购,施工中可能发生的工程变更、合同约定调整因素出现时的工程价款调整以及发生的索赔、现场签证确认等的费用。暂列金额的取值系数,招标人应根据项目具体情况而定,一般情况取值不宜超过工程量清单第100章~第700章合计金额的3%。

暂列金额应由监理人报招标人批准后指令全部或部分地使用,或者根本不予运用。

6)工程量清单单价分析表

工程量清单单价分析表就是工程量清单中投标报价的综合单价组成,包括人工费、材料费、机械费用、其他费、管理费、税金和利润费用等。

4.工程量清单表相关费用计算提取标准确定

1)施工环保费用提取标准确定

施工环保是指承包人在工程施工中,应严格遵守国家环境保护部门及本规范的有关规定。承包人有责任采取有效措施以预防和消除因施工造成的环境污染,对工程范围以外的土地及植被应注意保护,并应保证发包人避免由于污染而承担的索赔或罚款。

施工环保费用是指施工现场为达到环保部门要求所需要的各项费用。招标人应根据项目具体情况来确定提取标准。

2)安全生产费用的提取标准确定

依据财政部、应急管理部联合制定的《企业安全生产费用提取和使用管理办法》(财资〔2022〕136号)第十七条,建设工程施工企业以建筑安装工程造价为计提依据。各建设工程类别安全费用提取标准如下:

(1)矿山工程3.5%;

(2)铁路工程、房屋建筑工程、城市轨道交通工程3%;

(3)水利水电工程、电力工程2.5%;

(4)冶炼工程、机电安装工程、化工石油工程、通信工程2%；

(5)市政公用工程、港口与航道工程、公路工程1.5%。

建设工程施工企业编制投标报价应当包含并单列企业安全生产费用,竞标时不得删减。

建设工程施工企业安全生产费用应用于：

(1)完善、改造和维护安全防护设施设备支出(不含"三同时"要求初期投入的安全设施),包括施工现场临时用电系统、洞口或临边防护、高处作业或交叉作业防护、临时安全防护、支护及防治边坡滑坡、工程有害气体监测和通风、保障安全的机械设备、防火、防爆、防触电、防尘、防毒、防雷、防台风、防地质灾害等设施设备支出；

(2)应急救援技术装备、设施配置及维护保养支出,事故逃生和紧急避难设施设备的配置和应急救援队伍建设、应急预案制修订与应急演练支出；

(3)开展施工现场重大危险源检测、评估、监控支出,安全风险分级管控和事故隐患排查整改支出,工程项目安全生产信息化建设、运维和网络安全支出；

(4)安全生产检查、评估评价(不含新建、改建、扩建项目安全评价)、咨询和标准化建设支出；

(5)配备和更新现场作业人员安全防护用品支出；

(6)安全生产宣传、教育、培训和从业人员发现并报告事故隐患的奖励支出；

(7)安全生产适用的新技术、新标准、新工艺、新装备的推广应用支出；

(8)安全设施及特种设备检测检验、检定校准支出；

(9)安全生产责任保险支出；

(10)与安全生产直接相关的其他支出。

5.工程量清单的编制

工程量清单的编制包括细目划分及工程量的确定两项工作。

1)细目划分

工程量清单的细目划分要便于投标人投标报价,便于施工过程中的计量与支付、合同管理及工程变更的处理。因此,在工程细目划分时,应注意以下几点：

(1)工程细目中的名称、单位、数量等方面都应和技术规范相一致,不能两者矛盾,以便投标人清楚各工程细目的内涵和准确地填报各细目的单价。

(2)合理划分工程细目。在工程细目划分时,将不同类别的工程进行划分；将同一性质但不属于同一部位的工程进行划分；将可能进行不同报价的项目进行划分,都应划分为不同的细目。这样做可以使投标人针对不同情况采用不同报价,使投标人的报价更加具体,也便于减少评标工作和降低造价。

(3)工程细目划分的大小要科学、适中,应把握好尺度。工程细目划分可大可小,各有利弊,招标人在工程细目划分时,应根据项目的具体情况进行划分。

①工程细目划分较大时,在工程计量时虽可减少计量的工作量,但却难以发挥单价合同的优势,不便于变更工程的处理；另外,工程细目太大也会使得计量支付周期延长,影响承包人的资金周转,最终影响合同的正常履行。例如,在桥梁工程中有基础挖方细目,由于技术规范的计价中包含了基础回填等工作,所以承包人必须在基础回填工作完成以后才能对该项目进行计量与支付,其支付周期需要一定的时间,以致会影响承包人的资金周转,不利于工程合同的正常履行。但如果将基础开挖和基础回填分成两个工程细目,那就可以避免上述存在的问题。

②工程细目划分较小时,虽有利于处理工程变更和合同管理,但计量的工作量和难度会因此增加。

表2-41为路基挖方工程弃方的运费计量与支付,一种是全部包含在路基挖方单价中;一种是挖方单价中只包含弃方(1km)的运费,而弃方超运单独计量与支付,不包含在挖方的单价中。

路基挖方工程弃方的运费计量与支付 表2-41

清单 第200章 路基					
子目号	子目名称	单位	数量	单价	合价
203 – 1	路基挖方				
– a	挖土方(含1km远距)	m³	30 000		
203 – 3	弃方超运	m³	18 000		
– a	土方	m³·km			
203 – 1	路基挖方				
– a	挖土方	m³	30 000		

如果弃土场明确而且施工期间不出现变更的话,上述两种方案是一样的,而后一方案还可减少计量的工作量。但是,如果在施工期间弃土场变更或工程发生设计变更,弃方运距也会发生变化,则后一种方案的单价会变得不适应,从而使投标合同单价失效,双方须按变更工程要求协商确定新的单价;而采用前一种方案时,合同中的单价仍是适用的,原则上可按单价办理结算。

可见,工程细目的划分不是绝对的,在编制工程量清单细目划分时要做到简单明了,既具有高度的概括性,又不漏掉项目和应该计价的内容;要结合工程实际情况,具体问题具体对待,灵活掌握。

(4)将开办项目作为独立的工程细目单列出来。开办项目往往是一些一开工就要全部或大部分发生甚至开工前就要发生的项目,如工程保险、临时工程、承包人的驻地建设等,这些项目一般都划分在工程量清单表的第100章总则内,见表2-42。

开办项目 表2-42

清单 第100章 总则					
子目号	子目名称	单位	数量	单价	合价
101 – 1	保险费				
– a	按合同条款规定,提供建筑工程一切险	总额	1		
– b	按合同条款规定,提供第三者责任险	总额	1		
103 – 1	临时道路修建、养护与拆除费(包括原道路的养护费)	总额	1		
103 – 2	临时占地	总额	1		
103 – 3	临时供电设施				
– a	设施架设、拆除	总额	1		
– b	设施维修	月	24		
……					

如将这些项目包含在其他项目的单价中,则承包人开工时上述各种款项不能得到及时支付,这不仅影响合同的公平性和投标人的资金周转,并且会加剧投标人的不平衡报价(投标人会将开工早的工程细目报价提高,以尽早收回成本),因此影响变更工程的计价。

2)工程量的确定

工程量的确定是一项严谨的技术工作,绝不是简单地罗列设计文件中的工程量。工程量的确定是依据设计图纸中的工程数量、调查后的数据以及在技术规范的计量与支付方法的基础上进行综合计算。

在确定工程量前要认真阅读技术规范中的计量和支付方法,仔细核查设计文件工程量所对应的计量方法与技术规范中的计量方法是否一致,如不一致,则需在整理工程量时进行技术处理,以保证两者的一致性。此外,在工程量的计算过程中,要做到不重不漏,更不能发生计算错误,否则,会带来一系列问题。

同一工程细目,其计量方法不同,所整理出来的工程量也会不同。

在工程量的整理计算中,应认真、细致,保证其准确性,做到不重不漏,更不能发生计算错误,否则,会带来一系列的问题。比如,投标人会利用不平衡报价获取超额利润外,还有权提出索赔。由于投标人采用了不平衡报价,所以当合同发生工程变更而引起工程量清单中工程量的增减时,因不平衡报价对所增减的工程量计价不适应,会使得监理工程师不得不和建设单位及投标人协商确定新的单价,来对变更工程进行计价,以致增加合同管理的难度。

六、图纸

由于篇幅有限,此处略。

知识链接

图纸是用标明尺寸的图形和文字来说明工程建筑、机械、设备等的结构、形状、尺寸及其他要求的一种技术文件,是进行工程招投标和施工的标准与依据,是合同文件的重要组成部分,是编制工程量清单以及投标报价的重要依据,也是进行施工及验收的依据。

1. 施工图纸的提供

公路与桥梁工程监理人应在发出中标通知书之后42天内,向承包人免费提供由发包人或其委托的设计单位设计的施工图纸、技术规范和其他技术资料各2份,并向承包人进行技术交底,承包人需要更多的施工图纸时,应当自费复制。由于发包人未按时提供图纸造成工期延误的,按发包人延误工期有关规定办理。

2. 设计图纸的影响

设计图纸不仅严重影响工程造价,对项目的投资效益也有决定性影响。其影响主要体现在以下3个方面:

(1)设计图纸决定工程性质、施工难度及工程数量,由此影响工程造价。

(2)设计图纸影响建设工期,由此影响工程造价和投资效益。

(3)设计图纸的质量影响结构安全性和耐久性,影响工程变更及施工进度计划的实施,由此影响使用寿命和投资效益以及工程造价。

3. 施工图纸的错误

当承包人在查阅合同文件或在本工程实施过程中,发现有关的工程设计、技术规范、图纸或其他资料中的任何差错遗漏或缺陷后,应及时通知监理人。监理人在接到该通知后,应立即就此做出决定,并通知承包人和发包人。

七、技术规范

本项目技术规范采用《公路工程标准施工招标文件》(2018 年版)第三卷第七章中符合本招标工程的相应条款,修改部分见《技术规范修改与补充》。《技术规范修改与补充》是根据本项目的实际情况,对《公路工程标准施工招标文件》(2018 年版)技术规范所作的修改、补充和完善。

由本《技术规范修改与补充》和《公路工程标准施工招标文件》(2018 年版)技术规范两个文件组成技术规范整体,彼此相互解释、相互补充,单独使用无效。如出现相互矛盾的情况,以《技术规范修改与补充》为准;如出现有不在本规范及本规范引用的规范范围内的工程项目,则由总监办另行指定执行相关规范。

(1)《公路工程标准施工招标文件》(2018 年版)内容如下:

技术规范(节选)
第 203 节 挖方路基(节选)

203.01 范围
本节工作内容为挖方路基施工和边沟、截水沟、排水沟以及改河、改渠、改路等开挖有关作业。

203.02 一般要求
1. 在挖方路基开工前至少 28d,承包人应将开挖工程断面图报监理人批准,否则不得开挖。
2. 所有挖方作业均应符合图纸和现行《公路路基施工技术规范》(JTG/T 3610)的有关规定,并应按监理人的要求施工。
3. 挖方作业应保持边坡的稳定,不得对邻近的各种结构物及设施产生损坏或干扰,否则由此而引起的后果应由承包人自负。
4. 在开挖中出现石方时,承包人应测量土石分界线,经监理人鉴定认可后,分层进行开挖。如果出现零星石方,承包人应在事前量测石方数量,报经监理人批准后,方能继续施工。
由于篇幅有限,《公路工程标准施工招标文件》(2018 年版)技术规范的其他内容略。

---

(2)本项目的《技术规范修改与补充》内容如下:

技术规范修改与补充
第 203 节 挖方路基(节选)

203.01 范围
原款修改为:本节工作内容为挖方路基和借方、边沟、截水沟、排水沟以及改河、改渠、改路以及附属区场地平整、取土场挖方、挖淤泥等开挖有关作业。

203.02 一般要求
2. 原款末增加:因承包人施工不当、措施不力等导致上边坡坍塌或其他工程损失,承包人应按监理人要求自费予以修复。
4. 原款末增加:在开挖中出现石方时,承包人应会同监理人共同测定土石分界线。最终由"发包人、监理人、设计方、承包人"四方现场确认。
由于篇幅有限,《技术规范修改与补充》的其他内容略。

知识链接

技术规范是有关工程施工工序、执行工艺过程以及产品质量要求等方面的准则和标准，是工程投标和工程施工承包的重要技术经济文件。它是招标文件中一个非常重要的组成部分，它详细、具体地说明了承包人履行合同时的质量要求、验收标准、材料的品级和规格，为满足质量要求应遵守的施工技术规范，以及计量与支付的规定，等等。规范、图纸和工程量清单表三者都是投标人在投标时必不可少的资料，根据这些材料，投标人才能拟订施工方案、施工工序、施工工艺等施工规划的内容，并据此进行工程估价和确定投标报价。

1. 公路工程技术规范的内容

技术规范是依据现行标准和规范，结合项目工程具体情况择要选编而成的。有些条文只是指示性的，即要求按照指定的标准或规范的规定执行，所以必须与现行标准和规范配合使用。

《公路工程标准施工招标文件》（2018年版）技术规范的基本内容根据其性质可分为五部分：工程范围、材料、各施工工艺要求、质量检验与验收、计量与支付。技术规范是分章节进行编制，这些章节与工程量清单的章节编排相对应。其内容和结构为：第100章　总则；第200章　路基；第300章　路面；第400章　桥梁、涵洞；第500章　隧道；第600章　安全设施及预埋管线；第700章　绿化及环境保护设施，见表2-43。

第100章～第700章的技术规范的章节内容

表2-43

第100章　总则	第101节　通则
	第102节　工程管理
	第103节　临时工程与设施
	第104节　承包人驻地建设
第200章　路基	第201节　通则
	第202节　场地清理
	第203节　挖方路基
	第204节　填方路基
	第205节　特殊地区路基处理
	第206节　路基整修
	第207节　坡面排水
	第208节　护坡护面墙
	第209节　挡土墙
	第210节　锚杆挡土墙
	第211节　挡土墙
	第212节　喷射混凝土和喷浆边坡防护
	第213节　预应力锚索边坡加固
	第214节　抗滑桩
	第215节　河道防护

续上表

第300章 路面	第301节	通则
	第302节	垫层
	第303节	石灰稳定土底基层
	第304节	水泥稳定土底基层
	第305节	石灰粉煤灰稳定土底基层
	第306节	级配碎(砾)石底基层、基层
	第307节	沥青稳定碎石基层(ATB)
	第308节	透层和黏层
	第309节	热拌沥青混合料面层
	第310节	沥青表面处治与封层
	第311节	改性沥青及改性沥青混合料
	第312节	水泥混凝土面板
	第313节	培土路肩、中央分隔带回填土、土路肩加固及路缘石
	第314节	路面及中央分隔带排水
第400章 桥梁、涵洞	第401节	通则
	第402节	模板、拱架和支架
	第403节	钢筋
	第404节	基础挖方及回填
	第405节	钻孔灌注
	第406节	沉桩
	第407节	挖孔灌注
	第408节	桩的垂直静荷载试验
	第409节	沉井
	第410节	结构混凝土工程
	第411节	预应力混凝土工程
	第412节	预制构件的安装
	第413节	砌石工程
	第414节	小型钢构件
	第415节	桥面铺装
	第416节	桥梁支座
	第417节	桥梁接缝和伸缩装置
	第418节	防水处理
	第419节	圆管涵及倒虹吸管涵
	第420节	盖板涵、箱涵
	第421节	拱涵

第500章 隧道	第501节 通则
	第502节 洞口与明洞工程
	第503节 洞身开挖
	第504节 洞身衬砌
	第505节 防水与排水
	第506节 洞内防火涂料和装饰工程
	第507节 风水电作业及通风防尘
	第508节 监控量测
	第509节 特殊地质地段的施工与地质预报
	第510节 洞内机电设施预埋件和消防设施
第600章 安全设施及预埋管线	第601节 通则
	第602节 护栏
	第603节 隔离栅和防落网
	第604节 道路交通标志
	第605节 道路交通标线
	第606节 防眩设施
	第607节 通信和电力管道与预埋（预留）基础
	第608节 收费设施及地下通道
第700章 绿化及环境保护设施	第701节 通则
	第702节 铺设表土
	第703节 撒播草种和铺植草
	第704节 种植乔木、灌木和攀缘植物
	第705节 植物养护和管理
	第706节 声屏障

2.技术规范的作用

技术规范是一份十分重要的技术经济文件,其主要作用如下:

(1)它是招标人编制工程量清单、计算工程量的依据。

(2)它是投标人进行工程估价和确定投标报价的重要依据,是投标人编制投标文件不可缺少的资料。

(3)它是施工过程中承包人控制施工质量和监理工程师检验施工质量的主要依据。

3.技术规范的编制

在编制招标文件时,可以原文采用《公路工程标准施工招标文件》(2018年版)中的"技术规范",同时对于某些未被涵盖的工程内容,或者对某些工作有特殊要求,以及颁布了新的规范时,也可以在原有规范条文的基础上提出修改和补充条文,作为项目专用技术条款,项目专用技术条款的编号仍应与"技术规范"一致,以便于使用。一般可按以下方式表示:

技术规范采用《公路工程标准施工招标文件》(2018 年版)第三卷第七章中符合本招标工程的相应条款,修改部分见《技术规范修改与补充》。在编制文件中还应注意,《技术规范修改与补充》应结合本工程的具体情况与特点进行编写,但各项技术标准应符合国家强制性标准。

由于不同性质的工程其技术特点、质量要求和标准等均不相同,所以,技术规范应根据不同的工程性质及特点分章、分节、分部、分项来编写。在编制技术规范时应注意以下问题:

(1)确定合适的工程质量标准。编制技术规范的重要工作是确定工程技术标准。在确定工程技术标准时,既要满足设计要求,也要满足国家、行业的强制性指标及有关专业技术规范、规程的要求;保证工程的施工质量,但要避免盲目提高质量标准而增大工程造价。

(2)选用适用的技术标准,编写规范时一般可引用国家有关各部正式颁布的规范。国际工程也可引用某一通用的外国规范,但一定要结合本工程的具体环境和要求来选用。

(3)计量与支付条件的确定,技术规范中的计量与支付规定也是非常重要的,可以说,没有计量与支付的规定,承包人就无法进行投标报价,施工中也无法进行计量与支付工作。计量与支付的规定不同,承包人的报价也会不同。

八、投标文件格式

采用《公路工程标准施工招标文件》(2018 年版)的格式,详见模块二项目三任务一公路工程投标文件的编制。

任务二 招标控制价编制

我国在 2000 年 1 月《招标投标法》实施以后开始采用设标底招标,但在实践操作中,设标底招标容易泄露和暗箱操作;投标人容易将标底作为衡量投标人报价的基准,导致投标人尽力去迎合标底,不能反映投标人最真实的实力。

自 2008 年 12 月 1 日起《建设工程工程量清单计价规范》(2008 年版)❶正式实施,标底逐渐被弃用,基本上被招标控制价所取代。招标控制价与标底的编制方法基本一致。

一、招标控制价的概念及作用

1. 招标控制价的概念

工程控制价是指招标人根据国家或省级、行业建设主管部门颁发的有关计价依据和办法,按设计施工图纸计算的,是招标工程限定的最高工程造价,即我们常说的"拦标价"。

---

❶ 《建设工程工程量清单计价规范》(GB 50500—2013)自 2013 年 7 月 1 日起正式实施,原 2008 年版同时废止。

2. 招标控制价的作用

(1)招标人有效地控制项目投资,防止恶性投标带来的投资风险。

(2)增强招标过程的透明度,有利于正常评标。

(3)利于引导投标方投标报价,避免投标方无标底情况下的无序竞争。

(4)招标控制价反映的是社会平均水平,为招标人判断最低投标价是否低于成本提供参考依据。

(5)可为工程变更新增项目确定单价提供计算依据。

(6)作为评标的参考依据,避免出现较大偏离。

(7)投标人根据自己的企业实力、施工方案等报价,不必揣测招标人的标底,提高了市场交易率。

(8)减少了投标人的交易成本,使投标人不必花费人力、财力去套取招标人的标底。

(9)招标人把工程投资控制在招标控制价范围内,提高了交易成功的可能性。

二、标底与招标控制价的区别

(1)保密要求不同。标底在开标前要保密,在开标时宣布。招标控制价应该在招标文件中公开,提高了透明度。

(2)编制作用不同。在评标中,标底可以用来比较分析投标报价,具有参考作用,但不能作为中标或无效文件的唯一直接依据。招标控制价可以有效地防止抬标,超过招标控制价的投标报价即成为无效文件。

三、招标控制价编制依据

(1)《公路工程标准施工招标文件》(2018年版)。

(2)国家或省级、行业建设主管部门颁发的计价依据和办法。

(3)建设工程设计文件及相关资料。

(4)招标文件中的工程量清单及有关要求。

(5)与建设项目相关的标准规范、技术资料。

(6)工程造价管理机构发布的工程造价信息;工程造价信息没有发布的参照市场价。

(7)其他相关资料。

四、公路工程招标控制价编制方法

招标控制价编制方法有工料单价法和综合单价法等方法。

1. 工料单价法

工料单价法是指分部分项工程项目单价采用直接费单价(人工单价、材料单价、机械单价)的一种计价方法,综合费用(企业管理费和利润)、规费及税金单独计取。工料单价是指完成一个规定计量单位项目所需的人工费、材料费、施工机械使用费。

控制价按工料单价法编制的主要步骤如下：

(1)资料收集和市场调查。

(2)研究招标文件,进行现场考察,明确承包人的义务及风险责任。

(3)确定施工方案和施工方法,编制施工进度计划。

(4)编制施工图预算(或概算),计算建安费及根据合同应发生在承包方的其他费用。

(5)工程细目的单价分析。

(6)综合形成控制价。

2.综合单价法

综合单价法是建筑安装工程费计算中的一种计价方法,综合单价法的分部分项工程单价为全费用单价,全费用单价经综合计算后生成,其内容包括直接费、措施费、企业管理费、规费、利润、税金和风险因素等。其编制方法和步骤与投标报价编制基本上一致。

3.工料单价法与综合单价法区分办法

(1)综合单价法是分部分项工程单价为全费用单价,全费用单价经综合计算后生成,其内容包括直接费、措施费、企业管理费、规费、利润、税金和风险因素等;而工料单价法的分部分项工程单价只包括直接费。

(2)工料单价法属于定额计价法,而综合单价法属于工程量清单计价法。

(3)结算时综合单价法所含的个细目不能重复计量。

五、招标控制价编制人资格要求

招标控制价应当根据国家及行业有关规定由具有编制能力的招标人或受其委托具有资格的工程造价咨询单位编制和复核,并由两名以上具有执业资格的注册造价工程师完成并加盖其注册执业章和所在单位公章。

知识链接

2019 年 11 月 6 日,《国务院关于在自由贸易试验区开展"证照分离"改革全覆盖试点的通知》(国发〔2019〕25 号)发布,试点取消工程造价咨询甲、乙两级资质认定。2019 年 11 月 30 日,住建部印发《住房和城乡建设领域自由贸易试验区"证照分离"改革全覆盖试点实施方案》(建办法函〔2019〕684 号),正式开展试点取消工程造价咨询企业资质,同时试点地区在政府采购、工程建设项目审批中不得再对工程造价咨询企业提出资质方面要求;各地试点地区陆续发文明确取消资质审批后,工程造价咨询企业持有营业执照即可开展经营。经过一年多时间的试点,2021 年 6 月 3 日,《国务院关于深化"证照分离"改革进一步激发市场主体发展活力的通知》(国发〔2021〕7 号文)发布,自 2021 年 7 月 1 日起,在全国范围内直接取消工程造价资质审批。2021 年 6 月 29 日,住建部办公厅发布《关于取消工程造价咨询企业资质审批加强事中事后监管的通知》(建办标〔2021〕26 号),自 2021 年 7 月 1 日起,住房和城乡建设主管部门停止工程造价咨询企业资质审批,工程造价咨询企业按照其营业执照经营范围开展业务。

六、招标控制价编制的注意事项

(1)招标控制价的作用决定了招标控制价不同于标底,无须保密。为体现招标的公平、公正,防止招标人有意抬高或压低工程造价,招标人应在招标文件中如实地公布招标控制价。同时,招标人应将招标控制价报工程所在地的工程造价管理机构备查。

(2)投标人经复核认为招标人公布的招标控制价未按照国家或省级、行业建设主管部门颁发的计价定额和计价办法的规定进行编制的,应在开标前5天向招投标监督机构或(和)工程造价管理机构投诉。

招投标监督机构应会同工程造价管理机构对投诉进行处理,发现确有错误的,应责成招标人修改。

思考题

1. 施工招标文件包括哪些内容?投标人须知由哪几部分组成?
2. 什么是通用合同条款和专用合同条款?如何编制?
3. 什么是工程量清单?其作用是什么?包括哪些内容?如何编制?
4. 什么是控制价?有何作用?编制方法有哪几种?

项目四
ITEM FOUR
公路工程施工投标文件

任务一　认知投标基本程序

　　施工投标是投标人对招标的响应,是通过竞争获得工程任务的过程。投标与招标一样有其自身的运行规律,有着与招标相适应的程序。参加投标的投标人应在认真掌握招标信息、研究招标文件的基础上,根据招标文件的要求,在规定的期限内向招标人递交投标文件,提出合理报价,以争取获胜中标。

一、公路工程施工投标的基本程序

　　投标人想要获得投标的成功,首先要掌握投标的程序及其各个步骤,这样才能在真正的投标过程中针对每一个步骤采取相应的对策。公路工程施工投标的基本程序如图2-4所示。

二、公路工程施工投标前的准备工作

　　在工程项目正式投标之前,需要进行的准备工作主要有组建投标机构、收集招标信息、选定投标项目及参加资格预审等。

　　1.组建投标机构

　　投标工作是一项技术性很强、重要的、经常性的工作。由于投标涉及投标人的经营决策、施工组织、人员派遣、材料供应、设备安排、成本计划以及资金投入等方面,需要各相关部门合作完成。同时,投标需要领导层及时做出决策,因此,需要组建一个强有力的投标部门,这个部门一般是业务开发部或经营部。参加投标的人员应当对投标业务比较熟悉,掌握市场和本单位有关投标的资料和情况,可以根据拟投标项目的具体情况,迅速提供有关资料或编制投标文件的相应部分。

```
┌──────────────────┐
│   收集招标信息    │
└────────┬─────────┘
┌────────┴─────────┐
│   选定投标项目    │
└────────┬─────────┘
┌────────┴─────────┐
│ 购买资格预审文件（如有）│
└────────┬─────────┘
      ╱──┴──╲                        ┌──────────┐
     ╱编制、递交资格╲    未通过        │ 结束投标 │
     ╲预审申请文件 ╱──────────────────│          │
      ╲──┬──╱                        └──────────┘
       通过│
┌────────┴─────────┐
│  购买和研究招标文件 │
└────────┬─────────┘
┌────────┴─────────┐
│     踏勘现场      │
└────────┬─────────┘
┌────────┴─────────┐
│   参加投标预备会   │
└────────┬─────────┘
┌────────┴─────────┐
│   编制投标文件    │
└────────┬─────────┘
┌────────┴─────────┐
│   递送投标文件    │
└────────┬─────────┘
      ╱──┴──╲                        ┌──────────┐
     ╱参加开标会议╲     未通过         │ 结束投标 │
     ╲          ╱──────────────────│          │
      ╲──┬──╱                        └──────────┘
       通过│
┌────────┴─────────┐
│   接受中标通知    │
└────────┬─────────┘
┌────────┴─────────┐
│     签订合同      │
└──────────────────┘
```

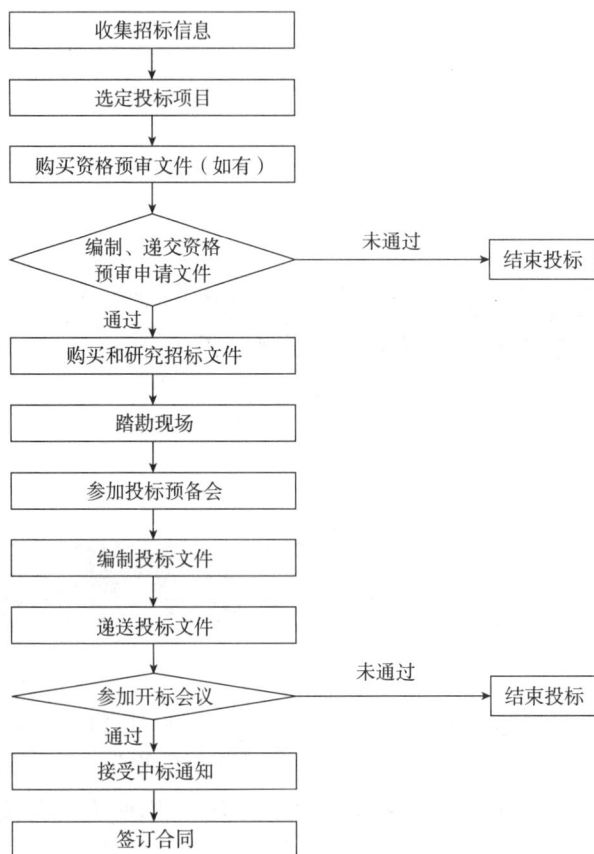

图 2-4 公路工程施工投标的基本程序

投标部门工作可参考以下示例进行分工组织。

1）主管领导和经营部负责人

主管领导一般由主管业务开发的企业领导人担任,主要职责是领导投标工作,与企业最高领导密切联系,承上启下,贯彻企业经营方针,组织研究确定投标策略并在投标工作过程中督促落实,最终决定是否参加投标,对决定参加的项目做出报价决策。

经营部负责人一般由经营部(或业务开发部)部长或副部长担任,具体负责投标组的日常工作安排,制订投标组的工作计划,明确分工和质量要求,确定各项工作完成时限,协调各方工作并督促各方按照计划完成各自的工作;统一负责对招标人的联络,对合作单位(联合体投标)、银行、公证部门等工作的洽谈和办理有关业务,中标后与建设单位进行合同谈判,办理相关事宜;负责投标文件的签署(视情况而定,如果投标是本企业单位分公司,那一般由企业单位分公司负责人负责)。

2）编制施工组织设计人员

由具有公路工程施工各类技术的人才组成,他们掌握本专业领域内的最新技术知识,具有较丰富的工程经验,能从本公司的实际技术水平出发,选择经济合理的施工方案。具体负责研究"技术规范"和编制指导性施工组织设计、施工管理人员配备资料、工程所需材料、工程所需机械设备等内容;参与投标文件的包装和递送。

3）编制工程投标报价人员

直接从事费用计算的人员，他们不仅熟悉本公司在分部分项工程中的人工、材料、机械消耗标准和水平，而且对本公司的技术特长与不足之处有客观的分析和认识，他们掌握生产要素的市场行情，了解竞争对手的情况，能科学地运用调查、分测等方法，使投标报价工作建立在可靠的基础上。具体负责编制工程施工成本价和投标报价；熟悉投标函及投标函附录、合同用款估算表等；负责工程承包市场竞争情况的调研工作，并提出（或与投标部门其他成员研究）有关报价的建议，供投标部门和领导决策参考；参与投标文件的包装和递送。

4）编制商务文件工作人员

熟悉经济合同相关法律、法规，具有合同谈判、合同签订及保函、采购、保险等方面的工作经验，能进行深入的分析并提出应特别注意的问题，善于发现和处理索赔等敏感问题等。具体负责研究投标人须知、通用合同条款、专用合同条款；熟悉投标保证金和履约保证金、合同格式及其要求；负责编制投标书、授权书、资格预审及其更新资料，开具银行保函、信誉证明、公证书等商务文件；负责投标文件的汇编、包装和递送。

2. 收集招标信息

企业单位想要通过参与投标获得工程项目，获取招标信息、做好投标准备是投标工作的第一步，应充分了解市场信息，早收集，早准备。

一般来说，投标企业单位应设立公路工程项目招标信息收集部门，以广泛了解和掌握项目的分布和动态。这样做的目的是：

（1）从众多的工程项目信息中选择适合本企业的投标项目，投标人通过及时掌握招标项目的情况，安排专人进行跟踪，掌握工程项目前期准备工作的进展情况，从而选择符合本企业资质、业绩、财务能力状况、管理水平、机械设备并能委派合适项目负责人和其他技术人员的工程项目作为投标目标，并做好投标的各项准备工作。

（2）为编制投标文件留出充足的准备时间。准备投标是一个复杂的过程，必须留出足够的准备时间。

我国工程招标都是在国家计划下，有组织、有领导地进行的，所以公路工程招标项目分布与动态的信息渠道也十分清楚。《招标投标法实施条例》第十五条规定，依法必须进行招标的项目的资格预审公告和招标公告，应当在国务院发展改革部门依法指定的媒介发布。

3. 选定投标项目

国内外经常有公路工程施工项目进行招标，而且通常是几个项目同时招标。但作为投标人，不应该每标必投。一家企业在某一个阶段是否参加投标，对某一个范围的工程投哪一个工程的标，投高价标还是投低价标，这就是投标项目的选择即投标决策。投标决策的主要依据是招标公告以及投标人对招标工程、招标人情况的调研和了解的程度，如果是国际工程，还包括对工程所在国和工程所在地的调研和了解的程度。必须对投标与否做出论证。通常情况下，有下列情形之一的招标项目，投标人要慎重选择或放弃投标：

（1）工程规模、技术要求超过本企业单位资质等级的项目。

（2）本企业单位业务范围之外的项目。

（3）项目所在地区经济和政治风险大的项目。

（4）本企业单位在技术等级、信誉、财务能力、技术水平、业绩等方面明显弱于潜在竞争对手参加的项目。

（5）本企业单位生产任务饱满，而招标工程项目难度大、风险大及盈利水平较低的项目。

4. 购买资格预审文件

当通过对招标信息进行研究，并决定对某项目进行投标后，投标人首先应参加资格预审。资格预审是对投标参加者资格条件的认定过程。我国公开招标一般采取资格预审的办法；邀请招标则对邀请单位直接发函，而且一般采取资格后审办法（即在投标的同时附上资格材料）。

1）投标人参加资格预审的目的

（1）投标人只有通过了业主主持的资格预审，才有参加投标竞争的资格。

（2）当投标人对拟投标工程的情况了解的不全面，尚需进一步研究是否参加投标时，可通过资格预审文件得到有关资料，从而进一步决策是否参加该工程投标竞争。

（3）可以在购买预审文件时了解到竞争对手，从而衡量自己在整个投标人中的竞争实力，避免盲目投标，减少费用损失。

资格预审时间通常很短，而所要填报的资料的信息量大，只有平时充分做好资格预审基础材料工作，建立企业资格预审资料信息库，并注意随时更新，才能做好投标资格预审工作。

2）投标资格预审基础资料的主要内容

（1）企业法人营业执照的复印件。

（2）施工资质证书副（全本）本的复印件。

（3）安全生产许可证副本（全本）的复印件。

（4）基本账户开户许可证的复印件。

（5）公司简介包括公司概况表、公司组织机构框图、各类员工人数、拥有资产、业绩等资料及图片。

（6）近5年经会计师事务所或审计机构审计的财务会计报表，包括资产负债表、现金流量表、利润表和财务情况说明书的复印件。

（7）近5年已交（竣）工项目的中标通知书（或合同协议书）、由发包人出具的公路工程（合同段）交工验收证书或竣工验收委员会出具的公路工程竣工验收鉴定书或质量监督机构对各参建单位签发的工作综合评价等级证书的复印件，或有关证明在建工程概况表，包括工程名称、规模、承包合同段、工期、投入施工人员等情况。

（8）公司主要管理人员和技术人员的资历表，有关资质证明材料，如身份证、职称资格证书、执业资格证（建造师注册证书、安全生产考核合格证书、造价工程师等）的复印件。

（9）公司拥有主要施工机械、材料试验、测量、质检仪器设备概况表（包括名称、数量、型号规格、额定功率、生产能力、购置年度、机械状况等）。

（10）合作单位（拟作为联合体成员或分包单位）的资质、公司概况、公司业绩、施工设备、财务能力以及主要管理人员资历表等有关资料和证件。

5. 资格预审的程序、文件编制及递交

1）资格预审报名，并购买资格预审文件

根据资格预审通告规定的时间和地点，持单位介绍信和本人身份证或招标人指定的相关资料报名,并购买资格预审文件。

2)选择拟投标合同段

根据招标人规定和企业实力,选择拟申请投标的合同段。选择合同段主要考虑有利于本单位更好参与竞争。

3)选择拟投标形式和分包人

根据拟投合同段工程规模和难度以及本单位的能力和需要,在资格预审阶段,投标人必须对投标形式做出决策,即本次投标是采用独立投标还是采用联合体方式投标。独立投标和联合体形式投标在资格预审时所需提供的材料要求不同,联合体方式投标,需填写联体各方的有关资格预审材料。另外,还要决定是否分包,如分包要确定分包人及分包的部分工程,在资格预审申请文件中要提供关于分包的资料。

4)编制资格预审申请文件

资格预审申请文件包括两部分:一是招标文件规定的申请表格,二是招标文件要求提交的资格证明材料。

(1)填写资格预审申请表格。

投标人取得资格预审文件后应仔细阅读,组织经济、技术、文秘、翻译等有关人员严格按照购买回来的资格预审文件中的投标人须知及相关要求填写,对照表格内容逐项填写,不能漏项,每一项内容都要填写清楚。除了提供规定的资料外,还应尽可能有针对性地提交在该项目上反映本企业特长的材料,以达到在资格预审时就引起招标人的注意,留下良好印象,为下一步投标竞争奠定基础。

(2)提供资格证明材料,具体如下:

①资质证明材料。例如,企业资质证书,拟派往工地的项目经理、总工、其他主要管理人员、其他主要技术人员的资格(资质)证书、职称证书、执业资格证书等。

②业绩证明材料。它包括已完成的类似工程项目的项目清单和相应证明材料。

③社会信誉方面的证明材料。它包括近期完成项目的工程质量奖、招标人好评证明材料以及其他必要的证明材料。

投标人在编制资格预审申请文件时,一定要认真仔细,严格按照要求逐项填写,不能漏项,每一项内容都要填写清楚。投标人应特别注意要根据所投项目工程的特点,有选择地重点填写,对在评审内容中可能占有大比重的内容多填写,有针对性地多报送资料,并强调本公司的财务、人员、施工经验、施工机械设备等方面的优势,对报送的资格预审申请文件内容应简明准确。

要做到在较短的时间内编制出高质量的资格预审申请文件,平时就要做好在财务、人员、施工机械设备和经验等各方面原始资料的积累与整理工作,分门别类地存入计算机中,以便随时可调用和打印出来。例如,在公司施工经验方面,应详细记录公司近5年来所完成和目前正施工的工程项目名称、地点、规模、合同价格、开工时间、竣工时间、招标人名称、地址等;在工程中本公司所担任的角色是独家承包还是联合承包,是总承包人还是分承包人,公司在工程项目实施中的地位和作用等。

5)资格预审申请文件的检查和签署

资格预审申请文件编制完成后,应逐项核实填报内容,检查证明材料复印件是否齐备,资格预审材料签署、盖章是否完善,投标授权委托书(申请人的法定代表人不能亲自签署资格预审申请文件时,则需提交授权委托书)是否开具。

6)资格预审申请文件的装订和递交

按资审文件的要求进行装订,装帧美观大方,以给招标人一个良好的印象。在规定的时间、地点递交资格预审申请文件。

每参加一个工程项目招标的资格预审,投标人都要全力以赴,力争通过预审,成为可以投标的合格投标人。

任务二 认知投标工作内容

一、购买和研究招标文件

投标人接到招标人的资格预审合格通知书或投标邀请书后,就表明已经具备并获得了参加该项目投标的资格。如果决定参加投标,就要及时根据资格预审合格通知书或投标邀请书中载明的招标文件的发售地点、时间、价格、联系单位和其他相关资料的要求,及时购买招标文件。

招标文件是投标人了解拟建工程项目情况的重要资料,也是投标和报价的主要依据。投标人在购买招标文件后,要组织专门的投标小组认真研读招标文件。

首先要对招标文件的齐全性、正确性进行审查,如投标人要认真检查招标文件是否齐全、有无页码缺失和内容遗漏等问题,并做好检查记录;检查招标文件的各部分内容前后是否一致,是否存在矛盾;检查招标图样和地质勘查报告是否有错漏等情况。

接着要对招标文件的内容进行研究,研究的主要内容如下。

1. 投标人须知

前面我们已经对投标人须知有所了解,它详细地说明了招标人对投标人整个投标阶段应遵守的程序、时间安排、资质条件、能力要求、信誉要求、注意事项、权利和义务。投标人一旦提交了投标文件,则应在整个投标文件有效期内对其投标文件负责。在投标人须知中应特别注意招标人给定的评标方法和标准、授予合同的条件等,以使投标人有针对性地投标。投标一旦偏离或者不完整,就可能导致废标。

2. 合同条款

合同条款是商业性的,它具有法律效力。对于通用条款,业务人员可以事先熟悉、研究,而专用条款,它是由招标人针对本项目、对通用条款起补充作用而制定的,它体现了本地区和本项目的特点,需要重点研究;尤其是合同条款中与编制投标报价有关的一些问题,更应注意分析研究。例如,报价要求、价格调整、税金、保险、履约保证金、质量保证金、工期要求、工期奖惩、材料供应方式、预付款支付办法、工程款结算办法、争议解决办法、工程变更及索赔、窝工损失处理办法、承包方式、分包等有关规定。

3. 设计图纸及参考资料

招标图纸是招标文件和合同的重要组成部分,是投标人在拟订施工组织方案,确定施工方法以至提出替代方案,是计算投标报价时必不可少的资料。

招标图纸中所提供的地质钻孔柱状图、土层分层图等均为投标人的参考资料,对于招标提供的水文、气象资料等也是参考资料,投标人应根据上述资料做出自己的分析和判断,据此拟订施工方案,确定施工方法,定出投标报价,建设单位和监理工程师对这类分析和判断不负责任。

4. 技术规范

投标人主要是了解工程项目的技术标准和具体要求,作为制订施工方案和编制投标报价的依据,同时对工程量进行核实,为制订投标策略寻找依据。

二、现场踏勘

按照国内招标的有关规定,现场踏勘由招标人组织,投标人应按照招标人指定的地点、时间参加现场踏勘,如果投标人不参加正式现场踏勘,可能会被拒绝投标。投标人参加现场踏勘的费用由投标人自己承担。但是,并非所有的招标项目,招标人都有必要组织投标人进行实地勘查,投标人应当自己进行现场踏勘。

投标人如果在现场踏勘中有疑问,应当在投标预备会前以书面形式向招标人提出,但应给招标人留有时间解答。

1. 现场踏勘的重要性

按照国际惯例,投标人递交的投标文件一般被认为是在现场检查、踏勘的基础上编制的,投标书递交之后,投标人无权因为现场踏勘不周、情况了解不细或因素考虑不全而提出修改投标书、调整报价或提出补偿等要求。因此,现场踏勘是投标人在投标时全面了解现场施工环境及施工风险的重要途径,是投标人编制投标报价的先决条件。

2. 现场踏勘的主要内容

投标人在现场踏勘之前,应先拟定好现场考察的提纲和疑点,设计好现场调查表格,做到有准备、有计划地进行现场考察。

招标人应主动向投标人介绍所有现场的有关情况,投标人对影响承包项目的现场条件进行全面考察,包括经济、地理、地质、气候、环境等情况,对工程建设项目一般应至少了解以下内容:

(1)施工现场是否达到招标文件规定的条件。

(2)施工的地理位置和地形、地貌。

(3)施工现场的地址、土质、地下水位、水文等情况。

(4)施工现场的气候条件,如气温、湿度、风力等。

(5)现场的环境,如交通、供水、供电、污水排放等。

(6)临时用地、临时设施搭建等,即工程施工过程中临时使用的工棚、堆放材料的库房以及这些设施所占地方等。

投标人除须了解上述几个方面的内容外,还要了解竞争对手的情况,了解可能参加投标的竞争对手的公司名称、级别及与其合作的公司的名称;了解这些公司的信誉能力和过去几年内的工程承包业绩;了解这些公司的突出的优势和明显的弱点;做到知己知彼,制定出合适的投标策略,以便发挥自己的优势。

三、参加投标预备会

投标预备会是指开标之前招标人或招标代理机构召开的标前答疑会,一般在现场踏勘之后的 1~2 天内举行。

投标预备会的目的,是澄清并解答投标人在查阅招标文件和现场考察后,可能提出的涉及投标和合同方面的任何问题。投标人应在标前会议召开以前,以书面的形式将要求答复的问题提交招标人,招标人将在会上就此做出澄清和解答。

参加标前会议时注意事项:

(1)对于招标合同条款、技术规范、图纸等含糊不清或相互矛盾的问题,应提请招标人解释及说明,但不能表示或提出改变合同条款和修改设计的要求。

(2)在提某些问题时要尽量含蓄,注意不要暴露自己的真实意图,以防止其他投标人从中了解到本单位的投标机密。

(3)投标人应保持冷静、慎重的态度,不宜在投标预备会表现出不正常的积极性。

(4)招标人或咨询工程师在标前会议上对所有问题的答复均应发出书面文件,并作为招标文件的组成部分,投标人不能仅凭口头答复来编制自己的投标文件。

四、编制投标文件

1.复核工程数量

现在公路工程项目基本上都是采用单价合同或以单价合同为主,一般由招标人提供有数量的工程量清单让投标人报价用。但由于种种原因,工程量清单中的工程数量有时会和图纸中的数量存在不一致的现象。因此,无论是总合同,还是单价合同,投标人都应依据工程招标图纸和技术规范,对招标文件的工程量清单中的各项工程数量逐项进行核对。

核实工程数量是投标人投标中一项重要的、必要的工作,校核是否认真和准确不仅直接关系着工程投标报价及中标机会,而且也关系着施工企业的施工进度和经济效益,必须按照有关规定,选派经验丰富的人员,认真细致地做好此项工作。

在核对工程数量时,如果发现清单工程量与设计、调查核实的结果不符,投标人不能自行更改或补充清单项目。应及时和招标人进行澄清,如招标人不对此问题进行澄清,那投标人在投标报价时可作为一种策略进行报价,如不平衡报价,当工程量清单中某项目工程数量偏小时,投标人在报价时可适当提高单价。合同实施时,由于该项目实际工程数量增加,可以获得较多利润。如果原工程数量偏大时,可以适当降低单价,这样可以降低总报价,增加中标机会。

2.施工组织设计的编制

施工组织设计是指导施工项目全过程各项活动的施工准备、技术和组织等的综合性文件,是对拟建工程项目在时间、空间、人力、物力、技术和组织等方面所做的全面合理的组织与安排。

在投标阶段的施工组织设计又称初步施工组织计划或竞标性施工组织设计。

1)施工组织设计编制的依据

(1)设计图纸、已复核的工程数量图表等资料。

（2）施工现场调查报告或资料。

（3）招标人对工程项目计划工期、质量、劳动力、机械设备、环境保护、安全等要求。

（4）招标人对工程项目施工组织设计的技术要求。

（5）现行的有关技术标准、试验规程、施工规范、预算定额、施工定额，以及地方对工程施工方面的有关文件等。

（6）施工队伍的施工水平和工作经验。

2）施工组织计划编制的原则

（1）合理统筹安排工程的总体施工进度。

（2）充分利用时间和空间，合理安排施工顺序。

（3）合理部署施工现场，实现安全文明施工。

（4）对于控制性工程应采用国内外先进的施工技术和工艺，尽可能缩短工期。

（5）提出对本项目有针对性的、切实可行的质量、工期、安全、环保等保证措施。

3）施工组织设计编制的程序

施工组织设计编制的程序如图 2-5 所示。

图 2-5　施工组织设计编制的程序

4)施工组织设计编制的基本内容

(1)制订施工方案。

(2)编制施工进度计划。

(3)编制施工现场平面布置图。

(4)统筹安排各种资源需要量及其供应。

(5)工期、质量、安全生产、环境保护等保证体系及保证措施。

5)施工总体计划

施工总体计划是施工现场各项控制性活动在时间上的体现。施工总体计划是以建设项目为对象,根据规定的工期和施工条件,在施工部署中的施工方案和施工流程的基础上,对全工地的所有施工活动在时间进度上的安排。

在投标阶段编制的施工总体计划可以粗略一些,通常用横道图的形式来表示,除招标文件另有规定必须采用网络图形式来表示外,通常不采用网络计划图。

编制施工总体计划是一项要求严格、步骤烦琐、量大、面广的工作,其基本要求是:保证拟建工程项目在规定的期限内按时或提前完成;基本做到施工的连续性和均衡性;努力节省施工费用,降低工程造价。为编制出科学合理的施工总体计划,应注意以下几点:

(1)准确计算所有工程项目的工程量,并填入工程量汇总表。工程项目划分不宜过细过多,但应突出主要项目,如路基处理、路基填筑、涵洞、通道、路面工程、防护工程、排水工程、桥梁工程、隧道工程、互通立交工程、交通工程等,而一些附属、辅助工程等可予以合并。

(2)根据招标文件规定的建设总工期(如24个月)、施工经验、企业机械化程度、建设规模、建筑物类型等,参考有关资料,确定主要工程工期。

(3)根据工程项目的使用要求和施工条件,结合物资技术供应情况,以及施工准备工作的实际,分期分批地组织施工,并明确每个施工阶段的主要施工项目和开工、竣工时间。

(4)同一时间开工的工程项目不宜过多,以免施工干扰较大,人力、材料和机械过于分散。但对于在生产(或使用)上有重大意义的主体工程,工程规模较大、施工难度较大、施工周期较长的项目,需要先期配套使用或可供施工使用的项目,以及对提高施工速度、减少暂设工程的项目,应尽量优先安排。

(5)尽量做到连续、均衡、有节奏地施工。

(6)在施工的安排上,一般要做到先地下后地上,先深后浅,先干线后支线。

在编制施工组织设计时,应尽可能地按流水作业的原则安排施工进度计划。如某建设项目有三座同跨径的石拱桥,砌筑拱圈的工作应在总的控制工期内实行流水作业,确定各桥的拱圈施工的时间顺序。这样,就可提高拱盔支架的周转次数,而达到降低投资成本的目的。在进度计划编制时,要充分考虑这方面的因素,以有效控制成本。

其主要编制内容详见模块二项目四任务三公路工程投标文件的编制。

五、签署、装订和递交投标文件

投标人应按照招标文件中的投标人须知的规定,向招标人递交规定数量的投标文件,其中一份为正本并标记,其余为副本,副本应是正本的复制件。当正本与副本有不一致时,以正本为准。

1. 签署

投标文件正本应用不褪色的墨水书写或打印,由投标人的法定代表人或其授权的代理人逐页小签或签署,不得使用印章、签名章或其他电子制版签名代替。投标文件的任何一页都不应涂改、不应有行间插字或删减。如果出现上述情况,不论何种原因造成,均应由投标文件签字人在改动处小签或盖章。

2. 装订

投标文件正本与副本应分别装订成册,并编制目录,且自目录起逐页标注连续页码。投标文件不得采用活页装订。否则,招标人对由于投标文件装订松散而造成的丢失或其他后果不承担任何责任。具体装订要求见招标文件中投标人须知的规定。

3. 密封和递交

投标文件应根据招标文件中投标人须知的要求进行密封,如正本与副本应分开包装,加贴封条,并在封套的封口处加盖投标人单位章;投标文件的封套上应清楚地标记"正本"或"副本"字样,封套上应写明的其他内容见招标文件中的投标人须知。

投标人应按照招标文件中的投标人须知的规定,在规定的投标截止时间前将投标文件递交到规定的地点。

招标人收到投标文件后,向投标人出具签收凭证。逾期送达的或者未送达指定地点的投标文件,招标人不予受理。

投标人在递交投标文件以后投标截止时间之前,可以对所递交的投标文件进行补充、修改或撤回,并书面通知招标人,但所递交的补充、修改或撤回通知必须按招标文件的规定编制、密封和标记。补充、修改的内容为投标文件的组成部分。

六、参加开标会议

对于投标人来说,参加开标会议既是权利也是义务。投标人在递交了投标文件后,要积极参加开标会议。按照国际惯例,投标人不参加开标会议的,视为弃权,投标文件将不予启封,不予唱标,不允许参加评标。投标人参加开标会要注意其投标文件是否被正确启封、宣读,当招标人宣读的内容与投标文件不符时,投标人有权在开标现场提出异议,经监标人当场核查确认之后,可重新宣读其投标文件。若投标人现场未提出异议,认为投标人已确认招标人宣读的内容。

七、接受中标通知及签订合同

1. 接受中标通知

在招标文件规定的投标有效期内,招标人以书面形式向中标人发出中标通知书,同时将中标结果通知未中标的投标人。

2. 签订合同

签订合同前,中标人应按招标文件中投标人须知规定的金额、担保形式和招标文件中"合同条款及格式"规定的履约担保格式向招标人提交履约担保。联合体形式中标的,其履约担保由牵头人递交,并应符合投标人须知规定的金额、担保形式和履约担保格式要求。

中标人不能按要求提交履约担保金,视为放弃中标,其投标保证金不予退还,给招标人造成的损失超过投标保证金数额的,中标人还应当对超过部分予以赔偿。

招标人和中标人应当自中标通知书发出之日起30天内,根据招标文件和中标人的投标文件订立书面合同。中标人无正当理由拒签合同的,招标人取消其中标资格,其投标证金不予退还;给招标人造成的损失超过投标保证金数额的,中标人还应当对超过部分予以赔偿。

发出中标通知书后,招标人无正当理由拒签合同的,招标人向中标人退还投标保证金;给中标人造成损失的,还应当赔偿损失。

任务三　投标文件编制

投标文件是投标人根据招标文件的要求所编制的,投标文件应对招标文件提出的实质性要求和条件做出响应,不能存有遗漏或重大偏离,否则将被视为废标,从而失去中标的可能。

施工投标文件的编制是工程投标程序的关键环节。它既是投标人响应招标程度的标识,又是招标人评定投标人是否能中标的依据。

在编制投标文件时,需要投标人正确理解和认真研究招标文件中的全部内容,严格按照招标文件的要求进行填报,不得对招标文件进行修改,不得遗漏或回避招标文件中的问题,更不能提出任何附加条件。

投标文件的组成

以下投标文件是依据模块二项目二任务三中示例——某高速公路项目土建工程施工第6合同段投标文件进行编制的。编制投标文件的格式根据《公路工程标准施工招标文件》(2018年版),具体内容如下:

目　录

(1)投标函及投标函附录。

(2)授权委托书或法定代表人身份证明。

(3)联合体协议书。

(4)投标保证金。

(5)已标价工程量清单。

(6)施工组织设计。

(7)项目管理机构。

(8)拟分包项目情况表。

(9)资格审查资料。

(10)投标人须知前附表规定的其他资料。

一、投标函及投标函附录

1. 投标函

商务文件的编制　报价文件的编制

投 标 函

　　＿＿＿××＿＿＿（招标人名称）：

　　1. 我方已仔细研究××省××至××高速公路项目土建工程（项目名称）第6合同段施工招标文件的全部内容（含补遗书第××号至第××号），在考察工程现场后，愿意以人民币（大写）贰佰伍拾肆万柒仟玖佰陆拾玖元（￥2547969.00）投标总报价（或根据招标文件规定修正核实后确定的另一金额），按合同约定实施和完成承包工程，修补工程中的任何缺陷。

　　2. 我方承诺在招标文件规定的投标有效期内不撤销投标文件。

　　3. 工程质量：合同段工程交工验收的质量评定为合格，竣工验收的质量评定为优良，安全目标：重大安全责任事故为零，人员因施工负伤率小于3‰，重伤率小于0.5‰，工期：730日历天。

　　4. 如我方中标，我方承诺：

　　（1）在收到中标通知书后，在中标通知书规定的期限内与你方签订合同；

　　（2）在签订合同时不向你方提出附加条件；

　　（3）按照招标文件要求提交履约保证金；

　　（4）在合同约定的期限内完成合同规定的全部义务；

　　（5）在你方和我方进行合同谈判之前，我方将按照合同附件提出的最低要求填报派驻本合同段的其他管理和技术人员及主要机械设备和试验检测设备，经你方审批后作为派驻本合同段的项目管理机构主要人员和主要设备且不进行更换。如我方拟派驻的人员和设备不满足合同附件要求，你方有权取消我方中标资格。

　　5. 我方在此声明，所递交的投标文件及有关资料内容完整、真实和准确，且不存在招标文件"投标人须知"第1.4.3款和第1.4.4款规定的任何一种情形。

　　6. 在合同协议书正式签署生效之前，本投标函连同你方的中标通知书将构成我们双方之间共同遵守的文件，对双方具有约束力。

　　7. ＿＿＿＿＿＿＿＿＿＿（其他补充说明）。

投 标 人：＿＿＿＿＿＿＿＿（盖单位章）
法定代表人或其委托代理人：＿＿＿＿（签字）
地　　址：＿＿＿＿＿＿＿＿＿
网　　址：＿＿＿＿＿＿＿＿＿
电　　话：＿＿＿＿＿＿＿＿＿
传　　真：＿＿＿＿＿＿＿＿＿
邮政编码：＿＿＿＿＿＿＿＿＿
＿＿＿＿年＿＿月＿＿日

2. 投标函附录（表2-44）

投标函附录　　　　　　　　　　表2-44

序号	条款名称	合同条目号	约定内容	备注
1	缺陷责任期	1.1.4.5	自实际交工日期起计算 2 年	
2	逾期交工违约金	11.5(3)	10万元/天	
3	逾期交工违约金限额	11.5(3)	10%签约合同价	
4	提前交工的奖金	11.6	10万元/天	

续上表

序号	条款名称	合同条目号	约定内容	备注
5	提前交工的奖金限额	11.6	10%签约合同价	
6	价格调整的差额计算	16.1.1	按本省交通运输部门相关政策执行	
7	开工预付款金额	17.2.1(1)	10%签约合同价	
8	材料、设备预付款比例	17.2.1(2)	凭运至工地并经验收合格的钢材、水泥等主要材料、设备单据所列费用的70%	
9	进度付款证书最低限额	17.3.3(1)	150万元	
10	逾期付款违约金的利率	17.3.3(2)	按同期银行短期贷款利率加手续费	
11	质量保证金限额	17.4.1	3%合同价格	
12	保修期	19.7(1)	自实际交工日期起计算5年	

投标人：＿＿＿＿＿＿＿（盖单位章）

投标文件签署人签名：＿＿＿＿＿＿

知识链接

(1)投标函是指投标人按照招标文件的条件和要求,向招标人提交的有关报价、工期、质量目标等承诺和说明的函件,是投标人为响应招标文件相关要求所做的概括性说明和承诺的文件,是投标文件首要部分。

(2)投标函的签署:投标人承诺执行性和可操作性都基于投标人的书面签署,因此在投标函格式部分均应要求投标人盖法人印章、法定代表人或其委托代理人签署、投标人的联系方式等,作为投标函内容的确认和承诺。

(3)投标函附录一般附于投标函之后,共同构成合同文件的重要组成部分,主要内容是对投标文件中涉及关键性或实质性的内容进行说明或强调。

(4)投标函附录有助于投标人仔细阅读并深刻理解招标文件重要的条款和内容。

(5)投标函及投标函附录填写的基本要求:

①投标函中填报的金额应与工程量清单汇总表中的投标总价一致,大小写应一致。

②投标保证金金额应按招标文件投标人须知前附表中的要求填报。

③投标函附录中包含了合同条件的主要数据和信息,已在招标文件中给出,投标人按要求填写。

④投标人在编制时,按招标文件提供的格式,结合实际内容填写。

二、授权委托书或法定代表人身份证明

1. 授权委托书

授权委托书

　　本人××(姓名)系××(投标人名称)的法定代表人,现委托××(姓名)为我方代理人。代理人根据授权,以我方名义签署、澄清确认、递交、撤回、修改××省××至××高速公路项目土建工程(项目名称)××合同段施工投标文件、签订合同和处理有关事宜,其法律后果由我方承担。

　　委托期限:自本委托书签署之日起至投标有效期期满。

　　代理人无转委托权。

　　附:法定代表人身份证复印件及委托代理人身份证复印件。

投　标　人:＿＿＿＿＿＿＿＿＿＿＿(盖单位章)

法定代表人:＿＿＿＿＿＿＿＿＿＿＿(签字)

身份证号码:＿＿＿＿＿＿＿＿＿＿＿

委托代理人:＿＿＿＿＿＿＿＿＿＿＿(签字)

身份证号码:＿＿＿＿＿＿＿＿＿＿＿

＿＿＿＿年＿＿月＿＿日

2. 法定代表人身份证明

法定代表人身份证明

　　投标人名称:＿＿＿＿＿＿＿＿＿

　　姓名:××(法定代表人亲笔签字)　性别:××　年龄:××　职务:××系××(投标人名称)的法定代表人。

　　特此证明。

　　附:法定代表人身份证复印件。

投标人:＿＿＿＿＿＿＿＿＿＿＿(盖单位章)

＿＿＿＿年＿＿月＿＿日

知识链接

　　(1)授权委托书:若投标人的法定代表人不能亲自签署投标文件进行投标,则法定代表人需授权代理人全权代表其在投标过程和签订合同中执行一切与此有关的事项。

　　(2)法定代表人身份证明,在招标投标活动中,法定代表人代表法人的利益行使职权,全权处理一切民事活动。因此,法定代表人身份证明十分重要,用以证明投标文件签字的有效性和真实性。

　　(3)如果由投标人的法定代表人亲自签署投标文件,则无须提交授权委托书。

　　(4)法定代表人身份证明及授权委托书填写的基本要求:

　　①法定代表人和委托代理人必须在授权委托书上亲笔签名,不得使用印章、签名章或其他电子制版签名。

　　②法定代表人必须在法定代表人身份证明上亲笔签名,不得使用印章、签名章或其他电子制版签名。

　　③以联合体形式投标的,本授权委托书应由联合体牵头人的法定代表人按上述规定签署并公证。

　　④投标人按招标文件提供的格式,结合实际内容填写。

三、联合体协议书

联合体协议书

　　××(所有成员单位名称)自愿组成××(联合体名称)联合体,共同参加××(项目名称)6 合同段施工招标资格预审和投标。现就联合体投标事宜订立如下协议。

　　1. ××(某成员单位名称)为××(联合体名称)牵头人。

　　2. 联合体各成员授权牵头人代表联合体参加资格预审申请或投标活动,签署文件,提交和接收相关的资料、信息及指示,进行合同谈判活动,负责合同实施阶段的组织和协调工作,以及处理与本招标项目有关的一切事宜。

　　3. 联合体牵头人在本项目中签署的一切文件和处理的一切事宜,联合体各成员均予以承认。联合体各成员将严格按照招标文件、投标文件和合同的要求全面履行义务,并向招标人承担连带责任。

　　4. 联合体各成员单位内部的职责分工如下:××(牵头人名称)承担××专业工程,占总工程量的×%;××(成员一名称)承担××专业工程,占总工程量的×%;……

　　5. 投标工作和联合体在中标后工程实施过程中的有关费用按各自承担的工作量分摊。

　　6. 本协议书自所有成员单位法定代表人签字并加盖单位章之日起生效,合同履行完毕后自动失效。

　　7. 本协议书一式____份,联合体成员和招标人各执一份。

联合体牵头人名称:_____(盖单位章)

法 定 代 表 人:_____(签字)

联合体成员名称:_____(盖单位章)

法 定 代 表 人:_____(签字)

联合体成员名称:_____(盖单位章)

法 定 代 表 人:_____(签字)

____年___月___日

知识链接

　　凡是采用联合体形式参与投标的,均应签署并提交联合体协议书。

　　(1)采用资格预审,且接受联合体形式参与投标的招标项目,投标人应在资格预审申请文件中提交联合体协议书正本,当通过资格预审后递交投标文件时,只需要提交资格预审申请文件中原联合体协议正本复印件。

　　(2)联合体成员数量:联合体协议书中必须先明确联合体成员的数量;其数量必须符合招标文件的规定,否则将视为不响应招标文件规定,而作为废标处理。

　　(3)联合体协议中牵头人的职责、权利及义务如下:

　　①编制本项目投标文件。

　　②接收与本项目投标有关资料、信息及指示,并处理与之有关一切事务。

　　③递交投标文件,进行合同谈判。

　　④负责履行合同阶段的主办、组织和协调工作。

　　(4)联合体协议书填写的基本要求:

　　①投标人按招标文件提供的格式,结合实际内容填写。

　　②项目招标采用资格后审时,如项目接受联合体形式参与投标,则投标文件中应提交联合体协议书正本(格式同上)。

四、投标保证金

投标保证金

若采用电汇,投标人应在此提供电汇回单的复印件。

如采用银行保函,银行保函原件装订在投标文件的正本之中,格式如下。

_____×ｘ_____(招标人名称):

鉴于_____×ｘ_____(投标人名称)(以下称"投标人")于×ｘ年×ｘ月×ｘ日参加×ｘ省×ｘ至×ｘ高速公路项目土建工程(项目名称)6 合同段施工的投标,_____×ｘ_____(担保人名称,以下简称"我方")无条件地、不可撤销地保证:投标人在规定的投标文件有效期内撤销或修改其投标文件的,或者投标人不接受评标办法的规定对其投标文件中细微偏差进行澄清和补正,或者投标人提交了虚假资料,或者投标人在收到中标通知书后未按招标文件规定提交履约担保或拒绝签订合同协议书的,我方承担保证责任。收到你方书面通知后,在 7 日内无条件向你方支付人民币(大写)80 万元。

本保函在投标有效期或经延长的投标有效期期满 30 日内保持有效。要求我方承担保证责任的通知应在上述期限内送达我方。你方延长投标有效期的决定,应通知我方。

担保人名称:_____(盖单位章)
法定代表人或其委托代理人:_____(签字)
地　　址:_____
邮政编码:_____
电　　话:_____
传　　真:_____
_____年___月___日

知识链接

(1)投标保证金应采用现金、支票、银行保函或招标人在投标人须知前附表规定的其他形式。

(2)若采用现金或支票,则:

①投标人应在递交投标文件截止时间之前,将投标保证金由投标人的基本账户转入招标人指定账户,否则视为投标保证金无效。

②招标人指定的开户银行及账号见投标人须知前附表。

(3)若采用银行保函形式,则:

①应由符合投标人须知前附表规定级别的银行开具,并采用招标文件提供的格式。

②银行保函复印件装订在投标文件内,原件应在递交投标文件截止时间之前单独密封递交给招标人。

五、已标价工程量清单

(一)说明

1.工程量清单说明

(1)本工程量清单是根据招标文件中包括的、有合同约束力的图纸以及有关工程量清单的国家标准、行业标准、合同条款中约定的工程量计算规则编制。约定计量规则中没有的子目,其工程量按照有合同约束力的图纸所标示尺寸的理论净量计算。计量采用中华人民共和国法定计量单位。

---

(2)本工程量清单中所列工程数量是估算的或设计的预计数量,仅作为投标报价的共同基础,不能作为最终结算与支付的依据。实际支付应按实际完成的工程量,由承包人按技术规范规定的计量方法,以监理人认可的尺寸、断面计量,按本工程量清单的单价和总额价计算支付金额;或者,根据具体情况,按合同条款第15.4款的规定,由监理人确定的单价或总额价计算支付额。

(3)图纸中所列的工程数量表及数量汇总表仅是提供资料,不是工程量清单的外延。当图纸与工程量清单所列数量不一致时,以工程量清单所列数量作为报价的依据。

2.投标报价说明

(1)工程量清单中的每一子目须填入单价或价格,且只允许有一个报价。

(2)除非合同另有规定,工程量清单中有标价的单价和总额价均已包括了为实施和完成合同工程所需的劳务、材料、机械、质检(自检)、安装、缺陷修复、管理、保险、税费、利润等费用,以及合同明示或暗示的所有责任、义务和一般风险。

(3)工程量清单中投标人没有填入单价或价格的子目,其费用视为已分摊在工程量清单中其他相关子目的单价或价格之中。承包人必须按监理人指令完成工程量清单中未填入单价或价格的子目,但不能得到结算与支付。

(4)工程量清单中各项金额均以人民币(元)结算。

(5)本项目的建筑工程一切险保险费其投标报价按投标价第100章(不含建筑工程一切险和第三方责任险)至第700章清单合计的0.3%计算。第三者责任险其投标报价按最低投保金额100万元,事故次数不限(不计免赔额),保险费率按1%计算。

(6)施工环保费其投标报价按不低于投标价第200章~第700章合计的0.3%计算。

(7)安全生产费其投标报价按投标价第100章(不含建筑工程一切险、第三者责任险和安全生产费)至第700章清单合计的1.5%计算。

(8)工程管理软件费(暂估价)其投标报价为200 000元,列入清单;桥梁荷载实验(暂估价)其投标报价为500 000元,列入清单。

(9)暂列金额按投标价第100章~第700章清单合计(不含暂估价)的3%计算。

3.计日工说明

1)总则

(1)本说明应参照《公路工程标准施工招标文件》(2018年版)通用合同条款第15.7款一并理解。

(2)未经监理人书面指令,任何工程不得按计日工施工;接到监理人按计日工施工的书面指令,承包人也不得拒绝。

(3)投标人应在计日工单价表中填列计日工子目的基本单价或租价,该基本单价或租价适用于监理人指令的任何数量的计日工的结算与支付。计日工的劳务、材料和施工机械由招标人(或发包人)列出正常的估计数量。

(4)计日工不调价。

2)计日工劳务

(1)在计算应付给承包人的计日工工资时,工时应从工人到达施工现场,并开始从事指定的工作算起,到返回原出发地点为止,扣去用餐和休息的时间。只有直接从事指定的工作,且能胜任该工作的工人才能计工,随同工人一起做工的班长应计算在内,但不包括领工(工长)和其他质检管理人员。

(2)承包人可以得到用于计日工劳务的全部工时的支付,此支付按承包人填报的"计日工劳务单价表"所列单价计算,该单价应包括基本单价及承包人的管理费、税费、利润等所有附加费,说明如下:

①劳务基本单价包括:承包人劳务的全部直接费用,如工资、加班费、津贴、福利费及劳动保护费等。

②承包人的利润、管理、质检、保险、税费;易耗品的使用、水电及照明费,工作台、脚手架、临时设施费,手动机具与工具的使用及维修费,以及上述各项伴随而来的费用。

3)计日工材料

承包人可以得到计日工使用的材料费用(已计入劳务费内的材料费用除外)的支付,此费用按承包人"计日工材料单价表"中所填报的单价计算,该单价应包括基本单价及承包人的管理费、税费、利润等所有附加费,说明如下:

(1)材料基本单价按供货价加运杂费(到达承包人现场仓库)、保险费、仓库管理费以及运输损耗等计算。

（2）承包人的利润、管理、质检、保险、税费及其他附加费。

（3）从现场运至使用地点的人工费和施工机械使用费不包括在上述基本单价内。

4）计日工施工机械

（1）承包人可以得到用于计日工作业的施工机械费用的支付，该费用按承包人填报的"计日工施工机械单价表"中的租价计算。该租价应包括施工机械的折旧、利息、维修、保养、零配件、油燃料、保险和其他消耗品的费用以及全部有关使用这些机械的管理费、税费、利润和驾驶员与助手的劳务费等费用。

（2）在计日工作业中，承包人计算所用的施工机械费用时，应按实际工作小时支付。除非经监理人的同意，计算的工作小时才能将施工机械从现场某处运到监理人指令的计日工作业的另一现场往返运送时间包括在内。

4. 其他说明

（略）

（二）工程量清单（表2-45）

已标价工程量
清单的编制

工程量清单

表2-45

清单 第100章 总则					
子目号	子目名称	单位	数量	单价(元)	合价(元)
101-1	保险费				
−a	按合同条款规定,提供建筑工程一切险	总额		1 925 573	1 925 573
−b	按合同条款规定,提供第三者责任险	总额	1	10 000	10 000
102-1	竣工文件费	总额	1	400 000	400 000
102-2	施工环保费	总额	1	1 854 950	1 854 950
102-3	安全生产费	总额	1	9 485 583	9 485 583
102-4	工程管理软件费(暂估价)	总额	1	200 000	200 000
103-1	临时道路修建、养护与拆除费(包括原道路的养护费)	总额	1	1 600 000	1 600 000
103-2	临时占地	总额	1	1 200 000	1 200 000
......					
清单第100章合计 人民币 25 476 550					
清单 第200章 路基					
子目号	子目名称	单位	数量	单价(元)	合价(元)
202-1	清理与挖除				
−a	场地清理	m²	794 053	3.71	2 945 937
203-1	路基挖方(包括借土开挖)				
−a	挖土方	m³	1 584 326	9.11	14 433 210

清单　第200章　路基					
子目号	子目名称	单位	数量	单价(元)	合价(元)
- b	挖石方	m³	2 018 577	23.61	47 658 603
- c	挖除非适用材料(不含淤泥)	m³	500 121	15.52	6 261 515
203-2	改路、改渠、改河挖方				
- a	挖土方	m³	101 821	6.53	664 891
204-1	路基填筑(包括填前压实)				
- a	填土方	m³	1 424 234	5.63	8 018 437
- b	填石方	m³	2 386 571	7.06	16 849 191
......					

清单第200章合计　人民币　<u>202 853 599</u>

清单　第300章　路面					
子目号	子目名称	单位	数量	单价(元)	合价(元)
304-1	水泥稳定土底基层				
- a	20cm厚,4%水泥稳定碎石底基层	m²	15 294	42.52	650 301
304-3	水泥稳定土基层				
- d	18cm厚,5%水泥稳定碎石基层	m²	53 274	37.65	2 005 766
306-1	级配碎石底基层				
- a	厚16cm	m²	9 208	25.11	231 213
......					

清单第300章合计　人民币　<u>7 564 555</u>

清单　第400章　桥梁、涵洞					
子目号	子目名称	单位	数量	单价(元)	合价(元)
401-1	桥梁荷载试验(暂估价)	总额			500 000
403-1	基础钢筋				
- a	光圆钢筋(HPB300)	kg	167 431	5.38	900 779
- b	带肋钢筋(HRB400)	kg	1 060 546	5.72	6 066 323
403-2	下部结构钢筋				
- a	光圆钢筋(HPB300)	kg	222 502	5.38	1 197 061
- b	带肋钢筋(HRB400)	kg	1 309 501	5.72	7 490 346
403-3	上部结构钢筋				
- a	光圆钢筋(HPB300)	kg	714 571	5.38	3 844 392
- b	带肋钢筋(HRB400)	kg	3 370 845	5.82	19 618 318
- c	冷轧带肋钢筋网	kg	337 286	5.73	1 932 649

续上表

清单 第400章 桥梁、涵洞					
子目号	子目名称	单位	数量	单价(元)	合价(元)
405-1	钻孔灌注桩				
-a	陆上钻孔灌注桩	m²			
-a-1	桩径1.2m	m	2 124	2 093.38	4 446 339
-b	水中钻孔灌注桩	m			
-b-1	桩径2.0m	m	63	5 652.26	356 092
	……				
清单第400章合计　人民币　164 706 000					
清单 第500章 隧道					
子目号	子目名称	单位	数量	单价(元)	合价(元)
502-1	洞口、明洞开挖				
-a	土方	m³	12 734	9.59	121 737
-b	石方	m³	9 763	24.61	240 267
502-2	防水与排水				
-a	M7.5浆砌片石截水沟	m³	277	278.33	104 930
-f	排水管	m	153	28.49	4 359
-h	C30防水混凝土	m³	502	518.11	260 091
-j	1.2mm EVA防水卷材	m²	1 860	27.23	50 648
-l	PVC-U管	m	120	55.82	6 698
502-3	洞口坡面防护				
-2	C20现浇混凝土	m³			
-d	C20喷混凝土	m³	302	715.12	215 966
-e	20MnSiφ22砂浆锚杆	m	9 503	29.98	284 900
-f	φ8钢筋网	kg	12 091	6.61	79 922
	……				
清单第500章合计　人民币　243 192 600					
清单 第600章 安全设施及预埋管线					
子目号	子目名称	单位	数量	单价(元)	合价(元)
602-3	双面波形梁护栏	m			
602-4	活动式钢护栏	m			
602-5	波形梁钢护栏起、终端头				
-a	分设型圆头式端头	个			
-b	分设型地锚式端头	个			
-c	组合型圆端头	个			
	……				
清单第600章合计　人民币　0					

续上表

清单　第700章　绿化及环境保护设施					
子目号	子目名称	单位	数量	单价(元)	合价(元)
702-1	开挖并铺设表土	m³			
702-2	铺设利用的表土	m³			
703-1	撒播草皮	m²			
703-4	铺设草皮				
- a	马尼拉草皮	m²			
- b	美国二号草皮	m²			
704-1	人工种植乔木				
- a	香樟	棵			
		……			
清单第700章合计　人民币＿＿＿＿0＿＿＿＿					

(三)计日工表

1.劳务(表2-46)

劳务　　　　　　　　　　　　　　　　　　　　　　表2-46

编号	子目名称	单位	暂定数量	单价(元)	合价(元)
101	班长	h	1 000	20	20 000
102	普通工	h	1 000	15	15 000
103	焊工	h	1 000	18	18 000
104	电工	h	1 000	18	18 000
105	混凝土工	h	1 000	18	18 000
106	木工	h	1 000	18	18 000
107	钢筋工	h	1 000	18	18 000
		……			
劳务小计金额:1 200 000(计入"计日工汇总表")					

2.材料(表2-47)

材料　　　　　　　　　　　　　　　　　　　　　　表2-47

编号	子目名称	单位	暂定数量	单价(元)	合价(元)
201	水泥	t	1 000	400	400 000
202	钢筋	t	100	5 200	520 000
203	钢绞线	t	100	6 500	650 000
204	砂	m³	1 000	45	45 000
205	碎石	m³	1 000	65	65 000
		……			
材料小计金额:3 200 000 (计入"计日工汇总表")					

3. 施工机械(表 2-48)

施工机械 表 2-48

编号	子目名称	单位	暂定数量	单价(元)	合价(元)
301	装载机				
301-1	1.5m³ 以下	h	150	600	90 000
301-2	1.5 ~ 2.5m³	h	150	800	120 000
301-3	2.5m³ 以上	h	100	1 100	110 000
302	推土机				
302-1	90kW 以下	h	100	850	85 000
302-2	90 ~ 180kW	h	100	1 400	140 000
302-3	180kW 以上	h	100	2 100	210 000
......					
施工机械小计金额:2 200 000 (计入"计日工汇总表")					

4. 计日工汇总表(表 2-49)

计日工汇总表 表 2-49

名称	金额(元)	备注
劳务	1 200 000	
材料	3 200 000	
施工机械	2 200 000	
计日工总计:6 600 000 (计入"投标报价汇总表")		

(四) 暂估价表

1. 材料暂估价表(表 2-50)

材料暂估价表 表 2-50

序号	名称	单位	数量	单价(元)	合价(元)	备注
—	—	—	—	—	—	

2. 工程设备暂估价表(表 2-51)

工程设备暂估价表 表 2-51

序号	名称	单位	数量	单价(元)	合价(元)	备注
—	—	—	—	—	—	

3. 专业工程暂估价表(表 2-52)

专业工程暂估价表 表 2-52

序号	专业工程名称	工程内容	金额(元)
1	工程管理软件费		200 000
2	桥梁荷载试验		500 000
小计:700 000			

（五）投标报价汇总表（表2-53）

×× 省 ×× 至 ×× 高速公路项目土建工程第 **6** 合同段投标报价汇总表   表2-53

序号	章次	科目名称	金额（元）
1	第100章	总则	25 476 550
2	第200章	路基	202 853 599
3	第300章	路面	7 564 555
4	第400章	桥梁、涵洞	164 706 000
5	第500章	隧道	243 192 600
6	第600章	安全设施及预埋管线	0
7	第700章	绿化及环境保护设施	0
8		第100章~第700章小计	643 793 304
9		已包含在清单合计中的材料、工程设备、专业工程暂估价合计	700 000
10		清单合计减去材料、工程设备、专业工程暂估价合计(8－9＝10)	643 093 304
11		计日工合计	6 600 000
12		暂列金额(不含计日工和暂估价)(10×3%＝12)	19 292 799
13		投标总价(8＋11＋12)＝13	669 686 103

（六）工程量清单单价分析表（表2-54）

知识链接

投标人在编制工程量清单时应严格按照招标文件中"工程量清单"的格式、内容及相关要求逐项填报工程量清单,包括工程量清单说明、投标报价说明、计日工说明、其他说明、工程量清单表、计日工表、暂估价表、投标报价汇总表及工程量清单单价分析表等各项表格。

投标人依据企业工程施工定额或参照政府工程造价管理机构要求的相关工程定额,结合施工现场实际情况及施工组织设计,结合市场人工、材料、机械等要素价格信息,参照本企业的施工成本、利润、税金等因素进行投标报价。具体内容见模块二项目四的任务四。

工程量清单编制基本要求如下:

(1)在编制清单时,清单说明应按照招标文件"清单说明"的内容不加修改的附在工程量清单表格的前面。

(2)投标人确定工程量清单表中的每一个子目单价,将单价填入工程量清单单价一栏中,将每一栏的单价与数量相乘可得到每一个子目的合价。

(3)保险费的填报。

建筑工程一切险,应根据招标文件"投标报价说明"中的要求进行计算填报,在投标报价说明中要求建筑工程一切险其投标报价按投标价第100章(不含建筑工程一切险和第三方责任险)~第700章清单合计的0.3%计算,第三者责任险按最低投保金额100万元,事故次数不限(不计免赔额),保险费率:按1%计算。保险费的计算见表2-55。

表2-54

工程量清单单价分析表（单位：元）

序号	编码	子目名称	人工费 工日	人工费 单价	人工费 金额	材料费 主材 主材耗量	材料费 主材 单位	材料费 主材 单价	材料费 主材费	材料费 辅材费	材料费 金额	机械使用费	其他	管理费	税费	利润	综合单价
1	202-1	清理与挖除															
	-a	场地清理	0.024	68.91	1.62							1.20	0.03	0.68	0.12	0.06	3.71
2	203-1	路基挖方（包括借土开挖）															
	-a	挖土方	0.004	68.91	0.24							8.23	0.03	0.10	0.31	0.20	9.11
	-b	挖石方											21.99	0.16		0.88	0.58	23.61
	-c	挖除非适用材料（不含淤泥）	0.010	68.91	0.71							13.54	0.09	0.33	0.51	0.34	15.52
3	204-1	路基填筑（包括填前压实）															
	-a	填土方	0.002	68.91	0.14							4.86	0.08	0.16	0.27	0.12	5.63
	-b	填石方	0.020	68.91	1.41							4.28	0.03	1.00	0.22	0.12	7.06
4	403-1	基础钢筋															
	-a	光圆钢筋（HPB300）	0.006	68.91	0.45	1.025	kg	4.09	4.19	0.07	4.23	0.24	0.06	0.10	0.18	0.12	5.38
	-b	带肋钢筋（HRB400）	0.006	68.91	0.46	1.025	kg	4.41	4.52	0.07	4.59	0.20	0.07	0.10	0.18	0.12	5.72

保险费的计算   表 2-55

序号	章次	科目名称	金额(元)	备注
1	第100章	总则	23 540 977	第100章合计不含工程一切险和第三方责任险,25 476 550 - 1 925 573 - 10 000 = 23 540 977(元)
2	第200章	路基	202 853 599	
3	第300章	路面	7 564 555	
4	第400章	桥梁、涵洞	164 706 000	
5	第500章	隧道	243 192 600	
6	第600章	安全设施及预埋管线	0	
7	第700章	绿化及环境保护设施	0	
8	第100章~第700章合计		641 857 731	
建筑工程一切险			1 925 573	641 857 731 × 0.3% = 1 925 573(元)
第三者责任险			10 000	1 000 000 × 1% = 10 000(元)

计算出第100章(不含建筑工程一切险和第三方责任险)~第700章合计,用此合计乘以0.3%,计算出建筑工程一切险的金额,把计算出来的建筑工程一切险的金额填入到工程量清单第100章子目101-1-a的单价栏中。

第三者责任险按最低投保金额100万元乘以1%计算,计算出第三者责任险的金额,把计算出来的第三者责任险的金额填入到工程量清单第100章子目101-1-b的单价栏中。

(4)施工环保费的填报。

施工环保费的计算应根据招标文件"投标报价说明"中的要求进行计算填报,在投标报价说明中要求施工环保费投标报价按不低于投标价第200章~第700章合计的0.3%计算。施工环保费的计算见表2-56。

施工环保费的计算   表 2-56

序号	章次	科目名称	金额(元)	备注
2	第200章	路基	202 853 599	
3	第300章	路面	7 564 555	
4	第400章	桥梁、涵洞	164 706 000	
5	第500章	隧道	243 192 600	
6	第600章	安全设施及预埋管线	0	
7	第700章	绿化及环境保护设施	0	
8	第200章~第700章小计		618 316 754	
施工环保费			1 854 950	618 316 754 × 0.3% = 1 854 950(元)

计算出第200章~第700章合计,用第200章~第700章合计乘以0.3%,计算出施工环保费的金额,把计算出来的施工环保费的金额填入到工程量清单第100章子目102-2的单价栏中。

(5)安全生产费的填报。

安全生产费的计算应根据招标文件"投标报价说明"中的要求进行计算填报,安全生产费用按投标价第100章(不含建筑工程一切险、第三者责任险的保险费和安全生产费)~第700章清单合计的1.5%计算。安全生产费的计算见表2-57。

安全生产费的计算 表2-57

序号	章次	科目名称	金额(元)	备注
1	第100章	总则	14 055 449	第100章合计扣除工程一切险和第三方责任险,25 476 550 − 1 925 573 − 10 000 − 9 485 583 = 14 055 449(元)
2	第200章	路基	202 853 599	
3	第300章	路面	7 564 555	
4	第400章	桥梁、涵洞	164 706 000	
5	第500章	隧道	243 192 600	
6	第600章	安全设施及预埋管线	0	
7	第700章	绿化及环境保护设施	0	
8	第100章~第700章小计		632 372 203	
安全生产费			9 485 583	632 372 203 × 1.5% = 9 485 583(元)

计算出第100章(不含建筑工程一切险、第三方责任险和安全生产费)~第700章合计,用此合计乘以1.5%,计算出安全生产费的金额,把计算出来的安全生产费的金额填入到工程量清单第100章子目102-3的单价栏中。

(6)计日工的填报。

投标人在填报计日工时,应根据工程实际情况填报计日工劳务单价、计日工材料单价和施工机械单价,再根据暂定数量乘以单价计算出金额。将计日工劳务、计日工材料和计日工施工机械三者的合价进行汇总列入计日工汇总表中即可得到计日工合计,并填入工程量清单汇总表中。

(7)暂估价表的填报。

暂估价由建设单位在招标文件中给出一个固定的金额,投标人在填报时应根据招标文件的要求进行填报,不得修改。

在本项目投标报价说明中要求暂估价工程管理软件费200 000元、桥梁荷载试验500 000元,投标人应把工程管理软件费用200 000元、桥梁荷载试验500 000元分别填入到工程量清单第100章子目102-4、401-1的单价栏中,并把这两项暂估价填报在专业暂估价表中。

(8)工程量清单汇总表的填报。

①第100章~第700章合计:将工程量清单表中每一章的合计价均填入工程量清单汇总表,累加计算出第100章~第700章合计,填入此栏中。

②已包含在清单合计中的材料、工程设备、专业工程暂估价合计栏:将材料、工程设备、专业工程暂估价进行累加,填入此栏中。

③清单合计减去材料、工程设备、专业工程暂估价合计栏:用第100章~第700章合计栏金额减去材料、工程设备、专业工程暂估价合计栏金额得到此合计栏金额,填入此栏中。

④计日工合计栏:将计日工劳务单价表、计日工材料单价表、计日工机械单价表的金额进

行累加计算后得到的计日工合计,填入此栏中。

⑤投标总价栏:将投标报价汇总表中的第100章~第700章合计、计日工合计、暂列金额进行累加,即可得到投标总价,填入此栏中。

(9)工程量清单单价分析表。

根据相关定额及项目具体情况进行编制工程预算单价的编制,主要是包括人工费用、材料费用、机械费用、其他费用、管理费用、税金、利润等费用。

六、施工组织设计

施工组织设计编制

1.编制施工组织设计文字部分(文字宜精炼、内容具有针对性,总体控制在30 000字以内):

(1)总体施工组织布置及规划

(2)主要工程项目的施工方案、方法与技术措施(尤其对重点、关键和难点工程的施工方案、方法及其措施)

(3)工期的保证体系及保证措施

(4)工程质量管理体系及保证措施

(5)安全生产管理体系及保证措施

(6)环境保护、水土保持保证体系及保证措施

(7)文明施工、文物保护保证体系及保证措施

(8)项目风险预测与防范,事故应急预案

(9)其他应说明的事项

2.施工组织设计除采用文字表述外可附下列图表,图表及格式要求附后。

附表一　施工总体计划表

附表二　分项工程进度率计划(斜率图)

附表三　工程管理曲线

附表四　分项工程生产率和施工周期表

附表五　施工总平面图

附表六　劳动力计划表

附表七　临时占地计划表

附表八　外供电力需求计划表

附表九　合同用款估算表

技术文件的编制

(一)编制施工组织设计文字部分

1.总体施工组织布置及规划

1)编制说明

(1)编制范围

本施工组织设计适用于××省××至××高速公路项目土建工程第6合同段,项目起止桩号 K12+800～K39+450。

(2)编制依据

①××省××至××高速公路项目土建工程第6合同段招标文件及补遗书。

②国家、地方、行业相关法律、法规、规范和标准。

（3）编制原则

①施工方案完全响应招标文件的要求。

②根据招标文件,结合现场实地考察情况编制施工方案,在多方案比选的基础上确定,力求方案最优。

③结合本公司的施工能力,整合优势资源,应用"新技术、新工艺、新材料、新设备",确保施工方案科学合理。

④合理安排组织施工,优化资源配置,确保按照招标文件要求的工期完成相应施工任务。

⑤确保施工质量,满足结构设计标准。

⑥建立符合本工程建设特点的质量、安全、环保、文明施工和职业健康管理体系并严格运行。

2）工程概况

（略）

3）施工目标

（略）

4）项目组织管理机构和管理体系

（见七、项目管理机构）

5）施工总平面布置

（见附表一）

6）总体施工组织安排和进度计划

（1）总体施工组织安排

本项目第6合同段施工划分为路基桥梁3个工区,隧道1个工区。具体划分及组织安排见表2-58。

总体施工组织安排　　　　　　　　　　　　　　　　　　表2-58

作业队划分		各作业队（班组）负责施工内容
路基、桥梁施工一工区	路基施工一队	K12+800～K16+900 段 4.1km 范围内路基的施工工作
	路基施工二队	负责服务区 1 K16+900～K22+000 段 5.1km 范围内路基的施工工作
	桥梁施工队	负责 K12+800～K22+000 段 9.2km 范围内桥梁的施工工作
	通涵施工队	负责 K12+800～K22+000 段 9.2km 范围内通道、涵洞的施工工作
	防护排水施工队	负责 K12+800～K22+000 段 9.2km 范围内防护排水的施工工作
路基、桥梁施工二工区	路基施工一队	负责互通 1 及 K22+000～K27+100 段 5.1km 范围内路基的施工工作
	路基施工二队	负责 K27+100～K31+800 段 4.7km 范围内路基的施工工作
	桥梁施工队	负责 K22+000～K31+800 段 9.8km 范围内桥梁的施工工作
	桥梁上构预制、安装施工队	负责 6 标全线桥梁上构预制、安装及附属工程预制件预制
	通涵施工队	负责 K22+000～K31+800 段 9.8km 范围内通道、涵洞的施工工作
	防护排水施工队	负责 K22+000～K31+800 段 9.8km 范围内防护排水的施工工作
	路基施工一队	负责 K31+800 至隧道 1 入口端路基土石方的施工
	路基施工二队	负责隧道 1 出口至 K39+450 段路基土石方的施工
	桥梁施工队	负责 K31+800～K39+450 段 7.650km 范围内桥梁的施工工作

续上表

作业队划分		各作业队（班组）负责施工内容
路基、桥梁施工三工区	通涵施工队	负责 K31+800~K39+450 段 7.650km 范围内通道、涵洞的施工工作
	防护排水施工队	负责 K31+800~K39+450 段 7.650km 范围内防护排水的施工工作
隧道施工工区	隧道施工一队	负责隧道1进口端约1 775m 隧道的施工
	隧道施工二队	负责隧道1出口端约1 775m 隧道的施工
	隧道施工三队	负责隧道2的施工

（2）总体施工进度计划

本项目第6合同段计划开工日期为2019年6月26日（具体开工日期以开工令为准），计划交工日期为2021年6月26日，计划总工期24个月。隧道1长3 550m，该隧道的计划开工日期为2019年8月1日，计划完工日期为2019年6月15日，计划工期为21.5个月，隧道1是本合同段的工期控制关键线路。施工总体工程进度具体安排见附表一。

7）优势资源配置计划

（略）

2. 主要工程项目的施工方案、方法与技术措施

1）施工重点、难点分析及关键和难点工程的确定

（1）项目施工重点、难点分析

根据对招标文件以及图纸的分析在施工方案编制过程中，需要重点考虑和解决以下几个问题：

①隧道1的施工进度问题。隧道1为特长隧道，左洞桩号 ZK31+790~ZK35+350，长3 560m，右洞桩号 YK31+790~YK35+325，长3 535m，折合长度为3 550m，该隧道施工工程量大、施工技术复杂、施工工期紧，是××高速公路项目6合同段控制总工期的重点工程和难点工程。而土建工程工期只有24个月，工作任务重，施工组织以及人员、设备、材料和资金的投入非常关键。

②征地与协调。本合同段主线全长26.65km，线路长、作业面广且跨××和××两市，征地、拆迁和协调工作难度大，是决定主体工程能否如期进场开工并顺利推进的关键因素。

③项目施工组织。本合同段主线全长26.65km，工程量大、控制点多，如何进行合理施工部署和组织实施，保证施工均衡顺利推进，是项目管控的难点。

④不良地质条件下的路基、桥梁施工、隧道施工。本合同段范围内存在有岩溶、滑坡及潜在不稳定边坡、红黏土等不良地质情况，根据招标文件所提供的地质情况资料，以及在施工过程中有可能出现的不可预见的不良地质情况，我部将制订相应的施工应急预案，加强监控量测和超前地质预报工作，及时反馈实际地质情况，根据量测数据动态指导施工，确保施工安全。

⑤环保与资源利用。（略）

⑥火工品使用。（略）

（2）关键和难点工程的确定

隧道1为特长隧道，左洞桩号 ZK31+790~ZK35+350，长3 560m，右洞桩号 YK31+790~YK35+325，长3 535m，折合长度为3 550m，该隧道施工工程量大、施工技术复杂、施工工期紧，隧道1的施工进度关系到整个项目的整体进度，是项目的关键和难点工程。

（3）对项目施工重点、难点的针对措施

（略）

2）主要工程的施工方案综述

本合同段的主要分项工程包括隧道施工、路基土石方施工、桥梁施工、防护排水施工、通涵施工等,拟采取的施工方案如下:

(1)隧道施工。本合同段隧道应用新奥法原理,采用钻爆法施工。新奥法是应用岩体力学的理论,也就是隧道开挖后采取锚杆和喷射混凝土为主要支护手段及时的支护,以维护和利用围岩自身承载能力为基点,控制围岩的变形和松弛,使围岩成为支护体系的组成部分,并通过对围岩和支护的量测、控制来指导隧道和地下工程设计施工的方法和原则。隧道设计是以标准支护、数据分析和信息反馈为主,所以施工中尤其要充分重视和加强初期支护体系的质量控制。隧道1的施工顺序为从两头分四个工作面向中间掘进。

(2)路基挖方、填筑施工。(略)

(3)桥梁工程施工。(略)

(4)涵洞、通道工程施工。(略)

(5)防护及排水工程施工。(略)

3）主要工程的施工方法

(1)便道、便桥。(略)

(2)路基施工。(略)

(3)排水及防护工程施工。(略)

(4)路面工程施工。(略)

(5)桥梁施工:工程简介(略);施工准备(略);施工方案、方法及技术措施(节选"基础施工")。

①陆上钻孔灌注桩施工。

a.钻机位置压实或夯实,埋设钢护筒,钢护筒顶面高出原地面0.3m,埋入2～4m。

b.护筒埋设后周围用黏土夯填,保证护筒稳定性。

c.采用正循环回旋钻机钻孔,泥浆按设计配合比调配。其他施工工序与水中钻孔灌注桩施工相同。

②水中钻孔灌注桩施工。

a.施工平台搭设。拟采用在钢管桩上安放贝雷架拼装的方法搭设施工平台,如图2-6所示。

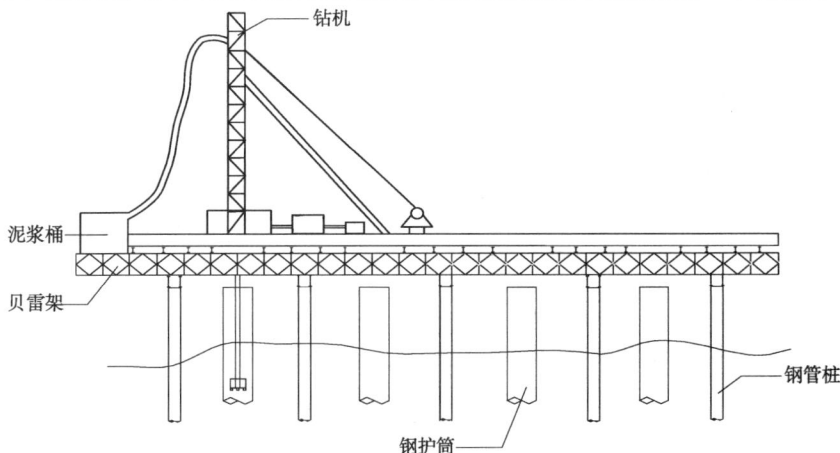

图2-6 施工平台搭设图

b. 钢护筒制作、就位。钢护筒用 δ16mm 钢板卷制而成,内径比桩径大 20cm,并用 8 号槽钢作为竖向加劲肋,每节钢护筒之间用钢法兰盘联结。钢护筒制作成型后,用 25t 汽车吊吊至设计位置并精确定位,再用 60t 振动锤下振至稳定高程。在钢护筒下沉过程中由测量员专门观测,保证其位置的准确并垂直。钢护筒高出施工水位 1.0～2.0m。

c. 钻机就位。钢护筒安放就位后,再在贝雷架上的工字钢上纵向摆放两根 36 号工字钢作为钻机的移动轨道。利用 25t 吊车将钻机精确就位。

d. 钻孔。待钻机安装就位后,采用反循环回旋法进行钻孔。

在钻孔过程中,为保证成孔斜率不超过规定,除钻孔平台应牢靠外,还应经常检测钻机的垂直度。钻孔连续进行,并填写钻孔记录,在土层变化时捞取钻渣样,判别土层以便与地质剖面图核对,根据不同的地质情况及时调整钻机的速度和扭矩,当进尺到岩层时,则改成球齿滚刀钻头。成孔后检查孔径、孔深和垂直度,孔深可采用测绳下悬挂测锤来测量,孔径和垂直度用孔规检测。孔规构造如图 2-7 所示。

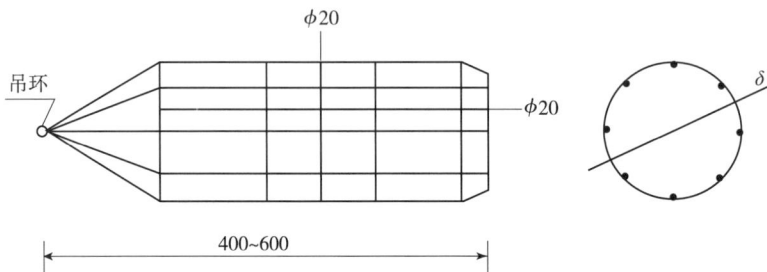

图 2-7　孔规构造图(尺寸单位:cm;钢筋单位:mm)

e. 清孔。当钻孔达到设计规定深度且成孔质量符合图纸要求并经监理工程师批准后,立即进行清孔。清孔后沉淀厚度直径 1.2m 和 1.5m 的桩不大于 30cm,直径 1.8m 的桩不大于 50cm。

f. 钢筋笼制作(图 2-8)及安装。钢筋笼分节制作,待清孔完毕后用 25t 吊车将已制作成型的钢筋笼分节吊入孔内,焊接钢筋接头,再逐节下降至设计高程,通过桩位控制桩使钢筋笼对准桩孔中心位置,然后用短钢筋将钢筋笼顶部与护筒焊接使之固定,保证浇混凝土时不上浮。

图 2-8　钢筋笼制作

g. 水下混凝土灌注。水下混凝土采用吊车配合输送泵、导管灌注,用直径 25cm 导管引导混凝土,导管使用前先做气密性检查。灌注开始后应连续进行,不得中途停顿,及时测量孔内混凝土高度及埋管深度,正确指挥导管的提升和拆除,做好现场施工记录。混凝土在浇筑过程中,护筒底面保持在混凝土顶面以下 2m,混凝土灌注超过设计高程 0.5～1.0m 时,停止混凝土灌注。混凝土初凝后,抽水,凿除桩头浮渣使之达到设计高程。

（6）通道、涵洞施工。（略）

4）项目关键技术方案——隧道施工

（1）工程概述

本合同段共有两座隧道：隧道 1 长 3 550m、隧道 2 长 490m。

通过认真研究招标人提供的《招标文件》，结合现场考察，我公司确定隧道 1 工程的施工是本项目的重点、难点和关键工程。

（2）重点、难点、关键工程施工方案、方法及技术措施

隧道施工，将应用"新奥法"原理，采用钻爆法施工，具体施工方案、方法与技术措施如下：

①洞口段工程。隧道洞口段施工顺序：先施工截水天沟，开挖洞口边仰坡土石方，做好洞外排水系统后进洞施工，再施工洞口端、翼墙，洞口衬砌与端、翼墙同时施工。

a. 边仰坡施工（图 2-9）。洞口施工前应先做好洞口边仰坡截水沟，截水沟施作完毕后自上而下进行边仰坡开挖，施工中尽量减小对原有植被的破坏和洞口的扰动。仰坡开挖从上到下逐步进行，边开挖边防护，防护工程完工后才能进洞施工。洞口段开挖充分考虑隧道施工需要，与现场生产场地布置统筹安排。

b. 明洞施工（图 2-10）。明洞施工前先做好洞顶防水、排水设施，以防止地表水冲刷造成边、仰坡塌方、落石。明洞边墙基础应设置在符合设计要求的稳固地基上，明洞衬砌先施作仰拱、边墙基础，再用全液压二衬台车配合用混凝土输送泵整体浇筑拱墙混凝土，并及时覆盖养护。待明洞衬砌混凝土强度达到设计要求后，施作明洞防排水系统、明洞回填、边坡防护和绿化系统。

图 2-9　仰坡施工

图 2-10　明洞施工

c. 洞口及小净距段的开挖与支护。本合同段隧道 1 两端属于小净距隧道，进口附近受断层（F3）构造影响，岩体相对较破碎，且发育次级断层，对隧道围岩有一定影响。我们在不良地质条件下的隧道进洞施工中，积累了较丰富的施工经验，形成了较成熟的隧道安全进洞的施工工法，我们将根据现场揭露围岩的实际情况进行科学组织和安排，确保洞口段施工安全顺利。

②超前支护。隧道工程超前支护的形式有超前管棚、超前锚杆和超前小导管,超前锚杆通常采用φ22mm砂浆锚杆,纵向搭接长度一般不小于1m,锚杆施作方向根据岩体节理面产状进行调整,以尽量使锚杆穿透更多的结构面。

③洞身施工。洞身开挖支护以"超前探、短进尺、快循环、少扰动、弱爆破、早喷锚、强支护、紧封闭、勤量测"为指导。开挖过程中可根据不同的地质条件分步或一次开挖,及时施作初期支护,与围岩共同组成承荷系统,使围岩的自承能力得到充分利用。切实做好监控量测和超前地质预报,及时反馈信息和数据,动态控制,科学指导施工。

a. V级围岩开挖。采用环形开挖留核心土法施工,以人工辅以机械开挖。开挖后及时喷混凝土封闭岩面及核心土,及早施作拱部喷锚网、钢架初期支护。开挖上部弧形导坑时,同时开挖中台阶或中、下台阶,循环进尺相同。开挖后立即喷混凝土封闭岩面,及时施作边墙喷锚网、钢架初期支护。左右侧槽不能对称开挖,须错开2~3m,每循环进尺0.5~1.0m。

b. IV级围岩开挖。IV级围岩采用台阶法开挖光面爆破施工,上下台阶开挖均采用凿岩机钻眼,塑料导爆管非电起爆系统,毫秒微差有序起爆,由挖掘机扒渣,侧卸式装载机装渣,自卸车运渣。隧道开挖后及时施作初期支护,下半断面开挖后仰拱紧跟,及时闭合成环。

c. II、III级围岩开挖。II、III级围岩采用全断面法开挖光面爆破施工,采用凿岩机钻眼,塑料导爆管非电起爆系统,毫秒微差有序起爆;挖掘机扒渣,双侧卸式装载机装渣,自卸车运渣,施工中合理调整工序,实行"钻爆、装渣、运输"机械化一条龙作业。在全断面爆破作业中,采用水幕降尘,确保作业面粉尘含量达到标准。施工中采用"W"形水幕降尘器喷雾降尘。装渣作业面和倒运渣场,人工配合专用洒水器洒水降尘,确保施工环境良好。

光面爆破技术措施:

a)周边眼应沿外轮廓线精确测量布孔,开眼位置允许调整的范围不得大于5cm。

b)周边眼外斜率不得大于50mm/m,并应根据不同的炮眼深度适当调整斜率,保证眼底不超出开挖断面轮廓线10cm。

c)周边眼均应堵塞炮泥,堵塞长度一般不小于20cm,周边眼以一次同时起爆为宜。

④装渣运输。(略)

⑤初期支护。(略)

⑥隧道衬砌防排水施工。(略)

⑦二次衬砌施工。(略)

⑧监控量测。(略)

⑨超前地质预报。(略)

⑩隧道施工通风、隧道施工排水。(略)

(3)主要工序施工工艺流程图(节选)

①全断面法开挖支护施工工艺流程图,如图2-11所示。

②砂浆锚杆施工工艺流程图,如图2-12所示。

```
                    测量放样 ◄──────────┐
                       │                │
                    台车就位            │
                       │                │
                     钻孔               │
                       │                │
                    钻孔检查            │
                       │                │
        炸药加工、配药 ──► 装药          │
                       │                │
                     爆破               │
                       │                │
                    通风排烟            │
                       │                │
                    找顶出渣            │
                       │                │
      准备锚喷材料机具 ──► 锚喷支护      │
                       │                │
                     检查 ─────────────┘
```

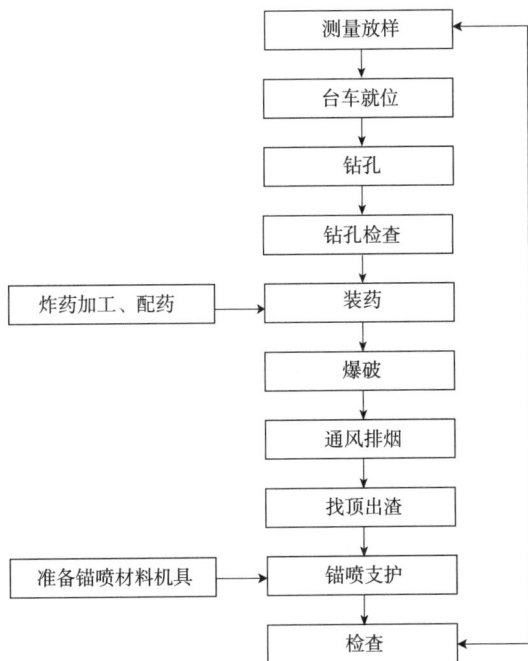

图 2-11　全断面法开挖支护施工工艺流程图

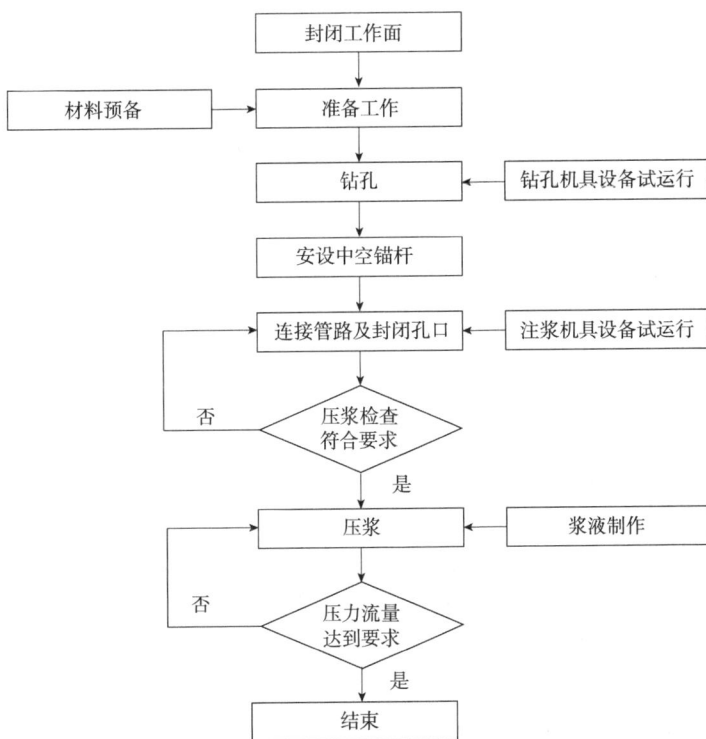

```
                    封闭工作面
                       │
         材料预备 ──► 准备工作
                       │
                     钻孔 ◄── 钻孔机具设备试运行
                       │
                  安设中空锚杆
                       │
        ┌──► 连接管路及封闭孔口 ◄── 注浆机具设备试运行
        │              │
       否          压浆检查
        └───────── 符合要求
                       │ 是
        ┌──► 压浆 ◄── 浆液制作
        │              │
       否          压力流量
        └───────── 达到要求
                       │ 是
                     结束
```

图 2-12　砂浆锚杆施工工艺流程图

注：中空注浆锚杆采用风动凿岩机钻孔，高压风清孔，然后装入锚杆，安装锚杆尾部垫板及螺母，并将锚杆与钢架焊接牢固。采用注浆机注入浆液，注浆自上而下进行，注浆压力达到设计要求后停止注浆。

3.工期、安全等保证体系及保证措施

1)工期的保证体系及保证措施

(1)施工工期目标

计划开工日期为 2019 年 6 月 26 日(具体开工日期以开工令为准),计划交工日期为2021 年6 月25 日,计划总工期24 个月。

(2)总体思路

根据本合同段的特点和难点,我们从以下方面制定了进度管理的总体思路:

①做好总体规划,加强宏观控制;完善制度体系,实现高效管理。

②找出关键线路,制定保证措施;优化设计图纸,创新施工方案。

③分析制约风险,做好应急方案;科学理性分析,掌握工期节奏。

④安全质量第一,综合平衡成本;着眼工序转换,提前资源准备。

(3)工期保证体系及保证措施

(略)

2)工程质量管理体系及保证措施

(略)

3)安全生产管理体系及保证措施

(略)

4)环境保护、水土保持保证体系及保证措施

(略)

5)文明施工、文物保护保证体系及保证措施

(略)

6)项目风险预测与防范,事故应急预案

(略)

7)其他应说明的事项

(略)

知识链接

正确编制和全面贯彻施工组织布置及规划,是保证顺利施工的首要条件,也是基本建设施工活动中必不可少的技术组织措施。

施工规划是以施工项目为对象,以承包合同要求内容为依据,在保证规定工期、质量、成本等技术经济指标要求下,进行战略部署,以最优的经济效果完成施工任务。

施工规划是编制施工计划、材料供应计划、劳动优化组合,以及降低成本的主要依据。由于工程规模、结构特点、生产工艺要求、施工技术条件的不同,施工规划的编制深度和广度也不尽一样。但其主要任务、编制原则及依据有许多共同之处。

(1)总体施工组织布置及规划主要内容

①工程概况。说明工程项目的性质、规模、建设地点、工程结构特征;建设区域的地质、水文、气象等自然条件和供水、供电、通信、交通、地区材料、机具及生产、生活设施等情况。

②确定施工总体战略部署及分期建设意见,安排施工进度计划。根据工程项目的生产工

艺需要及其重要性、复杂程度和工期长短,安排各建筑物的开、竣工顺序和相互搭接时间,以满足分期建设、分期安装、调试、生产的要求。

③编制劳动力需求量和劳动力的来源计划,以及特种技术工人培训计划。

④对劳动力、材料、半成品、机械设备需求量进行平衡。对施工总进度计划必须经过反复调整,消除不合理的高峰,尽量使人力、物资、机械设备达到均衡,以免造成仓库、堆场及运输工具及施工机械费用的增加。

⑤布置施工总平面。对施工用的仓库、道路、水电供应线路及预制构件加工厂等生产设施和生活设施,除了在空间对场地做出合理的分配和布置外,在时间上要做出不同施工阶段的施工总平面图,以充分利用场地,根据施工总进度计划的安排,在下一单位工程开工前,应把在其场地上的材料、设备用完,以免造成二次搬运。

⑥编制物资、成品、半成品、施工机具需要计划,确定其主要来源及运输方式,并汇总成实物工程量及工作量。

⑦编制劳动力需求量和劳动力的来源计划,以及特种技术工人培训计划。

⑧生产和生活设施规划。生产设施包括施工附属企业规模、生产工艺、设备及场地位置,如砂石场、混凝土搅拌厂、水泥制品厂、木材加工厂、金属制品厂、机械修配厂等。生活设施包括工人宿舍、食堂、购物及文化娱乐场所等,以及与之相应的供电、排水、能源、动力供应等。

⑨施工准备工作进度计划。对各项准备工作,确定开始及完成的日期,如土地征用、民房拆迁;现场施工测量、土地平整、临时生产及生活设施的建设;施工用水、电等管线及道路的铺设;材料、半成品或成品的加工订货。

⑩主要技术经济指标。它包括工期、质量、成本、安全、劳动生产率、施工均衡性、单位造价、机械化程度及利用率、装配化程度施工用地等。

(2)施工方案和技术措施

①施工方案是针对某项目施工内容的施工方法及过程要求的论述,具体包括:

a.工程概况。

b.施工现场条件,具体工作内容。

c.施工工艺流程及施工工艺,即具体施工做法及过程。

d.进度控制。

e.材料要求及控制。

f.施工机械及人员安排。

g.安全、文明施工及绿色施工要求。

h.技术质量控制措施等。

②技术措施是针对具体的施工方案或施工工艺环节中的一些重点和难点,做出必要的施工过程的安排,对具体做法提出一些具体的做法要求,采取什么方法避免易造成的质量、安全隐患,采取什么方法可以保证施工质量和提高施工作业的可靠性等。

(3)工程质量、安全等保证体系及保证措施

对重要及关键的分项、分部及单位工程的质量,应以国家技术标准和设计要求作为统一尺度,详细提出保证质量或精度的措施,并认真进行技术检验及质量评定。对施工现场操作过程

中可能出现伤亡事故的地方,应采取必要的安全措施。

(二)施工组织设计附录

1. 附表一

施工总体计划表见表 2-59。

施工总体计划表   表 2-59

年度	2019年							2020年												2021年					
月份 主要工程项目	6	7	8	9	10	11	12	1	2	3	4	5	6	7	8	9	10	11	12	1	2	3	4	5	6
1.施工准备		━																							
2.路基处理			━	━	━	━																			
3.路基填筑				━	━	━	━	━	━	━	━	━	━	━	━	━	━								
4.通道涵洞工程					━	━	━	━	━	━	━	━	━	━	━	━									
5.防护排水工程						━	━	━	━	━	━	━	━	━	━	━	━	━	━						
6.路面底基层																				━	━	━	━		
7.桥梁工程施工																									
(1)基础及下部结构工程				━	━	━	━	━	━	━	━	━													
(2)上部结构工程(含预制梁板)									━	━	━	━	━	━	━	━	━								
(3)桥面及附属工程															━	━	━	━	━	━	━				
8.隧道工程																									
(1)洞口施工			━	━																					
(2)洞身开挖及初期支护					━	━	━	━	━	━	━	━	━	━	━	━	━	━							
(3)仰拱、整平层及二次衬砌						━	━	━	━	━	━	━	━	━	━	━	━	━	━	━	━				
(4)洞内结构、装饰工程																	━	━	━	━	━	━	━	━	
9.其他工程																									━

注:计划开工日期为2019年6月26日,计划完工日期2021年6月25日。

2. 附图一

分项工程进度率计划(斜率图)如图 2-13 所示。

3. 附图二

工程管理曲线图如图 2-14 所示。

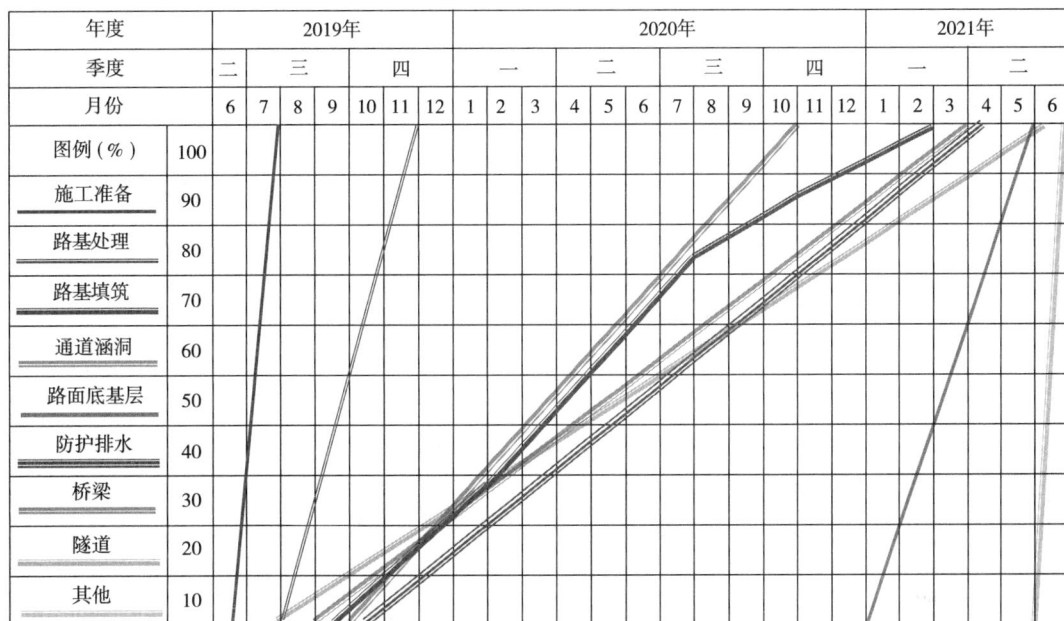

图 2-13　分项工程进度计划(斜率图)

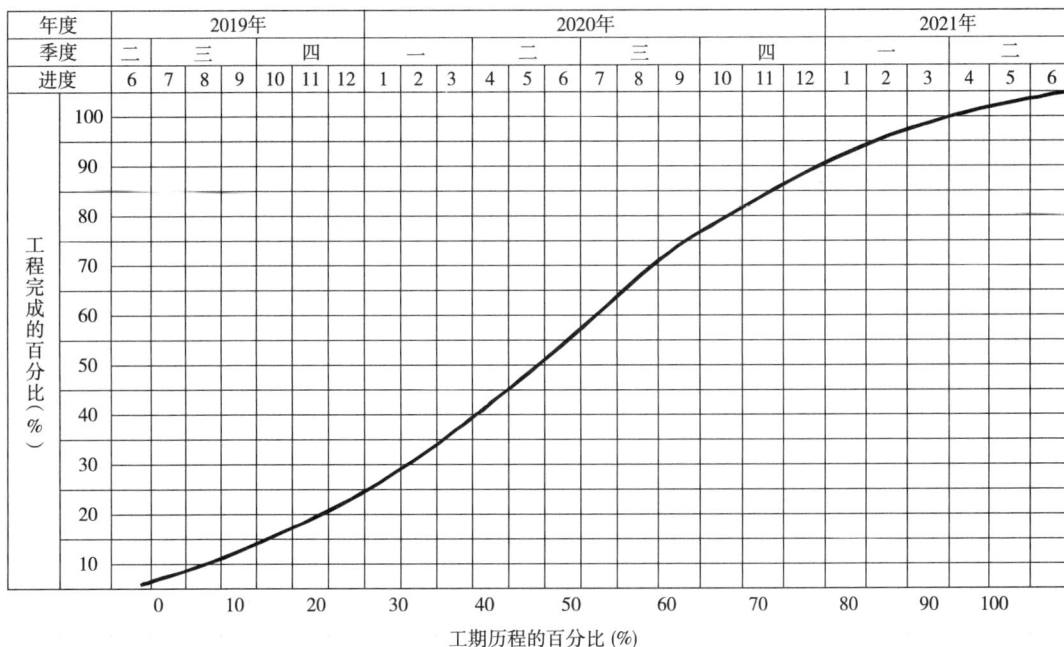

图 2-14　工程管理曲线图

知识链接

(1)工程施工进度计划基本方法

主要有如下几种:

①横道式的工程施工进度计划图,又称横道图,是以时间为横坐标,以各分项工程或施工工序为纵坐标,按一定先后施工顺序和工艺流程,用带时间比例的水平横道线表示对应项目或

工序持续时间的施工进度计划图表。

横道图不仅可用于编制施工进度计划,而且可用于工程进度实施中的监控。在进度计划实施中,在计划进度横道线下方同时标出各分项工程工序的实际进度。根据实际进度与计划进度的比较,可对进度计划进行必要的修改与调整。

②斜率式的工程施工进度计划图,又称垂直法或垂直坐标表示法。斜率图以纵坐标表示施工期限,横坐标表示里程或工程位置,而各分项工程或施工工序的施工进度则相应地以不同斜线表示。在斜率图中分项工程或施工工序的相互关系、施工紧凑程序及施工速度都十分清楚,工程的分布情况和施工日期清晰可见。

斜率图与横道图相似,它是横道图的另一种表示方法。在编制时也可以根据施工总体计划表进行编制。

③网络图式的工程施工进度计划图,是表示一项工程任务或一个计划中各项工作的先后、衔接关系和所需时间及资源。

④工程管理曲线式的工程施工进度计划图,又称S曲线,因其曲线形状大致呈S形故而得名。S曲线是针对横道图监控工程进度时,计划进度与实际进度的比较只能在各个分项工程或工作(序)之间进行,无法对整个工程进度情况进行全局性管理的这一不足而提出的。S曲线以工期为横轴,以累计完成的工程费用的百分比或累计完成的工程量的百分比为纵轴的图表化曲线。

(2)工程施工进度计划编制的步骤

①施工方法的确定。

确定施工方法主要是就本工程的主导施工工序而言,各工程项目均可以采用各种不同的方法进行施工,每一种方法都有其各自的优点和缺点。确定施工方法时,首先应考虑工程特点、现有机具的性能、施工环境等因素,依据工程条件和经济合理的原则进行多方面的比较,最终选择适用于本工程的最先进、最合理、最经济的施工方法,从而达到降低工程成本和提高劳动生产率的预期效果。

对于一般的路基土石方工程、混凝土工程和砌筑工程等比较简单的工程,投标人可根据企业现有的施工机械及工人技术水平来选定施工方法,努力做到节省开支、降低标价。对于复杂的、技术难度大的工程项目,在选择及确定施工方法时要多考虑几种方案,进行综合分析比较后,择优而定。

a.路基施工方法的选择。

在路基工程中,土石方施工的工程量是控制成本的主要因素,施工方法的选择,对土石方施工中的工日消耗、机械台班消耗有很大的影响。目前公路路基施工,高等级公路一般都采用机械化施工,低等级公路一般采用人工和机械组合进行施工。本项目属于高等级公路,其土石方开挖量大,填筑工程量也大,其施工方法拟定如下:

a)土方开挖。拟采用挖掘机配自卸汽车施工。土方开挖按设计自上而下地进行,并严格禁止用爆破法施工和挖洞取土。

b)石方开挖。拟采用机械打眼,人工爆破后用挖掘机装车,自卸汽车运输。石方开挖将采用小型松动爆破法施工,炮眼孔距与深度≤2m,在石方开挖接近边坡3m时,采用光面爆破施工。石方开挖到路堑路基顶面高程时,高出部分辅以人工凿平,超挖部分用合格材料回填并碾压密实。

c)路基土石方填筑施工。采用挖掘机和装载机挖装土、自卸车运输、推土机摊铺初平、平地机平整、振动压路机碾压,并充分合理地利用挖方作填;挖石方采用小型松动爆破,边坡地段用预裂、光面爆破,爆破后用装载机装或挖掘机配合自卸汽车装运。施工前精确计算详细编制土石方调配方案,合理有序地组织土石方调运。选100~200m作填方路基试验段,以确定填料级配、分层摊铺厚度、机械组合、碾压遍数等参数。

在采用机械化施工时,其施工方法的选择其实就是施工机械的选择,应根据施工的作业种类及运输距离合理选择机械。当土石方的运距小于100m时,选择推土机完成其运输作业就比较经济;当土石方的运距大于500m时,选择推土机完成其运输作业就很不经济,这时应选择自卸汽车运输才更经济。

b.构造物施工方法的选定。

在公路建设工程中,通常将路基土石方和路面工程以外的工程,如桥梁、涵洞、防护等各项工程,统称为构造物。由于其种类多,结构各异,又各有不同的技术经济特征和施工工艺要求,所以其施工方法也各不相同。在选定施工方法时,应根据项目的具体情况来选定。例如,钻孔桩基础钻孔的施工方法有循环钻机钻孔、冲击钻机钻孔和潜水钻机钻孔等,具体采用哪种方法钻孔要根据项目的地质条件和施工环境等因素选定施工方法。本项目施工情况如下:

a)钻孔桩基础采用循环钻机和冲击钻机成孔,钢筋笼整体分段吊装,导管法灌注混凝土;

b)上部梁体结构为空心板、T梁和箱梁三种,箱梁采用搭设支架现浇施工,空心板、T梁采用预制、架桥机架设。

②施工机具的选择。

施工机械的选择也应遵循技术可行和经济合理的原则。施工方法一经确定,施工机具的选择就应以满足它的需求为基本依据。在考虑施工机械设备时,应注意比较,是利用现有机械设备,还是购置新机械设备,或是依托市场租赁机械设备。选择施工机具时,应注意以下几点:

a.选择的机具必须满足施工的需要,但要避免大机小用。

b.尽量在现有的或可能获得的机械中进行选择。

c.选择施工机具时,要考虑相互配套,充分发挥主机的作用。

d.选择施工机具时,必须从全局出发,应满足工程项目施工中每道施工工序的要求。不一定每道工序都要配置高档的设备,既要考虑能满足施工质量、进度和环保等方面的要求,又要考虑施工成本和经济效益等问题。

③施工组织方法的选择。

在选择施工组织方法时应根据具体的施工条件选择最合理的施工组织方法,这是编制工程进度图的关键。流水作业法是高等级公路工程施工使用较多的一种组织方法,但不能孤立地采用,应根据项目的具体情况而定,如有些技术复杂的工程,工程量大,还可以考采用平行流水作业法、立体交叉流水作业法等;有些工程量小的工程,工作面窄,工期要求不紧,可以采用顺序作业法。

④施工项目的划分。

施工方法确定后,就可以划分施工项目,划分施工项目时,必须明确哪一项工程项目是主导施工项目。一般情况,主导施工项目就是施工难度大,耗用资源多或施工技术复杂、需要使用专门的机械设备的工序或单位工程。由于主导施工项目常常控制施工进度,因此,首先应安排好主导施工项目的施工进度,其他施工项目的进度要密切配合。在公路工程中,由于主导施工工程项目的一般是集中的路基土石方、特殊路基、高级路面、大中型桥梁、隧道等。

⑤施工项目的排序。

施工项目的排序即施工项目的列项。按照客观的施工规律和合理的施工顺序,将所划分的施工项目进行排序,如施工准备、路基处理、路基填筑、涵洞、通道、防护及排水、路面基层、路面铺筑、路面标志标线、桥梁、隧道、其他等工程项目。其中,路基处理工程、路基填筑工程必须安排在路面基层施工项目的前面;不要漏列或重列。

⑥计算工程量与劳动量。

在排序后,即可根据施工图纸及有关工程数量的计算规则,计算各个施工项目的工程数量,并填入相应表格中,工程数量的单位,应与所采用的定额一致。

劳动量,就是施工项目的工程量与相应的时间定额的乘积。也就是实投入的人数与施工项目的作业持续时间的乘积。劳动量可按下式计算:

$$D = Q \times S \tag{2-1}$$

式中:D——劳动量(工日或台班);

Q——工程量;

S——时间定额。

⑦各施工项目作业持续时间的计算。

作业持续时间是指一道工序在一个施工段上的持续时间。

从理论上讲,流水节拍越短越好。但是实际上,由于工作面的限制,流水节拍 t_i 有一个界限。流水节拍 t_i 有以下几种计算方法:

a. 定额法。

在实际工程中,根据实际有的工人和机械数量按下式确定流水节拍 t_i:

$$t_i = \frac{Q_i \times S}{R \times n} \tag{2-2}$$

式中:t_i——流水节拍;

Q_i——工程量;

S——时间定额;

R——施工人数或机械台数;

n——作业班制数,即1班、2班。

b. 工期反数法。

如果施工任务紧迫,必须在规定日期内完成施工任务的,可采用倒排法求流水节拍 t_i。首先根据要求的总工期 T 倒排进度,确定某一工序(施工过程)的施工作业持续时间 T_i,再根据施工段数 m 反求流水节拍 t_i:

$$t_i = \frac{T_i}{m} \tag{2-3}$$

式中:t_i——流水节拍;

T_i——某一施工过程的施工作业总持续时间;

m——施工段数。

⑧初步拟定工程进度。

根据客观的施工规律和合理的施工顺序,采用已确定的施工组织方法、项目的划分、项目的排序以及项目作业持续时间等进行拟定工程进度。拟定工程进度时,应特别注意人工的均衡安排。施工开始后,人工数量会逐渐增加,然后较长时间内会保持稳定,接近完工时又会逐渐减少。另外,还要力求材料、机械及其他物资的均衡安排。

⑨最终工程进度的确定。

检查初拟工程进度方案是否满足规定工期要求,如不满足工期要求,则应对工程进度进行调整。在初拟方案的基础上进行优化调整,最后得到工程施工进度计划。

4.附表二

分项工程生产率和施工周期表,见表2-60所示。

分项工程生产率和施工周期表　　　　　　　　　　表2-60

序号	工程项目	单位	数量	平均每生产单位规模（_____人,各种机械_____台）		平均每生产单位生产率（数量、每周）	每生产单位平均施工时间（周）	生产单位总数（个）
1	特殊路基处理	km	15.81	20	10	0.16	17	6
2	路基填筑	万 m³	372.838 6	35	15	0.83	75	6
3	防护工程	万 m³	8.899 6	30	5	0.02	77	6
4	排水工程	万 m³	6.192	40	5	0.01	77	6
5	涵洞	道	20	35	10	0.1	33	6
6	通道	道	76	38	13	0.09	55	16
7	桥梁桩基	根	424	35	18	1.13	47	8
8	桥梁墩台	座	182	35	18	0.46	50	8
9	梁体预制安装	片	1 196	55	15	13.91	43	2
10	隧道（双洞）	m	4 048	55	20	14.06	96	3

知识链接

表2-60填写的基本要求如下:

(1)根据招标文件的格式进行填写。

(2)工程项目、单位、数量均应根据招标文件中的要求、内容及项目的实际情况填写。

(3)平均每生产单位规模应根据相关定额、工程数量、每生产单位工作经验和熟练程度进行填写。

(4)平均每生产单位生产率(数量、每周) = 该分项工程的工程数量÷该每生产单位平均施工时间(周)÷生产单位总数(个)。如本表特殊路基处理中的平均每生产单位生产率=15.81÷17÷6=0.16(四舍五入)。

(5)每生产单位平均施工时间(周)应根据施工组织设计附表一施工总计划表中的时间而定。如本项目附表一施工总计划表中特殊路基处理施工需要4个月(2014年4—7月),共122个日历天,转换为周数:122÷7=17(四舍五入)。

(6)生产单位总数应根据施工组织设计项目组织管理机构及项目实际情况填写。

(7)互通立交、分离立交的匝道、匝道涵洞、通道、桥梁分别归入表中相关的项目内。

5.附图三

施工总平面图如图2-15所示。

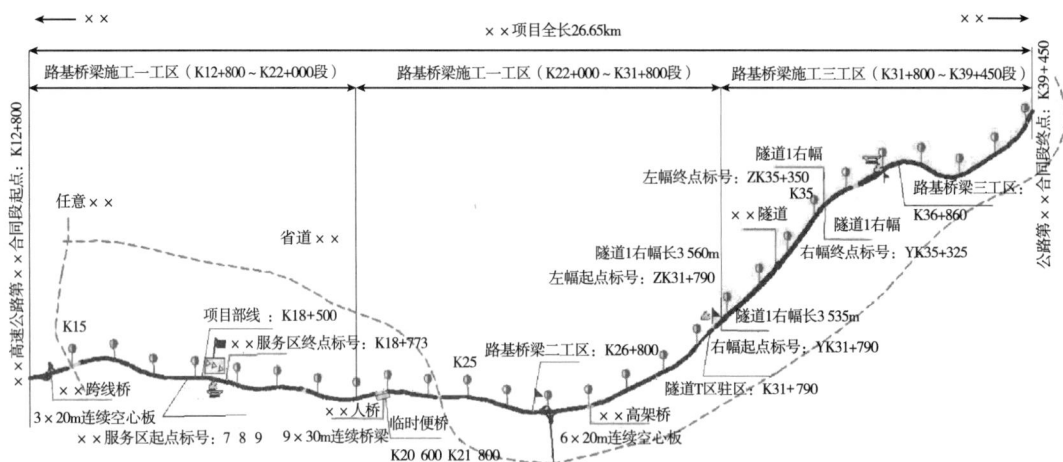

图2-15 施工总平面图

注:1.施工驻地:为便于项目部与外界的沟通和联系,以及便于项目部对各个作业队的管理,项目部设在××服务区,房屋为新建活动板房,项目部生活活动区面积为1 000m²,办公区面积为2 000m²;

2.本项目拟在××服务区建设一个全线示范性的大型"集中预制场",预制场占地60 000m²,负责××合同段60%以上混凝土生产、起点至××隧道进口段桥梁板预制、全部小型预制构件预制、大部分钢筋加工。

知识链接

施工总平面图是指导现场施工的总体布置图。施工总平面图是施工组织设计的一个重要组成部分。它把拟建工程项目组织施工的主要活动描绘在一张总平面图上,作为现场平面管理的依据,实现施工组织设计平面规划。

(1)施工总平面图的内容

①拟建公路工程的主要施工项目。例如,集中土石方、特殊路基、大中桥梁、隧道等重点工程的位置、路线、里程以及高速公路收费站、加油站、服务区等公路养护、运营管理用的永久性建筑。

②为工程施工服务的临时设施及其位置。例如,便道、便桥、采石场、采砂场、仓库、混凝土和基地、沥青混合料拌和场所和办公用房生活用房等。

③工地附近与施工有关的永久性建筑设施。例如,既有居民点、地方政府所在地、公路、铁

路、车站、码头等。

④重要地形、地物。例如,文物、河流、山峰、高压铁塔、重要通信线等。

⑤施工现场必备的安全、消防、保卫和环保设施。

⑥项目施工用地范围内的加工设施、运输设施、存储设施、供电设施、供水供热设施和施工排污设施。

(2)施工总平面图的布置原则

①施工平面图设计布置科学合理,施工场地占用面积少。

②合理组织运输,减少二次搬运。如预制场、拌和站、仓库和材料位置的选择。

③施工区内的划分和场地的临时占用应符合总体施工部署和施工流程的要求,减少相互干扰。

④临时设施应方便生产和生活,办公区,生活区和生产区宜分离设置。

6. 附表三

劳动力计划表,见表2-61。

劳动力计划表(单位:人)　　　　　　　　　　表 2-61

工种	按工程施工阶段投入劳动力情况								
	2019 年			2020 年				2021 年	
	二季度	三季度	四季度	一季度	二季度	三季度	四季度	一季度	二季度
管理人员	20	20	20	20	20	20	20	20	20
质检人员	2	8	8	8	8	8	8	8	8
技术人员	20	40	40	40	40	40	40	35	30
测量工	12	12	12	12	12	12	12	12	9
试验工	10	10	10	10	10	10	10	10	10
电工	12	16	16	16	16	16	16	16	12
模板工	26	26	20	20	20	26	20	20	16
......									
总计	350	818	958	946	946	963	901	833	590

知识链接

劳动力计划是确定暂设工程规模和组织劳动力进场的依据,根据工程进度及工程量大小配备合适的劳动力,合理有序地安排进场计划是工程顺利进行的有力保证,避免了窝工和人力资源的浪费,保证工程安全、顺利和连动进行。

7. 附表四

临时占地计划表,见表2-62。

临时占地计划表   表 2-62

用途	面积（m²）					需用时间_____年_____月至_____年_____月	用地位置		
	菜地	水田	旱地	果园	荒地		桩号	左侧(m)	右侧(m)
一、临时工程			71 200						
1. 便道			70 000			2019.6—2021.6	K12+900~		
2. 便桥			1 200			2019.6—2020.3	K20+600~		
二、生产及生活			210 600						
1. 临时住房			7 750						
①路基桥梁一工区			5 000			2019.6—2021.6	K18+500		
②路基桥梁二工区			700			2019.6—2021.6	K26+800	500	
③路基桥梁三工区			950			2019.6—2021.6	K36+860	360	
④隧道工区驻地			1 100			2019.6—2021.6	K31+790		
2. 办公等公用房屋			4 740						
①项目经理部			2 560			2019.6—2021.6	K18+500		
②项目部中心试验			1 500			2019.6—2021.6	K18+500		100
③各工区试验室			680			2019.6—2021.6			
……									
租用面积合计（m²）			281 800						

知识链接

临时用地计划表是指公路用地以外的临时工程、生产、生活临时设施用地。其中，除了便道、便桥、临时住房、办公和辅助生产用房、场地之外，还应包括取土、弃土、自采料场等的用地。

8. 附表五

外供电力需求计划表，表 2-63。

外供电力需求计划表 表2-63

用电位置		计划用电数量	用途	需用时间_____年_____月	备注
桩号	左或右	（kW·h）		至_____年_____月	
K18+500		1 310 000	工程生产用电、生活用电	2019.6—2021.6	三集中预制场、拌和场、项目部驻地
K22+700		266 500	工程生产用电	2019.6—2021.6	拌和场
K31+790		1 007 800	工程生产用电、生活用电	2019.8—2021.6	××隧道出口
K35+480		932 000	工程生产用电	2019.8—2021.6	××隧道出口
K36+860		279 600	工程生产用电、生活用电	2019.8—2021.6	××隧道出口、工区驻地

9. 附表六（资源2-22）

合同用款估算表，见表2-64。

合同用款估算表 表2-64

从开工算起的时间（月）	投标人的估算			
	分期		累计	
	金额（元）	（%）	金额（元）	（%）
第一次开工预付款	64 969 330	10	64 969 330	10
1~3	22 739 266	3.5	87 708 596	13.5
4~6	55 223 931	8.5	142 932 527	22
7~9	94 205 529	14.5	237 138 056	36.5
10~12	103 950 929	16	341 088 985	52.5
13~15	97 453 996	15	438 542 980	67.5
16~18	97 453 996	15	535 996 976	82.5
19~21	45 478 531	7	581 475 507	89.5
22~24	35 733 132	5.5	617 208 639	95
缺陷责任期	32 484 665	5	649 693 304	100
小计	649 693 304			
投标价	669 686 103			
说明	用款额按所报单价和总额价估算，不包括价格调整和暂列金额、暂估价，但应考虑开工预付款的扣回以及签发付款证书后到实际支付的时间间隔			

知识链接

合同用款估算表是根据投标人提供的工程进度和工程量清单相应的投标报价，估算出的工程款支付计划，作为建设单位准备用款额的参考。

用款额按所报单价和总额价估算，不包括价格调整和暂列金额、暂估价，如本项目清单汇总表中投标总价是 669 686 103 元，暂列金额是 19 292 799 元，暂估价是 700 000 元，总额价估算是 669 686 103 - 19 292 799 - 700 000 = 649 693 304（元）。但应考虑开工预付款的扣回、质量保证金的扣留以及签发付款证书后到实际支付的时间间隔。如在招标文件专用合同条款中规定开工预付款金额按10%签约合同价，缺陷责任期按5%签约合同价计算。

如果投标书中报有工期的选择方案，投标人应按选择方案填写本表；如果投标书中报有技术性的选择方案,投标人则应按基本技术方案和技术性选择方案分别填写本表。

七、项目管理机构框图(图2-16)

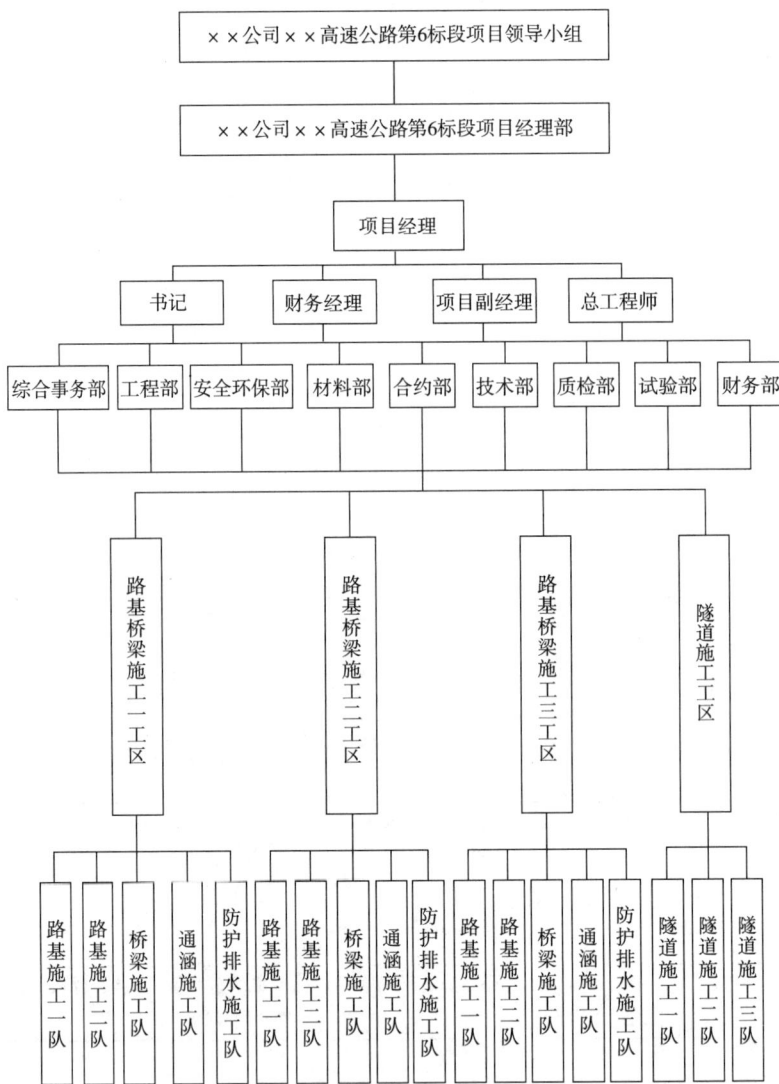

图 2-16　项目管理机构框图

注:如果我公司有幸中标,按照项目管理的要求,成立××公司××高速公路第6合同段项目领导小组,由公司主管领导和
相关职能部门负责人组成,负责对项目实施中的重大问题进行决策。同时结合本公司自身综合实力、技术专长及具体
的施工特点,成立专家顾问组对本工程进行把关,由公司技术研发中心组织编制关键分项工程的关键施工方案。项目
领导小组授权项目经理具体负责项目组织实施。施工现场组建××公司××高速公路第6合同段项目经理部作为项
目管理层,具体见组织机构框图,选择具有丰富类似工程施工经验、具有各专业专长的人员加入。根据工程情况,将施
工现场划分为4大施工作业区,设置19个专业化施工作业队作为土建工程的操作层,各作业队选择年富力强、具有相
关施工经验的人员加入,为项目正常运行提供强有力的劳动力资源保障。

八、拟分包项目情况表（表2-65）

拟分包项目情况表 　　　　　　　　　　　　　　　　　　　　　　表2-65

分包人名称		地址	
法定代表人		电话	
营业执照号码		资质等级	
拟分包的工程项目	主要内容	预计造价（万元）	已经做过的类似工程
......			
注:1.本栏应写明分包人以往做过的类似工程,包括工程名称、地点、造价、工期、交工年份和其发包人与总监理工程师的姓名和地址。 　2.若无分包人,则投标人应填写"无"			
分包值合计（万元）			

九、资格审查资料（适用于已进行资格预审的）

知识链接

本投标人在此项目资格预审通过至今,在资质条件、能力、信誉等方面均未发生更新,仍能满足资格预审文件的要求。

投标人应按通过资格预审后的新情况及招标文件"投标人须知"第3.5.1款的规定对资格预审材料进行更新或补充,表格格式同资格预审文件规定。

如果项目没有进行资格预审,则应按本书模块二项目二任务二"公路工程资格预审申请文件的编制"中的内容进行编制。

十、其他人须知前附表规定的其他资料

如果没有其他材料则不用附材料,如果有则在此加以说明。

任务四　投标报价编制

一、投标报价编制的依据

1.招标文件

投标是实质性响应招标文件的过程,所以招标文件是编制投标报价的重要资料,应认真仔细地研究,特别是招标人书面答复的有关资料,全面了解承包人在合同中的权

投标报价的编制

利和义务,同时应深入分析施工承包中所面临的和需要承担的风险,详细研究招标文件中的漏洞和疏忽,为制订投标策略寻找依据,创造条件。实践证明,吃透招标文件,可为投标成功打下良好的基础;否则,易给投标人造成无法弥补的损失。

2. 现场踏勘收集的资料

现场踏勘是投标人全面了解施工现场环境及风险的重要途径,是做好投标报价的先决条件。投标人在投标报价前必须认真地进行现场考察,全面、细致地了解工地及其周围的经济、地理、法律等情况,收集与报价有关的各种风险与数据资料。它主要包括:工程施工条件、气象及水文地质、雨量、道路交通、地方材料价格、用水用电以及当地有关环保、安全、医疗等情况。

3. 施工组织设计

施工组织设计编制质量的优劣不仅影响施工能否顺利进行,而且影响造价水平的高低。同一工程项目在编制施工组织设计时采用不同的施工方案、不同的平面布置、不同的施工措施、不同的施工顺序所需的工程费用是不同的,有时会相差很大。因此,在进行投标时,应编制出技术可行、经济合理的施工组织设计,并以此作为编制报价的依据。

4. 有关报价的资料

投标人近年来同类性质已完工程的造价成本分析资料;市场价格信息或工程造价管理机构发布的工程造价信息资料;其他与报价有关的各项政策、规定及调整系数等。

5. 工程定额

工程定额不仅反映施工队伍的生产效率和管理水平,还是决定标价水平的重要因素。定额选用的正确与否,是影响报价高低和投标成败的关键因素之一。对于公路工程,由于施工条件的不同,在编制标价时,要选用合适的定额(适用于该工序拟用的机械以及人工),应根据工程项目具体条件和竞争情况加以分析,对定额予以选定和适当调整,应做到灵活运用。

6. 竞争对手的情况

对于有经验的投标人应掌握竞争对手的信息与资料,这是企业对外投标能否成功的重要因素。准备参加投标的企业,还需对本行业中一切参加过竞争或此次可能参加投标竞争的企业有所了解,应对竞争对手建立档案,主要包括历次招标中本行企业投标人数目,每个企业的投标经历,竞争对手的经营情况、管理水平、生产能力、技术水平等。

二、工程量清单报价费用的组成

国内公路工程投标工程量清单投标报价费用的组成内容如下。

1. 直接费

直接费指施工过程中耗费的构成工程实体和有助于工程形成的各项费用,包括人工费、材料费、施工机械使用费。

2. 设备购置费

设备购置费指为满足公路初期运营、管理需要购置的构成固定资产标准的设备和虽低于固定资产标准但属于设计明确列入设备清单的设备的费用,包括渡口设备,隧道照明、消防、通风的动力设备,公路收费、监控、通信、路网运行监测、供配电及照明设备等。

3.措施费

措施费是指直接费以外施工过程中发生的直接用于工程的费用,包括冬季施工增加费、雨季施工增加费、夜间施工增加费、特殊地区施工增加费、行车干扰施工增加费、施工辅助费、工地转移费等费用。

4.企业管理费

企业管理费是指施工企业为组织施工生产和经营管理所需的费用,包括基本费用、主副食运费补贴、职工探亲路费、职工取暖补贴和财务费用等费用。

5.规费

规费指按法律、法规、规章、规程规定施工企业必须缴纳的费用,如养老保险费、失业保险费、医疗保险费、工伤保险费、住房公积金等费用。各项规费应按国家或工程所在地法律、法规、规章、规程规定的标准计算。

6.利润

利润指施工企业完成所承包工程获得的盈利。

7.税金

税金指国家税法规定应计入建筑安装工程造价的增值税销项税额。

8.开办工程费用

开办工程费用包括保险费、信息化费、临时设施费、安全生产费、承包人驻地建设费以及施工标准化等费用。

9.不可预见费

根据风险因素分析予以确定,考虑本项目中合同条款、施工条件、现场情况等由承包人承担风险的,以及不可预见的风险情况,在投标报价中应考虑进去。

除非合同另有规定,工程量清单中有标价的单价和总额价均已包括了为实施和完成合同工程所需的劳务、材料、机械、质检(自检)、安装、缺陷修复、管理、保险、税费、利润等费用,以及合同明示或暗示的所有责任、义务和一般风险。

三、投标报价编制的步骤

1.研究招标文件及现场踏勘收集的资料

招标文件作为合同文件的一个重要组成部分,对招投标责任、义务、利益、风险均做出了明确的规定,其中很多条款影响并左右着投标人的报价。因此,投标人在编制报价之前一定要认真研究招标文件中的技术规范及工程量清单说明和细目划分,将清单细目与清单说明及技术规范中的计量规则和计量方法两者对应起来,进行分析和理解,避免造成缺项、漏项或重复计算,致使报价偏低或过高,影响中标概率。

2.复核及计算工程量

1)复核工程量清单中的工程量

(1)清单工程量所包含的数量和隐含的数量。

(2)若清单工程量数量与图纸数量不符,或有明显错误时,应记录下来,在标前会议时向招标人提出答疑,并按招标人发出的补遗书进行修改。若招标人对此问题不进行答疑,则仍按原工程数量报价。

投标人应让有经验的工作人员对工程量清单的工程量进行复核,这样可以知道招标人提供的工程量的准确度,为投标人不平衡报价及结算索赔做好伏笔。

2)计算工程量

计算工程量清单之外的工程量:

(1)技术规范中计量与支付条款规定,应包括的其他工程数量。

(2)按施工组织设计的施工方案、施工工艺等造成的工程量,如桥梁预制台座、临时工程等的工程量。

3.确定人工、材料、机械台班单价

根据现场踏勘收集的资料、投标人根据自身实际情况及有关部门的文件、通知,如造价管理部门的造价信息,计算人工、材料、机械台班单价。

1)人工单价

人工单价由计时工资或计件工资、津贴、补贴、特殊情况下支付的工资等组成。人工费标准按照本地区公路建设项目的人工工资统计情况以及公路建设劳务市场情况进行综合分析、确定人工工日单价。

(1)计时工资或计件工资

计时工资或计件工资是指按计时工资标准和工作时间或对已做工作按计件单价支付给个人的劳动报酬。

(2)津贴、补贴

津贴、补贴是指为了补偿职工特殊或额外的劳动消耗和因其他特殊原因支付给个人的津贴,以及为了保证职工工资水平不受物价影响支付给个人的物价补贴,如流动施工津贴、特殊地区施工津贴、高温(寒)作业临时津贴、高空津贴等。

(3)特殊情况下支付的工资

特殊情况下支付的工资是指根据国家法律、法规和政策规定,因病、工伤、产假、计划生育假、婚丧假、事假、探亲假、定期休假、停工学习、执行国家或社会义务等原因按计时工资标准或计时工资标准的一定比例支付的工资。

2)材料单价

材料单价由材料原价、运杂费、场外运输损耗、采购及仓库保管费以及包装组成,按材料从其来源地或交货地到达工地仓库或中心堆料场后的出库价格计算。

$$材料预算价格 = (材料原价 + 运杂费) \times (1 + 场外运输损耗率) \times$$
$$(1 + 采购及保管费率) - 包装品回收价值$$

3)机械台班单价

机械台班单价由不变费用及可变费用两大部分组成。其中,不变费用包括折旧费、大修理费、经常修理费、装拆卸及辅助设施费等;可变费用包括机上人员工资、动力燃料费、养路费及车船使用税。

在进行人工单价、材料单价、机械台班单价计算时应注意以下事项:

（1）当招标人提供材料及招标人提供投标指导价时，按投标指导价分析材料单价。

（2）当有多种材料来源、多种价格信息时，应选择最接近工程实际和可能的供货渠道的资料来进行材料单价的计算。

（3）应充分考虑工程开工后，可能出现的材料供应紧缺及价格上涨的因素。

（4）当评标办法是采用复合标底综合评分法，在编制人工、材料、机械台班单价时应考虑招标人可能采用的单价资料及价格水平。

（5）分析施工企业自有的机械化水平，掌握需租赁或购置的机械、施工设备的型号、数量、价格、时间及费用摊销方式，合理确定投标应采用的机械台班单价。

4. 施工组织设计的分析

投标竞争是比技术、比管理的竞争，技术和管理的先进性应充分体现在编制的施工组织设计中，以达到降低成本、缩短工期的目的。投标报价的确定应结合施工组织设计进编制。在编制施工组织设计，应注意以下事项：

（1）充分满足技术上的先进性和可靠性，最大限度地提高劳动生产率，降低施工成本。

（2）采用先进的管理手段，优化施工进度计划，安排合理的工期，选择最优施工排序，均衡安排施工，尽量避免施工高峰期的赶工现象和施工低谷中的窝工现象，机动安排非关键线路剩余资源，从非关键线路上要效益。

（3）适当聘用当地员工或临时工，降低施工队伍调遣费，减少窝工现象。

（4）充分利用现有的施工机械设备，提高施工机械的使用率及降低机械施工成本。

5. 直接费的计算

直接费是施工过程中直接耗费的构成工程实体和有助于工程形成的工、料、机费用，是标价构成中的主要部分。在编制投标工程量清单时，直接费的计算一般采用定额单价分析法进行计算，采用项目成本分析法进行校核和决策。

1）定额单价分析法

定额单价分析法是我国投标人员常用的方法，它与编制工程概、预算的方法大致相同，即按照招标文件的工程量清单所列工程细目，依据招标文件、交通运输部颁布的有关公路基本建设工程的相关法规、文件、概预算定额及当地政府颁发的有关补充定额和规定，结合投标施工组织设计，套用合理的定额，分析实际的工、料、机单价，完成该工程细目的直接费（即根据定额计算的工程细目直接费）计算。

定额单价分析法计算直接费的步骤如下：

（1）分析确定工程量清单所列细目所包含的工作内容和相关要求。

（2）分析工、料、机单价。

（3）选用与工作内容相适应的工、料、机消耗定额。

（4）计算直接费。

定额单价分析法计算的直接费，一般是在正常的施工条件和合理的施工组织下进行计算。采用该方法的优点是计算方法比较规范，便于使用计算机；缺点是各工程细目的人工和机械台班消耗是分别计算的，没有考虑各工程细目之间的相互关系、人员和机械的合理调配问题。也就是说，按定额单价法计算的直接费与整个工程的施工安排以及工期的要求没有必然的联系。

由于工期要求不同,人员和机械配备的数量就不同,而不同的机械数量,又会导致人工和机械的利用率不同,从而影响施工成本。

为了弥补定额单价分析法存在的不足,使分项工程单价计算更接近实际,可采用项目成本分析法进行校核和决策。

2)项目成本分析法

项目成本分析法的劳务费根据企业颁发的类似项目劳务分包单价与各清单细目所涉及的各工序数量之积进行计算;材料费计算与定额单价分析法基本相同,但施工措施与施工辅助结构(模板及支架,水上施工的筑岛、钢平台及围堰等)费用根据施工组织设计中确定的数量进行计算,钢构件的摊销量和回收量也应根据施工组织设计确定;机械费根据投标施工组织设计、施工进度计划和工程量,计算每道工序需要配置的机械数量,机械使用费按照该机械在本工序的利用率确定。

在缺乏以往报价资料和经验的情况下,为慎重起见,先按定额单价分析法计算直接费,再按项目成本分析法校核直接费。两者进行比较后再进行调整,确定最后报价。

6.设备购置费的计算

设备购置费包括设备原价、运杂费、运输保险费、采购及保管费,各种税费按编制期有关部门规定计算。

7.各项费率确定和相应费用计算

投标报价在确定综合费率时,不同于设计概算或施工图预算,也不同于标底,其具有更多的灵活性,主要涉及工程项目的难易程度、施工现场的实际情况以及投标人实力、投标策略、竞争情况等,在运用定额时是否完全套用或部分套用国家、部颁或地方交通厅等的费率,应视具体情况而定。

1)措施费中的费率的确定和费用的计算

措施费是指直接工程费以外施工过程中发生的直接用于工程的费用,如冬季施工增加费、雨季施工增加费、夜间施工增加费、特殊地区施工增加费、行车干扰工程施工增加费、施工辅助费、工地转移费等,既可参考规定的费率结合工程实际情况进行分析计算,也可根据以前同类型项目的施工经验估算。

例如,施工辅助费的计算如下:

施工辅助费包括生产工具用具使用费、检验试验费和工程定位复测、工程点交、场地清理等费用。《公路工程建设项目概算预算编制办法》(JTG 3830—2018)规定,施工辅助费以各类工程的定额直接费为基数,按施工辅助费费率表(表2-66)进行计算。

施工辅助费费率表(单位:%)　　　　　　　　表2-66

工程类别	费率	工程类别	费率
土方	0.521	构造物Ⅰ	1.201
石方	0.470	构造物Ⅱ	1.537
运输	0.154	构造物Ⅲ	2.729
路面	0.818	技术复杂大桥	1.677
隧道	1.195	钢材及钢结构	0.564

如果本清单子目类别为土方,那么施工辅助费费率为 0.521% ,施工辅助费费用为定额直接费之和乘以 0.521% 。

2)规费费率的确定和费用的计算

规费是指法律、法规、规章、规程规定施工企业必须缴纳的费用,包括:

(1)养老保险费,是指施工企业按规定标准为职工缴纳的基本养老保险费。

(2)失业保险费,是指施工企业按国家规定标准为职工缴纳的失业保险费。

(3)医疗保险费,是指施工企业按规定标准为职工缴纳的基本医疗保险费和生育保险费。

(4)住房公积金,是指施工企业按规定为缴纳住房公积金。

(5)工伤保险费,是指施工企业按规定标准为职工缴纳的工伤保险费。

各项规费以各类工程的人工费之和为基数,按国家或工程所在地法律、法规、规章、规程规定的标准计算。费率依据该项目交通行业主管部门的要求,如交通造价信息部门。

3)企业管理费费率的确定和费用的计算

企业管理费是指施工企业为组织施工生产和经营管理所需的费用。

企业管理费用的高低与工程的规模、技术方案的复杂程度、施工的机械化程度等都有密切关系。因此,工管理费应当综合考虑企业内外的各种条件和因素,参考规定费率合理地予以确定,或分别逐项据实计算可能发生的费用。企业管理费由基本费用、主副食运费补贴、职工探亲路费、职工取暖补贴和财务费用五项组成。

8. 不可预见费用

不可预见费用的计列,应根据当地情况和工程情况而定,如出现异常气候、影响施工,拥挤、隐蔽工程较多等,就应采用较高的不可预见率。对于简单的工程,意外因素少的,则采用较低的不可预见率。

9. 利润

根据投标单位掌握的招投标信息、自身管理水平和施工能力、投标战略及竞争对手的实力,以及投标项目的规模和施工难易程度、缺陷责任期长短、合同包含的风险等因素决策利润的计算。

10. 税金

税金是指国家税法规定应计入建筑安装工程造价的增值税销项税额,结合税收管理水平及能抵扣的进项,确定列入工程量清单细目单价的税额。

11. 最终投标报价的确定

最终投标工程量清单报价是将本工程全部费用,按照工程量清单格式计算的标价。它是在内部标价计算的基础上,经过分析、组合、分配后对外做出的最终报价。因为不同的目的具有不同的报价策略和价格水平。通常情况下,以获得最大利润为目的,这是一种较为典型的经济目的。另外,为显示本投标人技术管理的先进性或提高社会知名度,以开拓市场;为克服市场暂时出现的生存危机;还有为补充企业生产任务的不足,维持企业的生产均衡,以扭转成本上升、效益滑坡的局面等目的而采取的报价技巧。只有明确了投标的目的,才有可能达到既定目的。投标价要取得成功,还要视招标项目特点、招标人意向和竞争对手特点等具体情况,运用投标报价策略和投标竞争艺术,从而获得中标。

四、投标报价的技巧

施工企业在正常条件下要想在一项竞争性投标中获胜,最关键的问题就是要有一个恰当的投标报价。工程投标报价是一种竞争性的价格,实践证明,报价太高,无疑会失去竞争力而落标;报价太低,也未必能中标或者会变成废标。因此,恰当的投标报价应是一种低而适度的报价。在投标报价时应采用一定技巧,既能在投标竞争中取胜(中标),又能保证在中标后的实践过程中取得一定的经济效益。投标报价的技巧主要包括不平衡报价法、突然降价法、建议方案报价法、先亏后盈法、优惠条件法等。

1. 不平衡报价法

不平衡报价是指在总价基本确定不变的前提下,将某些项目的单价定得比正常水平低些,而将另一些项目的单价定得比正常水平高些,在保证报价的竞争力的前提下,能够尽早地取得支付款,增加流动资金,缩小投资风险,以最终取得较好的经济效益。常见的不平衡报价情况见表2-67。

不平衡报价法

常见的不平衡报价 表 2-67

序号	信息类型		变动趋势	不平衡结果
1	施工项目施工前期、后期		前期	单价高
			后期	单价低
2	工程量变化因素	清单工程量不准确	增加	单价高
			减少	单价低
3		设计图纸不明确	增加工程量	单价高
			减少工程量	单价低
4		工程量不明确而要求报单价的项目	没有工程量	单价高
			有假定的工程量	单价适中
5	暂定工程		自己承包的可能性	单价高
			自己承包的可能性	单价低
6	单价组成分析表		人工费和机械费	单价高
			材料费	单价低

1)将前期施工项目的单价提高,后期施工项目的单价降低

投标人在投标报价时,应将能够早日结算的项目、工程贷款利息、投标期间的开支费用等多摊一些到前期施工的项目单价中,少摊一些到后期施工项目的单价中。例如,前期施工项目:临时工程、承包人驻地建设、路基土石方工程等,根据项目的实际情况,可以报得较高,投标人可在工程的前期支付到更多的工程款,从而有利于资金的周转和减少贷款利息支出。这种不平衡报价法,对于总价合同及单价合同都适用。对于总价合同,可直接应用于单项工程报价;对于单价合同,则可应用于分部、分项工程报价。在具体运用时应注意以下几点:

(1)应当通过对施工工艺及施工方案进行深入、透彻地分析后,准确把握项目施工的前后顺序及施工的连续性。

（2）应通过对招标文件清单工程量的复核,选择预计工程量不会产生重大变化的项目进行这种不平衡报价。因为如果前期施工项目在工程施工中,由于招标人或其他方面的原因而大幅度减少了工程量,而后期施工项目的工程量大幅度增加时,则有可能使承包人达不到预期的收益,甚至造成亏损。

（3）用这种方法进行不平衡报价时,单价的调整幅度不宜过大,前期施工项目中单价的提价幅度一般只能为 4% ~ 8% ;相应地,后期施工项目中单价的降价幅度也应为 4% ~ 8% 。如果调整幅度过大,与正常价格水平偏离过多,容易被招标人发现而被视为"不合理报价",从而降低中标机会甚至有可能被当作废标处理。

案例 2-3

某一工程项目采用总价合同招标方式招标,投标人采用平衡报价法,前期施工的甲、乙两个项目的报价金额分别为 200 万元和 310 万元,后期施工的丙、丁两个项目的报价金额分别为 300 万元和 210 万元,甲、乙、丙、丁四个项目的报价总金额为 1 020 万元,前期施工的甲、乙两个项目的总报价及后期施工的丙、丁两个项目的总报价均为 510 万元。若改为不平衡报价法,提、降价幅度均为 7% ,则甲、乙、丙、丁四个项目的报价金额甲为 214 万元、乙为 332 万元、丙为 279 万元、丁为 195 万元。此时,甲、乙、丙、丁四个项目总的报金额仍为 510 万元,但前期施工的甲、乙两个项目的报价金额为 546 万元,比平衡报价法多 36 万元。这就意味着承包商能在前期增加资金收入 36 万元,占工程总价的 3.5% ,若甲、乙两个项目与丙、丁两个项目的工程款结算日期相距一年,贷(或存) 款利率为 10% ,则运用不平衡报价法后,投标人所能获得的利息方面的收益(减少贷款利息支出或增加存款利息收入) 为: $36 \times 10\% = 3.6$（万元） ,占工程总报价的 0.35% 。具体计算过程见表 2-68 ,报价单位为万元。

计算过程 表 2-68

项目		平衡报价（万元）			不平衡报价（万元）				前后期增减资金收入（万元）	前后期增减占工程总价比
		报价	合价 1	总价	报价	计算过程	合价 2	总价	合价 2 − 合价 1	
前期	甲	200	510	1 020	214	$200 \times (1+7\%) = 214$	546	1 020	36	$36 \div 1\,020 = 3.5\%$
	乙	310			332	$310 \times (1+7\%) = 332$				
后期	丙	300	510		279	$300 \times (1-7\%) = 279$	474		−36	
	丁	210			195	$210 \times (1-7\%) = 195$				

2）按工程量变化因素调整单价

这种不平衡报价法适用于单价合同,这种合同形式的招标文件中都列有较详细的工程量清单,而工程款则是按实际完成的工程量计算。由于工程设计深度或设计单位等方面的原因,招标文件中所附的工程量清单的精度往往不是很高。工程量变化因素主要有以下 3 种情况:

（1）投标人应仔细核算工程量,预计今后工程量会增加的项目,单价适当提高,这样在最终支付时可得到更多的工程支付款;而预计将来工程量有可能减少的项目单价降低,工程结算时损失不大。

(2)当设计图纸不明确时,预计修改图纸后工程量会增加的,单价适当提高;而工程内容说明不清楚的,则可以降低其单价。

(3)工程量不明确而要求报单价的项目,如计日工的报价,如果招标人给出的计日工表中没有工程数量时,单价可以报高一些,以便日后招标人用工或使用机械时可多盈利,如果招标文件给出的计日工表中有暂定工程数量时,则需要具体分析开工后可能取得的计日工数量再确定报价水平,否则会抬高总报价。

这样经过调整后,投标总报价维持不变,但在之后的工程施工中,承包人的竣工结算金额将超过清单总价,从而获得了更多的利润。在具体运用时应注意两点:

(1)应通过工程量复核,在对工程量变化趋势确有把握时,才能使用这种不平衡报价法。

(2)用这种方法进行不平衡报价的项目的单价的调整幅度也不宜过大,一般应在±10%以内;同样的,对预计在工程实施过程中,工程量将减少的项目的单价的降价幅度也应在10%以内。调整幅度过大,以免引起招标人的反对。

案例2-4

某一工程项目采用单价合同招标方式招标,招标文件工程量清单中的甲、乙两个项目的工程量分别为4 000m³、3 000m³及其预计工程量分别为6 000m³、2 000m³,用平衡报价法和不平衡报价法,甲、乙两个项目的单价分别见表2-69。

甲、乙两个工程项目的工程量及报价 表2-69

| 项目名称 | 清单工程量(m³) | 平衡报价(元/m³) | | | 不平衡报价 | 备注 |
		单价(元/m³)	金额(元)	合价(元)	单价(元/m³)	
甲	4 000	150	600 000	930 000	158	(930 000−99×3 000)÷4 000=158
乙	3 000	110	330 000		99	110×(1−10%)=99

如果工程项目开工后,工程量为预计的工程量,比较平衡报价与不平衡报价两者的收益差距,当采用平衡报价法时,甲、乙两个项目的总收益为1 120 000元;当采用不平衡报价法时,甲、乙两个项目的总收益为1 146 000元;两者相比较,承包商采用不平衡报价法可多收益26 000元。这是承包商运用不平衡报价法后所获得的额外收益。具体计算见表2-70。

平衡报价与不平衡报价区分表 表2-70

| 项目名称 | 预计工程量(m³) | 平衡报价 | | | 不平衡报价 | | | 多收益 |
		单价(元/m³)	金额(元)	合价1(元)	单价(元/m³)	金额(元)	合价2(元)	合价2−合价1(元)
甲	6 000	150	900 000	1 120 000	158	948 000	1 146 000	1 146 000−1 120 000=26 000
乙	2 000	110	220 000		99	198 000		

如果由于建设单位其他方面的原因,甲项目实际完成的工程量小于预计工程量6 000m³或乙项目实际完成的工程量大于预计工程量2 000m³,则将使承包人达不到预期的收益(额外收益26 000元),甚至造成亏损(用不平衡报价法报价的实际总收入小于用平衡报价法报价的总收入)。总之,投标人在投标中采用不平衡报价法进行报价后所带来的额外收益是可观的,但是该方法也是有风险的,只有在对预期工程量进行精确计算的前提下才能用。在报价中单价过高或过低时,有时招标人会要求承包人提供报价过高或过低的项目的单价进行单价分析。

2. 突然降价法

在投标阶段,投标报价是一项极为保密的工作。竞争对手往往相互刺探,打听对方标价。在这种情况下,尽可能做到绝对保密,想放出信息就能及时传递到对手,并让对手认为是可靠的信息,然后采用"突然降价法",令竞争对手措手不及。例如,在开始编制投标报价时,可适当做得高一些;在投标截止日期前临送达时,可突然将总价降低若干个百分点,以提高我们在评标时的有利地位。

3. 建议方案法

如果招标文件中规定,可以提一个建议方案,则投标人应充分抓住机会,组织一批有经验的设计和施工工程师,对原招标文件的设计和施工方案进行仔细研究,提出更加合理的设计方案,以此吸引招标人,促成自己的建议方案而中标。

投标人在编制增加建议方案时,建议方案一定要比较成熟,或过去有这方面的实践经验,因为投标时间一般都较短,如果仅为中标而匆忙提出一些没有把握的建议方案,可能会引起不良的后果。同时,也不要将方案写得太具体,应保留方案的关键技术,防止招标人将此方案交给其他投标人。

4. 先亏后盈法

先亏后盈法(无利润算标法)是指投标人为了开辟某一市场或某一领域而不惜代价的低价中标的方案。

采取这种手段的投标人必须有较好的资信条件,提出的施工方案要先进可行,并且标书做到"全面响应"。与此同时,要加强对公司优势的宣传力度,让招标人对拟定的施工方案感到满意,并且认为标书中就如何满足招标文件提出工期、质量、环保、安全等要求的措施切实可行;否则即使报价再低,招标人也不一定选用。相反,评标人会认为投标文件存在重大缺陷。

5. 优惠条件法

投标报价附带优惠条件是一种行之有效的手段。投标人根据本企业的实力和承担能力,向招标人提出高质量、缩短工期,提出新技术、新工艺和设计方案,减免预付款、延期付款和垫付工资,免费转让新技术、技术协作,提供物资、设备、仪器(交通车辆、活设施等)等方面的承诺,以此优惠条件吸引招标人,取得招标人的赞同,是顺利中标的辅助手段。

采用优惠取胜法时,要特别注意两点:

(1)提出的优惠条件,一定要符合本企业的实力和承担能力,不得以虚假、欺骗和不符合实际的手段,对招标人提出优惠条件。

(2)要认真研究招标文件中的内容,分析工程的结构特点、施工条件、资金情况、工期和质量要求等,了解招标人的需求和心理,针对招标人的迫切要求提出优惠条件。

任务五　认知投标注意事项

在投标过程中,投标人提交的每一份投标文件,都凝聚着投标决策者和众多专业人员的大量心血,也消耗着企业大量的财力、物力,因此几乎所有投标人都十分珍惜每一次的投标机会。在实际的投标过程中,很多投标人不中标的原因有时竟是因为很小的失误,甚至在资格预审或符合性审查过程中由于失误而未通过资格审查的也屡见不鲜。投标时应注意的几个细节问题如下。

一、投标文件的格式

1.封面

(1)封面格式是否与招标文件要求格式一致,文字打印是否有错字。

(2)封面的项目名称、合同段是否与所投项目名称、合同段一致。

(3)企业法人或委托代理人是否按照规定签字或盖章,是否按规定加盖单位公章,投标人名称是否与资格审查时的单位名称相符。

(4)投标日期是否正确。投标日期不能在开标日期之后,可同日或提前。

2.目录

(1)目录内容从顺序到文字表述是否与招标文件要求一致。

(2)目录编号、页码、标题是否与内容编号、页码(内容首页)、标题一致。

3.声明书

(1)修改报价的声明书内容是否与投标书相同。

(2)调价函是否按招标文件要求装订或单独递送。

4.投标函及投标函附录

(1)投标函格式、项目名称、合同段是否与招标文件规定相符,投标人名称与招标人名称是否正确。

(2)报价金额是否与"投标报价汇总表"中的投标总价一致,大小写是否一致。

(3)投标函所示工期是否满足招标文件要求。

(4)投标函附录的格式是否符合招标文件的要求。

(5)投标函日期是否正确,是否与封面所示相符。

(6)投标函及投标函附录是否已按要求签字和盖公章。

5.授权委托书、银行保函、信贷证明

(1)授权委托书、银行保函、信贷证明是否按照招标文件要求格式填写。

(2)上述三项是否由法定代表人正确签字或盖章。

（3）授权委托书代理人是否按要求签字或盖章。

（4）授权委托权限是否满足招标文件要求及盖单位公章是否完善。

（5）信贷证明中信贷数额是否符合招标人明示要求，如招标人无明示，是否符合合同段总价的一定比例。

6.投标保证金

（1）投标保证金格式、时间、项目名称、合同段、保证金金额是否与招标文件规定相符，投标人名称与招标人名称是否正确。

（2）投标保证金是否已按要求签字和盖公章。

7.投标报价

（1）工程量清单编制说明是否符合招标文件要求。

（2）工程量清单格式是否按照招标文件的要求。

（3）"工程量清单表""计日工表""暂估价表""投标报价汇总表""单价分析表"是否按照招标文件规定填写，编制人、审核人、投标人是否按规定签字盖章。

（4）"工程量清单表""计日工表""暂估价表""投标报价汇总表""单价分析表"的数字是否相符合，是否有算术错误。

（5）定额套用是否与施工组织设计安排的施工方法一致，机具配置尽量与施工方案相符合，避免工料机统计表与机具配置表出现较大差异。

（6）定额计量单位、数量与报价项目单位、数量是否相符合。

（7）"工程量清单"表中工程项目所含内容与套用定额是否一致。

（8）"投标报价汇总表""工程量清单"采用 Excel 表自动计算，数量乘单价是否等于合价（合价按四舍五入规则取整），单价保留两位小数。如果招标人采用固化清单就不用此项操作。

8.施工组织

（1）工程概况是否按招标文件内容准确描述。

（2）计划开工、竣工日期是否符合招标文件中的工期安排和规定，分项工程的阶段工期、节点工期是否满足招标文件规定。工期提前是否合理。

（3）工期的文字叙述、施工顺序安排与"工程进度图""横道图""网络图"是否一致，要针对具体情况仔细安排，以免造成与实际情况不符的现象。

（4）施工方案与施工方法、工艺是否匹配。施工方案与招标文件要求、投标书有关承诺是否一致。

（5）工程进度计划。总工期是否满足招标文件要求，关键工程工期是否满足招标文件要求。

（6）"工程进度图""横道图""网络图"中工程项目内容是否齐全：路基处理工程、隧道工程、桥梁涵洞工程等。

（7）"平面图"是否按招标文件布置了施工驻地、施工场地及临时设施等位置，驻地、施工场地及临时工程占地数量及工程数量是否与文字叙述相符。

（8）劳动力、材料计划及机械设备、检测试验仪器仪表是否齐全，是否满足工程实施需要。

（9）工程、质量、安全生产、环境保护、水土保持、文明施工等保证体系及保证措施是否健全。

（10）投标文件的主要工程项目工艺框图是否齐全。

（11）临时工程布置是否合理，数量是否满足施工需要及招标文件要求。临时占地位置及数量是否符合招标文件的规定。

（12）质量目标、安全目标与招标文件及合同条款要求是否一致。

二、相关证书

1. 企业的资质证书

（1）营业执照、资质证书等是否齐全并满足招标文件要求。

（2）重合同守信用证书、AAA 证书、ISO 9000 系列证书是否齐全。

（3）企业近年来从事过的类似工程主要业绩是否满足招标文件要求。

（4）在建工程及投标工程的数量与企业生产能力是否相符。

（5）财务状况表、近年财务决算表及审计报告是否齐全，数字是否准确、清晰。

（6）报送的优质工程证书是否与业绩相符，是否与投标书的工程对象相符，且有影响性。

2. 个人的资格证书

安全生产考核合格证、注册建造师证、检测工程师证、造价工程师证等是否齐全并满足招标文件要求。

三、投标文件的装订、密封、提交要求

1. 装订要求

装订的投标文件是否符合招标文件的投标人须知中的要求。例如，有的招标文件要求商务文件、技术文件同册装订，有的要求分开装订，有的招标文件禁止投标文件采用活页夹装订。

2. 密封要求

密封是否符合招标文件的投标人须知中的要求。一般招标文件要求的投标文件份数为正本一份、副本若干份，但在正本和副本的密封上要求不尽相同，有的招标文件要求正本和副本分别密封后再封在一个包中，有的招标文件则要求正本、副本一起密封，还有的招标文件要求投标函单独密封等；有的招标文件要求外包密封处加盖"密封"章，有的招标文件要求加盖"投标单位公章"等。

3. 提交要求

提交是否符合招标文件的投标人须知中的要求。按照招标文件的规定，投标人所递交的投标文件必须在投标截止时间之前递交，否则就会被视为放弃投标。

在这些细节、关键的问题上不存在投标技巧问题，当然也不允许有什么"技巧"，只要投标人能从小处入手，深入研究招标文件，科学制定投标策略，以缜密的思维、认真的态度做好每一次投标，如此一来就能在激烈的竞争中立于不败之地。

思考题

1. 施工投标的基本程序是什么？

2. 简述投标人参加资格预审的目的和程序。

3. 投标人参加资格预审的基础工作包括哪些内容？

4. 在填写拟委任的项目经理和项目总工资历表时需要哪些相关的证书复印件及表后应附哪些相关的证明材料？

5. 编制初步施工组织计划应包括的原则和内容有哪些？

6. 简述施工进度图编制的步骤。

7. 简述投标报价的步骤。

8. 简述资格预审申请文件的组成。

9. 简述投标文件的组成。

10. 投标报价的步骤和技巧有哪些？

11. 简述投标过程。

12. 投标文件如何密封和标记？

13. 投标文件的编制应注意哪些事项？

MODULE 3

模　块　三
公路工程施工开标、评标与合同授予

知识目标

1.了解开标、评标与合同授予的基本知识；
2.掌握开标的基本程序，了解开标的注意事项；
3.了解并掌握评标的主要工作任务和定标工作。

能力目标

1.具有处理开标工作关键问题的基本能力；
2.具有完成评标工作任务的基本能力。

模块三　拓展学习

项目一
ITEM ONE
开标、评标

任务一 认知开标程序

一、开标时间和地点

招标人应按招标文件的投标人须知前附表中规定的投标截止时间(开标时间)和地点公开开标,并邀请所有投标人的法定代表人或其委托代理人准时参加。

投标人若未派法定代表人或委托代理人出席开标活动,视为该投标人默认开标结果。

二、开标程序

1. 采用单信封的形式

若是采用单信封的开标形式,主持人按下列程序进行开标:

(1)宣布开标纪律。

(2)公布在投标截止时间前递交投标文件的投标人数量。

(3)宣布开标人、唱标人、记录人等有关人员姓名。

(4)按照投标人须知前附表规定由投标人推选的代表检查投标文件的密封情况。

(5)按照投标人须知前附表规定的开标顺序当众开标,公布合同段名称、投标人名称、投标保证金的递交情况、投标报价、工期及其他内容,并记录在案。

(6)计算并宣布评标基准价。

(7)投标人代表、招标人代表、记录人等有关人员在开标记录上签字确认。

(8)开标结束。

2. 采用双信封的形式

若是采用双信封的开标形式,主持人按下列程序进行开标。

（1）主持人按下列程序对投标文件第一个信封（商务及技术文件）进行开标：

①宣布开标纪律。

②公布在投标截止时间前递交投标文件的投标人数量。

③宣布开标人、唱标人、记录人等有关人员姓名。

④按照投标人须知前附表规定由投标人推选的代表检查投标文件的密封情况。

⑤按照投标人须知前附表规定的开标顺序当众开标，公布合同段名称、投标人名称、投标保证金的递交情况、工期及其他内容，并记录在案。

⑥投标人代表、招标人代表、记录人等有关人员在开标记录上签字确认。

⑦开标结束。

（2）在投标文件第一个信封（商务及技术文件）开标现场，投标文件第二个信封（报价文件）不予开封，由招标人密封保存。

（3）招标人将按照招标文件中规定的时间和地点对投标文件第二个信封（报价文件）进行开标。主持人按下列程序进行开标：

①宣布开标纪律。

②当众拆开投标文件第一个信封（商务及技术文件）评审结果的密封袋，宣布通过投标文件第一个信封（商务及技术文件）评审的投标人名单。

③宣布开标人、唱标人、记录人等有关人员姓名。

④按照投标人须知前附表规定由投标人推选的代表检查投标文件的密封情况。

⑤按照投标人须知前附表规定的开标顺序当众开标，开标人只拆封通过投标文件第一个信封（商务及技术文件）评审的投标文件的第二个信封（报价文件），公布合同段名称、投标人名称、投标报价及其他内容，并记录在案。

⑥计算并宣布评标基准价。

⑦将未通过投标文件第一个信封（商务及技术文件）评审的投标文件的第二个信封（报价文件）退还给投标人。

⑧投标人代表、招标人代表、记录人等有关人员在开标记录上签字确认。

⑨开标结束。

不论是采用单信封形式还是双信封形式，若采用合理低价法或综合评分法，在投标文件第二个信封（报价文件）开标现场，招标人将按招标文件中规定的原则计算并宣布评标基准价。若招标人发现投标文件出现以下任一情况，其投标报价将不再参加评标基准价的计算：

（1）未在投标函上填写投标总价。

（2）投标报价或调价函中的报价超出招标人公布的最高投标限价（如有）。

（3）投标报价或调价函中报价的大写金额无法确定具体数值。

（4）投标函上填写的合同段号与投标文件封套上标记的合同段号不一致。

如果投标人认为某一合同段的评标基准价计算有误，有权在开标现场提出，经招标人当场核实确认之后，可重新宣布评标基准价。开标现场宣布的评标基准价除计算有误，经评标委员会修正外，在整个评标期间保持不变，不随任何因素发生变化。

如果招标人宣读的内容与投标文件不符，投标人有权在开标现场提出疑问，经招标人当场核查确认之后,可重新宣读其投标文件。若投标人现场未提出疑问,则认为投标人已确认招标人宣读的内容。

知识链接

《公路工程建设项目招标投标管理办法》(交通运输部 2015 年第 24 号令)第三十二条规定:公路工程勘察设计和施工监理招标的投标文件应当以双信封形式密封,第一信封内为商务文件和技术文件,第二信封内为报价文件。对公路工程施工招标,招标人采用资格预审方式进行招标且评标方法为技术评分最低标价法的,或者采用资格后审方式进行招标的,投标文件应当以双信封形式密封,第一信封内为商务文件和技术文件,第二信封内为报价文件。

任务二　认知评标委员会

一、评标委员会的组成

评标由招标人依法组建的评标委员会负责,评标委员会由招标人或其委托的招标代理机构中熟悉相关业务的代表,以及技术、经济等方面的专家组成,评标委员成员数量应为 5 人以上单数,其中技术、经济等方面的专家数量不得少于成员总数的三分之二。评标委员会成员的名单在中标结果确定前应当保密。

二、评标专家的选取

技术、经济等方面的评标专家由招标人从国务院有关部门或者省、自治区、直辖市人民政府有关部门提供的专家名册或者招标代理机构的专家库的相关专业的专家名单中确定。一般招标项目可以采取随机抽取方式,技术特别复杂、专业性要求特别高或者国家有特殊要求的招标项目,采取随机抽取方式确定的专家难以胜任的,可以由招标人直接确定。

三、评标专家应当符合的条件

评标专家应符合下列条件:
(1)从事相关专业领域工作满 8 年并具有高级职称或者同等专业水平。
(2)熟悉有关招标投标的法律法规,并具有与招标项目相关的实践经验。
(3)能够认真、公正、诚实、廉洁地履行职责。

四、不得担任评标委员会成员的情形

评标委员会成员有下列情形之一的,应主动提出回避:
(1)为负责招标项目监督管理的交通运输主管部门的工作人员。
(2)与投标人法定代表人或其委托代理人有近亲属关系。
(3)为投标人的工作人员或退休人员。

(4)与投标人有其他利害关系,可能影响评标活动公正性。

(5)在与招标投标有关的活动中有过违法违规行为,曾受过行政处罚或刑事处罚。

五、评标委员会成员的职业道德要求和保密义务

评标委员会成员不得与任何投标人或者与招标结果有利害关系的人进行私下接触,不得收受投标人、中介人、其他利害关系人的财物或者其他好处。评标委员会成员和与评标活动有关的工作人员不得泄露对投标文件的评审和比较情况、中标候选人的推荐情况以及与评标有关的其他情况。

在这里,"与评标活动有关的工作人员"是指评标委员会成员以外的,因参与评标监督工作或者事务性工作而知悉有关评标情况的所有人员。

知识链接

国务院办公厅《关于创新完善体制机制推动招标投标市场规范健康发展的意见》(国办发〔2024〕21号)第(八)条规定:加强评标专家全周期管理。加快实现评标专家资源跨地区跨行业共享。优化评标专家专业分类,强化评标专家入库审查、业务培训、廉洁教育,提升履职能力。依法保障评标专家独立开展评标,不受任何单位或者个人的干预。评标专家库组建单位应当建立健全从专家遴选到考核监督的全过程全链条管理制度体系,完善评标专家公正履职承诺、保密管理等制度规范,建立评标专家日常考核评价、动态调整轮换等机制,实行评标专家对评标结果终身负责。

任务三　认知评标原则、依据

一、评标原则

评标活动遵循公平、公正、科学和择优的原则。评标委员会按照这一原则要求,公正、平等地对待各投标人。同时,在评标时应遵守以下原则:

(1)客观性原则。评标委员会要严格按照招标文件要求的内容,对投标人的投标文件进行认真评审;评标委员会对投标文件的评审仅依据投标文件本身,而不依靠投标文件以外的任何因素。

(2)统一性原则。评标委员会要按照统一的评标原则和评标办法,用同一标准进行评标。

(3)独立性原则。评标工作在评标委员会内部独立进行,不受外界任何因素的干扰和影响。评委对出具的评标意见承担个人责任。

(4)保密性原则。评委及熟知情况的有关工作人员要保守投标人的商业和技术秘密。

(5)综合性原则。评标委员会要综合分析、评审投标人的各项指标,而不以单项指标的优劣评定出中标人。

二、评标的依据

评标委员会成员评标的依据主要有下列几项：

(1)招标文件。

(2)开标前会议纪要。

(3)评标方法及细则。

(4)标底(如有)。

(5)投标文件。

(6)其他有关资料。

任务四 认知评标方法

评标是对投标文件的评审和比较。根据什么样的标准和方法进行评审,既是一个关键问题,也是评标的原则性问题。在招标文件中,招标人应在招标文件中列明评标的标准和方法,目的是让各潜在投标人知道这些标准和方法,以便考虑如何进行投标,才能获得成功。为保证评标的公正和公平性,评标必须按照招标文件规定的评标标准和方法。这一点,也是世界各国的通常做法。所以,作为评标委员,在评标时必须弄清评标的依据和标准,熟悉并掌握评标的方法。

评标委员会按照"评标办法"规定的方法、评审因素、标准和程序对投标文件进行评审。"评标办法"没有规定的方法、评审因素和标准,不作为评标依据。

什么是暗标评标

《公路工程标准施工招标文件》(2018年版)规定了4种评标办法:综合评分法、合理低价法、经评审的最低投标价法、技术评分最低标价法。

一、综合评分法[本评标方法是模块二项目二任务三示例(某高速公路项目土建工程施工第6合同段招标)的评标方法]

1. 评标办法前附表(表3-1)

评标办法前附表　表3-1

条款号		评审因素与评审标准
2.1.1 2.1.3	形式评审 与响应性 评审标准	第一个信封(商务及技术文件)评审标准: (1)投标文件按照招标文件规定的格式、内容填写,字迹清晰可辨: ①投标函按招标文件规定填报了项目名称、合同段号、补遗书编号(如有)、工期、工程质量要求及安全目标; ②投标函附录的所有数据均符合招标文件规定; ③投标文件组成齐全完整,内容均按规定填写。

条款号		评审因素与评审标准
2.1.1 2.1.3	形式评审与响应性评审标准	（2）投标文件上法定代表人或其委托代理人的签字、投标人的单位章盖章齐全，符合招标文件规定。 （3）与申请资格预审时比较，投标人发生合并、分立、破产等重大变化的，仍具备资格预审文件规定的相应资格条件且其投标未影响招标公正性的： ①投标人应提供相关部门的合法批件及企业法人营业执照和资质证书等证件的副本变更记录复印件； ②投标人仍然满足资格预审文件中规定的资格预审条件最低要求(资质、业绩、人员、信誉、财务等)； ③与所投合同段的其他投标人不存在控股、管理关系或单位负责人为同一人的情况；与招标人也不存在利害关系并可能影响招标公正性。 （4）投标人按照招标文件的规定提供了投标保证金： ①投标保证金金额符合招标文件规定的金额，且投标保证金有效期不少于投标有效期； ②投标人应在递交投标文件截止时间之前，将投标保证金由投标人的基本账户转入招标人指定账户。 （5）投标人法定代表人或授权委托代理人签署投标文件的，须提交授权委托书，且授权人和被授权人均在授权委托书上签名，未使用印章、签名章或其他电子制版签名代替。 （6）投标人法定代表人亲自签署投标文件的，提供了法定代表人身份证明，且法定代表人在法定代表人身份证明上签名，未使用印章、签名章或其他电子制版签名代替。 （7）投标人以联合体形式投标时，联合体满足招标文件的要求： 投标人提供了资格预审申请文件中所附的联合体协议书复印件，且通过资格预审后的联合体无成员增减或更换的情况。 （8）投标人如有分包计划，符合招标文件"投标人须知前附表"中的相关规定，且按招标文件中"投标文件格式"的要求填写了"拟分包项目情况表"。 （9）同一投标人未提交两个以上不同的投标文件，但招标文件要求提交备选投标的除外。 （10）投标文件中未出现有关投标报价的内容。 （11）投标文件载明的招标项目完成期限未超过招标文件规定的时限。 （12）投标文件对招标文件的实质性要求和条件做出响应。 （13）权利义务符合招标文件规定： ①投标人应接受招标文件规定的风险划分原则，未提出新的风险划分办法； ②投标人未增加发包人的责任范围，或减少投标人义务； ③投标人未提出不同的工程验收、计量、支付办法； ④投标人对合同纠纷、事故处理办法未提出异议； ⑤投标人在投标活动中无欺诈行为； ⑥投标人未对合同条款有重要保留。 （14）投标文件正、副本份数符合招标文件"投标人须知前附表"中的规定。 第二个信封(报价文件)评审标准： （1）投标文件按照招标文件规定的格式、内容填写，字迹清晰可辨： ①投标函按招标文件规定填报了项目名称、合同段号、补遗书编号(如有)、投标价(包括大写金额和小写金额)； ②已标价工程量清单说明文字与招标文件规定一致，未进行实质性修改和删减； ③投标文件组成齐全完整，内容均按规定填写。

条款号		评审因素与评审标准
2.1.1 2.1.3	形式评审与响应性评审标准	(2)投标文件上法定代表人或其委托代理人的签字、投标人的单位章盖章齐全,符合招标文件规定。 (3)投标报价中的大写金额能够确定具体数值。 (4)同一投标人未提交两个以上不同的投标报价,但招标文件要求提交备选投标的除外。 (5)投标人填写工程量固化清单,填写完毕的工程量固化清单未对工程量固化清单电子文件中的数据、格式和运算定义进行修改;工程量固化清单中的投标报价和投标函大写金额报价一致。 (6)投标文件正、副本份数符合招标文件"投标人须知前附表"的规定
2.1.2	资格评审标准	(1)投标人具备有效的营业执照、组织机构代码证、资质证书、安全生产许可证和基本账户开户许可证。 (2)投标人的资质等级符合招标文件规定。 (3)投标人的财务状况符合招标文件规定。 (4)投标人的类似项目业绩符合招标文件规定。 (5)投标人的信誉符合招标文件规定。 (6)投标人的项目经理和项目总工资格、在岗情况符合招标文件规定。 (7)投标人的其他要求符合招标文件规定。 (8)投标人不存在招标文件"投标人须知"第1.4.3款或第1.4.4款规定的任何一种情形。 (9)投标人符合招标文件"投标人须知"第1.4.5款规定。 (10)以联合体形式参与投标的,联合体各方均未再以自己名义单独或参加其他联合体在同一合同段中投标;独立参与投标的,投标人未同时参加联合体在同一合同段中投标。 (本项适用于未进行资格预审的情况)
2.2.1	分值构成（总分100分）	第一个信封(商务及技术文件)评分分值构成: 施工组织设计:18分 主要人员:6分 业绩:4分 履约信誉:2分 第二个信封(报价文件)评分分值构成: 评标价:70分
2.2.2	评标基准价计算方法	评标基准价的计算: 在开标现场,招标人将当场计算并宣布评标基准价。 (1)评标价的确定: 评标价 = 投标函文字报价 − 暂估价 − 计日工合计 − 暂列金额 (2)评标价平均值的计算: 除开标现场被宣布为无效投标文件的投标报价之外,所有投标人的评标价去掉一个最高值和一个最低值后的算术平均值即评标价平均值(如果参与评标价平均值计算的有效投标人少于5家时,则计算评标价平均值时不去掉最高值和最低值)。 (3)评标基准价的确定: 将评标价平均值下浮3%,作为评标基准价。 在评标过程中,评标委员会应对招标人计算的评标基准价进行复核,存在计算错误的应予以修正并在评标报告中做出说明。除此之外,评标基准价在整个评标期间保持不变,不随任何因素发生变化

续上表

条款号		评审因素与评审标准			
2.2.3	评标价的偏差率计算公式	偏差率 $= 100\% \times \dfrac{投标人评标价 - 评标基准价}{评标基准价}$　　（偏差率保留3位小数）			

条款号	评分因素与权重分值				
	评分因素	评分因素权重分值	各评分因素细分项	分值	评分标准
2.2.4(1)	施工组织设计	18分	总体施工组织布置及规划	3分	项目组织管理机构和管理体系设置合理,总体施工组织设计编制思路清晰、层次分明,内容具体,所附图表内容完整合理。评分范围1.8～3分
			主要工程项目的施工方案、方法与技术措施	3分	主要工程项目的施工方法先进、可行,方案清晰,并充分考虑当地的地质条件和气候、环境因素,能结合项目的特点、难点,对施工具有一定的指导性。评分范围2.4～4分
			工期保证体系及保证措施	2分	工期安排合理,明确提出保证工期的措施,且控制得当,确保工程按时完工或提前完工可靠性高。评分范围1.2～2分
			工程质量管理体系及保证措施	2分	工程质量管理措施有较强的针对性和可操作性,有明确管理目标,保证工程内在质量、提高外观质量等方面采取的措施有效。评分范围1.2～2分
			安全生产管理体系及保证措施	2分	安全生产管理体系及保证措施完善,目标明确,措施切实可行。评分范围1.2～2分
			环境保护、水土保持保证体系	2分	环境保护、水土保持保证体系完善,目标明确,措施切实可行。评分范围1.2～2分
			文明施工、文物保护保证体系及保证措施	2分	文明施工、文物保护保证体系及保证措施完善,目标明确,措施切实可行。评分范围1.2～2分
			项目风险预测与防范,事故应急预案	2分	项目风险预测与防范,事故应急预案完善,目标明确,措施切实可行。评分范围1.2～2分

续上表

条款号	评分因素与权重分值				
	评分因素	评分因素权重分值	各评分因素细分项	分值	评分标准
2.2.4(2)	主要人员	6分	项目经理任职资格与业绩	2分	满足资格审查要求,得基本分1.2;增加一位担任过特长隧道施工的副经理并且为专业公路与桥隧类工程师职称的,加0.4分
			项目总工任职资格与业绩	2分	满足资格审查要求,得基本分1.2分;增加一位担任过特长隧道施工的副总工或技术负责人并且为专业公路与桥隧类高级工程师职称的,加0.4分
			其他主要管理人员、技术人员	2分	满足资格审查要求,得基本分1.2分;增加一位担任过特长隧道施工的隧道工程师并且为专业公路与桥隧类高级工程师职称的,加0.4分
2.2.4(3)	评标价	70分	评标价得分计算公式示例: (1)如果投标人的评标价 > 评标基准价,则评标价得分 = F - 偏差率 $\times 100 \times E_1$。 (2)如果投标人的评标价 ≤ 评标基准价,则评标价得分 = F + 偏差率 $\times 100 \times E_2$。 其中:F 为评标价所占的权重分值;E_1 为评标价每高于评标基准价一个百分点的扣分值;E_2 为评标价每低于评标基准价一个百分点的扣分值。$E_1 = 1, E_2 = 0.5$		
2.2.4(4)	其他因素	业绩	4分	满足资格审查业绩最低条件,得 3 分;增加交工过一座高速公路特长隧道工程施工业绩的,加 1 分,加满 1 分为止	
		履约信誉	2分	2013 年 1 月以来(以证书颁发日期为准),投标人所完成的公路与桥梁隧道工程获得中国建筑工程鲁班奖或中国土木工程詹天佑奖的,每项加 1 分,加满为止,同一个项目获多个奖项不重复加分	

2. 评标办法正文

1)评标方法

本次评标采用综合评分法。评标委员会对通过初步评审和详细评审的投标文件按照评标办法前附表第 2.2 款规定的评分标准进行打分,并按得分由高到低顺序推荐中标候选人,或根据招标人授权直接确定中标人,但投标报价低于其成本的除外。综合评分相等时,以投标报价低的优先;投标报价也相等的,招标人可采用被招标项目所在地省级交通主管部门评为较高信用等级的投标人优先或递交投标文件时间较前的投标人优先或其他方法确定第一中标候选人。

2)评审标准

(1)初步评审标准。

①形式评审标准。见评标办法前附表第2.1.1款。

②资格评审标准。见资格预审文件"资格审查办法"详细审查标准(适用于已进行资格预审的)。

③响应性评审标准。见评标办法前附表第2.1.3款。

(2)分值构成与评分标准

①分值构成。

见评标办法前附表第2.2.1款。

②评标基准价计算。

评标基准价计算方法:见评标办法前附表第2.2.2款。

(3)投标报价的偏差率计算

投标报价的偏差率计算公式:见评标办法前附表第2.2.3款。

(4)评分标准

见评标办法前附表第2.2.4款。

3)评标程序

(1)第一个信封初步评审

①评标委员会可以要求投标人提交招标文件中"投标人须知"规定的有关证明和证件的原件,以便核验。评标委员会依据评标办法前附表第2.1款规定的标准对投标文件第一个信封(商务及技术文件)进行初步评审。有一项不符合评审标准的,评标委员会应否决其投标(适用于未进行资格预审的)。

②评标委员会依据评标办法前附表第2.1.1款、第2.1.3款规定的评审标准对投标文件第一个信封(商务及技术文件)进行初步评审。有一项不符合评审标准的,评标委员会应否决其投标。当投标人资格预审申请文件的内容发生重大变化时,评标委员会依据评标办法前附表第2.1.2款规定的标准对其更新资料进行评审(适用于已进行资格预审的)。

(2)第一个信封详细评审

评标委员会按评标办法前附表第2.2款规定的量化因素和分值进行打分,并计算出各投标人的商务和技术得分。

①按评标办法前附表第2.2.4(1)规定的评审因素和分值对施工组织设计部分计算出得分 A。

②按评标办法前附表第2.2.4(2)规定的评审因素和分值对主要人员部分计算出得分 B。

③按评标办法前附表第2.2.4(4)规定的评审因素和分值对其他因素部分计算出得分 D。

投标人的商务和技术得分分值计算保留至小数点后两位,小数点后第三位"四舍五入"。投标人的商务和技术得分 $=A+B+D$。

(3)第二个信封开标

第一个信封(商务及技术文件)评审结束后,招标人将按照招标文件"投标人须知"规定的时间和地点对通过投标文件第一个信封(商务及技术文件)评审的投标文件的第二个信封(报价文件)进行开标。

(4)第二个信封初步评审

评标委员会依据评标办法前附表第2.1.1款、第2.1.3款规定的评审标准对投标文件的第二个信封(报价文件)进行初步评审。若有一项不符合评审标准的,评标委员会应否决其投标。

投标报价有算术错误的,评标委员会按以下原则对投标报价进行修正,修正的价格经投标人书面确认后具有约束力。投标人不接受修正价格的,评标委员会应否决其投标。

①投标文件中的大写金额与小写金额不一致的,以大写金额为准。

②总价金额与依据单价计算出的结果不一致的,以单价金额为准修正总价,但单价金额小数点有明显错误的除外。

③当单价与数量相乘不等于合价时,以单价计算为准。如果单价有明显的小数点位置差错,应以标出的合价为准,同时对单价予以修正。

④当各子目的合价累计不等于总价时,应以各子目合价累计数为准,修正总价。

工程量清单中的投标报价有其他错误的,评标委员会按以下原则对投标报价进行修正,修正的价格经投标人书面确认后具有约束力。投标人不接受修正价格的,评标委员会应否决其投标。

①在招标人给定的工程量清单中漏报了某个工程子目的单价、合价或总额价,或所报单价、合价或总额价减少了报价范围,则漏报的工程子目单价、合价和总额价或单价、合价和总额价中减少的报价内容视为已含入其他工程子目的单价、合价和总额价之中。

②在招标人给定的工程量清单中多报了某个工程子目的单价、合价或总额价,或所报单价、合价或总额价增加了报价范围,则从投标报价中扣除多报的工程子目报价或在工程子目报价中增加报价范围的部分报价。

③当单价与数量的乘积与合价(金额)虽然一致,但投标人修改了该子目的工程数量,则其合价按招标人给定的工程数量乘以投标人所报单价所得值予以修正。

修正后的最终投标报价若超过最高投标限价(如有),评标委员会应否决其投标。

修正后的最终投标报价仅作为签订合同的一个依据,不参与评标价得分的计算。

(5)第二个信封详细评审

评标委员会按评标办法前附表第2.2.4(3)规定的评审因素和分值对评标价计算出得分C。评标价得分分值计算保留至小数点后两位,小数点后第三位"四舍五入"。投标人综合得分=投标人的商务和技术得分+C。

评标委员会发现投标人的报价明显低于其他投标报价,使得其投标报价可能低于其个别成本的,应要求该投标人做出书面说明并提供相应的证明材料。投标人不能合理说明或不能提供相应证明材料的,评标委员会应认定该投标人以低于成本报价竞标,并否决其投标。

(6)投标文件相关信息的核查

在评标过程中,评标委员会应查询交通运输主管部门"公路建设市场信用信息管理系统",对投标人的资质、业绩、主要人员资历和目前在岗情况、信用等级等信息进行核实。若投标文件载明的信息与交通运输主管部门"公路建设市场信用信息管理系统"发布的信息不符，使得投标人的资格条件不符合招标文件规定的，评标委员会应否决其投标。

评标委员会应对在评标过程中发现的投标人与投标人之间、投标人与招标人之间存在的串通投标的情形进行评审和认定。投标人存在串通投标、弄虚作假、行贿等违法行为的，评标委员会应否决其投标。

①有下列情形之一的，属于投标人相互串通投标：

a. 投标人之间协商投标报价等投标文件的实质性内容。

b. 投标人之间约定中标人。

c. 投标人之间约定部分投标人放弃投标或中标。

d. 属于同一集团、协会、商会等组织成员的投标人按照该组织要求协同投标。

e. 投标人之间为谋取中标或排斥特定投标人而采取的其他联合行动。

②有下列情形之一的，视为投标人相互串通投标：

a. 不同投标人的投标文件由同一单位或个人编制。

b. 不同投标人委托同一单位或个人办理投标事宜。

c. 不同投标人的投标文件载明的项目管理成员为同一人。

d. 不同投标人的投标文件异常一致或投标报价呈规律性差异。

e. 不同投标人的投标文件相互混装。

f. 不同投标人的投标保证金从同一单位或个人的账户转出。

③有下列情形之一的，属于招标人与投标人串通投标：

a. 招标人在开标前开启投标文件并将有关信息泄露给其他投标人。

b. 招标人直接或间接向投标人泄露标底、评标委员会成员等信息。

c. 招标人明示或暗示投标人压低或抬高投标报价。

d. 招标人授意投标人撤换、修改投标文件。

e. 招标人明示或暗示投标人为特定投标人中标提供方便。

f. 招标人与投标人为谋求特定投标人中标而采取的其他串通行为。

④投标人有下列情形之一的，属于弄虚作假的行为：

a. 使用通过受让或租借等方式获取的资格、资质证书投标。

b. 使用伪造、变造的许可证件。

c. 提供虚假的财务状况或业绩。

d. 提供虚假的项目负责人或主要技术人员简历、劳动关系证明。

e. 提供虚假的信用状况。

f. 其他弄虚作假的行为。

（7）投标文件的澄清和补正

①在评标过程中，评标委员会可以书面形式要求投标人对所提交投标文件中不明确的内容进行书面澄清或说明，或者对细微偏差进行补正。评标委员会不接受投标人主动提出的澄清、说明或补正。

②澄清和说明不得超出投标文件的范围或改变投标文件的实质性内容（算术性错误的修正除外）。投标人的书面澄清、说明属于投标文件的组成部分。

③评标委员会不得暗示或诱导投标人做出澄清、说明,对投标人提交的澄清、说明有疑问的,可以要求投标人进一步澄清或说明,直至满足评标委员会的要求。

④凡超出招标文件规定的或给发包人带来未曾要求的利益的变化、偏差或其他因素,在评标时不予考虑。

(8)评标结果

①除"投标人须知"前附表授权直接确定中标人外,评标委员会按照得分由高到低的顺序推荐中标候选人,并标明排序。

②评标委员会完成评标后,应向招标人提交书面评标报告。

废标与无效投标　无效投标的类型

知识链接

(1)评标办法。

评标办法由评标办法前附表和评标办法正文组成。

评标办法(包括选择评标因素、标准和评标方法、步骤)是评标委员会评标的直接依据,是招标文件中投标人最为关注的核心内容。评标委员会将依据评标办法和标准评审投标文件,做出评审结论并推荐中标候选人,或者根据招标人的授权直接确定中标人。

(2)评标办法前附表用于明确评标的方法、因素、标准和程序。招标人应根据招标项目具体特点和实际需要,详细列明全部评审因素、标准,没有列明的因素和标准不得作为评标的依据。

(3)本办法仅适用技术特别复杂的特大桥梁和长大隧道工程。

(4)评标委员会对所有通过初步评审和详细评审的投标文件的评标价、施工组织设计、项目管理机构、业绩、履约信誉、其他等进行综合评分。

(5)评标办法前附表中相关条款的基本要求:

①第2.2.1款,分值的构成:招标人应根据项目具体情况确定各评分因素及评分因素权重分值,并对各评分进行细分(如有)、确定各评分因素细分项的分值,各评分因素权重分值合计应为100分。评标价所占权重不应低于50%。

②第2.2.2款,评标基准价计算方法:招标人应该依据招标项目特点和实际需要,选择或制定适合项目的评标基准价的计算方法。

③第2.2.4款,各评分因素权重分值范围:施工组织设计5~20分;主要人员10~20分;技术能力0~5分;财务能力5~10分;业绩5~12分;履约信誉3~5分。

评分因素:各评分因素(评标价除外)得分均不应低于其权重分值的60%(如施工组织设计中的总体施工组织布置及规划的分值是3分,那么评分因素得分按不低于其权重分值的60%计,3×60%=1.8分,所以评分范围是1.8~3分),且各评分因素得分应以评标委员会各成员的打分平均值确定,该平均值以去掉一个最高分和一个最低分后计算。

④第2.2.4(2),项目管理机构:对于采用综合评分法进行评标的技术特别复杂的特大桥梁和长大隧道工程,应将其他主要管理人员和技术人员列为项目管理机构的评分因素进行评分。

⑤第2.2.4(3),评标价计算:招标人可依据招标项目具体特点和实际需要设置 E_1、E_2,但 E_1 应大于 E_2。

⑥第2.2.4(4)，履约信誉：招标人可结合招标项目所在地省级交通主管部门对投标人的信用评级对其履约信用进行评分，但不得任意设置歧视性条款，并不得任意设立行政许可。

二、合理低价法

1. 评标办法前附表

合理低价法评标办法前附表包含的要素包括以下方面。

(1)第2.1.1款、第2.1.3款形式评审与响应性评审(与综合评分法相同)。

(2)第2.2.1款分值的构成：评标价＝100分。

(3)第2.2.2款评标基准价计算方法。

①评标基准价的确定(招标人可依据招标项目特点和实际需要，选择或制定适合项目的评标基准价计算方法)。

方法一：将评标价平均值直接作为评标基准价。

方法二：将评标价平均值下浮一定的百分数，作为评标基准价。

方法三：招标人设置评标基准价系数，由投标人代表或监标人现场抽取，将评标价平均值乘以现场抽取的评标基准价系数所得值作为评标基准价。

方法四：招标人自己在符合评标办法的正文内容基础上约定。

如果投标人认为某一合同段的评标基准价计算有误，有权在开标现场提出，经监标人当场核实确认之后，可重新宣布评标基准价。确认后的评标基准价在整个评标期间保持不变，不随通过初步评审和详细评审的投标人的数量发生变化。

②评标价平均值的计算(同综合评分法)。

(4)第2.2.3款评标价的偏差率计算公式(综合评分法)。

2. 评标办法正文

1) 评标方法

"合理低价法"是综合评分法的评分因素中评标价得分为100分、其他评分因素分值为0分的特例。"合理低价法"中，第一个信封(商务及技术文件)的评审应采用合格制。

合理低价法的评分因素中评标价得分为100分，其他评分因素(如施工组织设计、项目管理机构、业绩、履约信誉、其他等)分值为0分，评标委员会对通过初步评审和详细评审的投标文件的评标价进行评分，并按得分由高到低顺序推荐中标候选人。

除技术特别复杂的特大桥和长大隧道工程外，一般的工程项目应当使用合理低价法。

2) 评审标准

(1)初步评审标准(同综合评分法)。

(2)分值构成与评分标准：

①分值构成(评标价100分)。

②评标基准价计算(同综合评分法)。

③投标报价的偏差率计算(同综合评分法)。

3)评标程序

(1)第一个信封初步评审(同综合评分法)。

(2)第二个信封开标(同综合评分法)。

(3)第二个信封初步评审(同综合评分法)。

(4)第二个信封详细评审。评标委员会按规定的量化因素和分值进行打分(按评标价100分计算),并计算出综合评估得分。

(5) 投标文件相关信息的核查(同综合评分法)。

(6)投标文件的澄清和补正(同综合评分法)。

(7)评标结果(同综合评分法)。

三、经评审的最低投标价法

1.评标办法前附表

(1)第2.1.1款、第2.1.3款形式评审与响应性评审(同综合评分法)。

(2)第2.2款详细评审标准(综合评分法在此不适用),评标价计算:经评审的投标价(评标价) = 修正后的投标报价 - 修正后的暂估价 - 修正后的暂列金额(不含计日工总额)。

2.评标办法正文

1)评标方法

评标委员会对通过初步评审和详细评审的投标文件,根据评标办法前附表第2.2款规定的量化因素及量化标准进行价格折算,并按经评审的投标价由低到高的顺序推荐中标候选人1~3位。一般在确定中标候选人之前,要求投标人做出书面承诺,在收到中标通知书14天内,按照招标文件规定的额度和方式提交履约担保。

世界银行、亚洲开发银行等国际金融组织贷款的项目和工程规模较小、技术含量较低的工程,适合采用最低评标价法进行评标。

2)评审标准

(1)初步评审标准(同综合评分法)。

(2)详细评审标准(同第2.2款详细评审标准)。

3)评标程序

(1)第一个信封初步评审(同综合评分法)。

(2)第二个信封开标(同综合评分法)。

(3)第二个信封初步评审(同综合评分法)。

(4)第二个信封详细评审。评标委员会按规定的量化因素和分值进行折算,并计算出经评审的投标价[即评标价 = 修正后的投标报价 - 暂估价 - 暂列金额(不含计日工总额)],并编制价格比较一览表。

(5) 投标文件相关信息的核查(同综合评分法)。

(6)投标文件的澄清和补正(同综合评分法)。

(7)评标结果。除招标文件"投标人须知"前附表授权直接确定中标人外,评标委员会按照经评审的价格由低到高的顺序推荐中标候选人,并标明排序。评标委员会完成评标后,应向招标人提交书面评标报告。

知识链接

国务院办公厅《关于创新完善体制机制推动招标投标市场规范健康发展的意见》(国办发〔2024〕21号)第(六)条规定:改进评标方法和评标机制。规范经评审的最低投标价法适用范围,一般适用于具有通用技术、性能标准或者招标人对技术、性能没有特殊要求的招标项目。在勘察设计项目评标中突出技术因素、相应增加权重。完善评标委员会对异常低价的甄别处理程序,依法否决严重影响履约的低价投标。

四、技术评分最低标价法

1. 评标办法前附表

(1)第2.1.1款、第2.1.3款形式评审与响应性评审(同综合评分法)。

(2)第2.2.1款分值的构成:第一个信封评分分值构成=100分,主要包括施工组织设计、主要人员、技术能力、财务能力、履约信誉等,不含投标报价得分。

(3)第2.2.3款评标价的计算公式:

$$评标价 = 修正后的投标报价 - 暂估价 - 暂列金额(不含计日工总额)$$

(4)第2.2.4款通过第一个信封详细评审的投标人数量:按照投标人的商务和技术得分由高到低排序,选择前3~10名(该数量的设置应避免评标办法演变为经评审的最低投标价法,该数量应不少于3名,最高不宜超过10名)。此外,招标人可规定技术文件采用暗标形式编制。

2. 评标办法正文

1)评标方法

评标委员会对满足招标文件实质性要求的投标文件的施工组织设计、主要人员、技术能力、财务能力、履约信誉等因素进行评分,按照得分由高到低的顺序排序,对排名在招标文件规定数量以内的投标人的报价文件进行评审,按照评标价由低到高的顺序推荐中标候选人,或根据招标人授权直接确定中标人,但投标报价低于其成本的除外。评标价相等时,评标委员会应按照评标办法前附表规定的优先次序推荐中标候选人或确定中标人。

2)评审标准

(1)初步评审标准。

①形式评审标准。见评标办法前附表第2.1.1款。

②资格评审标准。见资格预审文件"资格审查办法"详细审查标准(适用于已进行资格预审的)。

③响应性评审标准:见评标办法前附表第2.1.3款。

(2)分值构成与评分标准。

①分值构成。第一个信封评价分值构成,总分100分。

②评分标准。各评分因素权重分值范围如下:施工组织设计25~40分;主要人员25~40分;技术能力10~20分;履约信誉15~25分。

3）评标程序

（1）第一个信封初步评审（同综合评分法）。

（2）第一个信封详细评审（同综合评分法）。

（3）第二个信封开标（同综合评分法）。

（4）第二个信封初步评审（同综合评分法）。

（5）第二个信封详细评审。评标委员会按规定的量化因素和分值进行折算，并计算出经评审的投标价［评标价 = 修正后的投标报价 − 暂估价 − 暂列金额（不含计日工总额）］，并编制价格比较一览表。

（6）投标文件相关信息的核查（同综合评分法）。

（7）投标文件的澄清和补正（同综合评分法）。

（8）评标结果。

除招标文件"投标人须知"前附表授权直接确定中标人外，评标委员会按照经评审的价格由低到高的顺序推荐中标候选人，并标明排序。

评标委员会完成评标后，应向招标人提交书面评标报告。

现拟对模块二项目二任务三所述的某高速公路项目土建工程第 6 合同段进行公开招标，共有 12 家参与申请资格预审，申请人为 A、B、C、D、E、G、H、I、J、K 的 10 家通过资格预审。在投标截止时间 15 天前招标人以补遗书的形式公布了投标控制价，投标控制价为 682 000 000 元（不含暂估价、计日工合计和暂列金额）。在招标文件规定的投标截止时间（2019 年 5 月 5 日上午 10 时 00 分）之前，有 A、B、C、D、E、G、H、I、K 共 9 家投标人提交了投标文件，投标人 J 于 2019 年 5 月 5 日上午 10:30 时才来到提交投标文件的现场，因为在招标文件中有关投标文件提交的要求：逾期未送达的投标文件，招标人不予受理。

在现场开标的过程中有投标人 I 的报价超出了招标控制价范围，根据招标文件"投标人须知"前附表第 3.2.7 款的要求，视为无效文件。评标委员会成员由 7 人组成，评标时发现投标人 K 的投标文件有法定代表人授权委托书，可授权代理人没有签字，而是项目经理签字及加盖了公章，根据招标文件"投标人须知"前附表第 3.7.3 款的要求，投标文件应由投标人的法定代表人或其委托代理人逐页签署姓名并加盖公章。此文件视为无效文件。

有效投标报价的投标人 A、B、C、D、E、G、H 等 7 家的投标报价见表 3-2。

各投标人的投标报价 表 3-2

投标单位	投标总价（元）	暂估价合计（元）	计日工合计（元）	暂列金额（元）	评标价（元）
单位 A	700 928 442	700 000	6 450 000	20 207 139	673 571 303
单位 B	706 803 303	700 000	6 550 000	20 375 339	679 177 964
单位 C	709 521 785	700 000	6 450 000	20 457 431	681 914 354
单位 D	669 686 103	700 000	6 600 000	19 292 799	643 093 304
单位 E	681 895 480	700 000	6 700 000	19 645 499	654 849 981

续上表

投标单位	投标总价 (元)	暂估价合计 (元)	计日工合计 (元)	暂列金额 (元)	评标价 (元)
单位 G	686 490 199	700 000	6 800 000	19 776 414	659 213 785
单位 H	661 783 701	700 000	6 950 000	19 052 438	635 081 263
最高限价(不含暂估价、计日工合计和暂列金额,元)					682 000 000

评标委员会先对投标人的商务及技术文件进行了评分,评分结果见表3-3。

各投标单位商务及技术文件的得分   表3-3

投标单位	施工方案得分 (分)	管理机构得分 (分)	业绩得分 (分)	企业信誉得分 (分)	合计 (分)
单位 A	16.8	5.6	3	2	27.4
单位 B	17	5.2	4	2	28.2
单位 C	17.5	6	4	1	28.5
单位 D	16.5	5.8	4	2	28.3
单位 E	15.8	5.4	3	2	26.2
单位 G	17	6	4	2	29
单位 H	16.8	5.8	4	2	28.6

本项目的评标办法采用综合评分法。根据综合评分法的要求计算评标价得分。

(1)计算评标价(各投标人的评标价见表3-2)。

$$评标价 = 投标总价 - 暂估价 - 计日工合计 - 暂列金额$$

(2)计算评标价的平均值。

去掉一个最高值(投标单位C)和一个最低值(投标单位H),评标价平均值为

$$评标价平均值 = \frac{单位 A + 单位 B + 单位 D + 单位 E + 单位 G}{5} = 661\ 981\ 267(元)$$

(3)计算评标基准价。

评标基准价 = 评标价平均值 × (1 - 3%) = 654 990 334 × (1 - 3%) = 642 121 829(元)

(4)评标价的偏差率计算。各投标人的偏差率见表3-4。

$$偏差率 = \frac{100\% × (投标人评标价 - 评标基准价)}{评标基准价}$$

(5)计算各投标人的评标价得分,满分为70分(表3-4)。

(6)计算各投标人的综合得分(表3-4)。

根据综合得分结果确定中标候选人:第一名为单位 D、第二名为单位 H、第三名为单位 G。

开标评标记录表

表 3-4

项目名称	某高速公路项目土建工程第6合同段	开标地点			××市商务中心一楼招标投标交易中心开标室		开标时间		2019年5月5日		
主要数据											
最高限价（元）	682 000 000				下浮点（3%）	评标价偏差率	扣分系数	报价扣分（%）	报价得分	商务和技术文件得分	综合得分	排名
序号	投标单位	投标报价（元）	评标价（元）	评标价平均值（元）	评标基准价（元）							
1	单位A	700 928 442	673 571 303			4.898	1.0	4.898	65.102	27.4	92.502	5
2	单位B	706 803 303	679 177 964			5.771	1.0	5.771	64.229	28.2	92.429	6
3	单位C	709 521 785	681 914 354			6.197	1.0	6.197	63.803	28.5	92.303	7
4	单位D	669 686 103	643 093 304	661 981 267	642 121 829	0.151	1.0	0.151	69.849	28.3	98.149	1
5	单位E	681 895 480	654 849 981			1.982	1.0	1.982	68.018	26.2	94.218	4
6	单位G	686 490 199	659 213 785			2.662	1.0	2.662	67.338	29	96.338	3
7	单位H	661 783 701	635 081 263			-1.096	0.5	0.548	69.452	28.6	98.052	2
中标候选人	第一名:投标单位D,第二名:投标单位H,第三名:投标单位G							评标日期		2014年1月2日		
评标小组代表(签字)												
评标单位(印)		法定代表人(签字)			上级主管部门(印)			招投标管理部门(印)				

思考题

1. 开标准备工作包括哪些?
2. 公路施工评标应遵循哪些原则?
3. 公路施工评标方法有哪几种?
4. 通过初步评审(符合性审查)有哪些条件?
5. 投标报价有算术错误的,评标委员会应如何处理?
6. 如何确定评标价、评标价平均值以及评标基准价?

项目二
ITEM TWO
合同授予

任务一　　定标

定标又称中标,是指招标人根据评标委员会的评标报告,在推荐的中标候选人(一般为 1～3 个)中,最后确定中标人。在某些情况下,招标人也可以直接授权评标委员会直接确定中标人。

一、评标定标的期限

评标定标期限又称投标有效期,是指从投标截止之日起到公布定标之日为止的这段时间。有效期的长短根据工程的大小、繁简而定。按照国际惯例,一般为 90～120 天。

投标有效期应当在招标文件中载明。投标有效期是要保证评标委员会和招标人有足够的时间对全部投标进行比较和评价。例如,世界银行贷款项目需考虑报世界银行审查和报送上级部门批准的时间。

投标有效期一般不应该延长,但在某些特殊情况下,招标人要求延长投标有效期是可以的,但必须经招标投标管理机构批准和征得全体投标人的同意。投标人有权拒绝延长有效期,建设单位不能因此而没收其投标保证金。同意延长投标有效期的投标人不得要求在此期间修改其投标文件,而且招标人必须同时相应延长投标保证金的有效期,对于投标保证金的各有关规定在延长期内同样有效。

二、定标的过程

1.确定中标人

除"投标人须知"中规定评标委员会直接确定中标人外,招标人还可在评标委员会推荐的中标候选人中确定中标人。评标委员会按评标办法进行评审后,提出评标报告,推荐中标候选人通常为 3 个,并标明排列顺序。招标人应当接受评标委员会推荐的候选人,从中选择中标人。评标委员会提出书面评标报告,招标人一般应当在 15 个工作日内确定中标人。但最迟应在投标均有效的结束日后的 30 个工作日内确定。中标人确定后,由招标人向中标人发出中标通知书,并公布所有未中标人。要求中标人在中标通知书发出 30 天内签订合同。招标人应在 5 个工作日内,向未中标人退还保证金。另外,招标人应在 15 日内向招投标机构提交书面报告备案。至此,招标即告结束。

知识链接

(1)十四届全国人大常委会立法规划于 2023 年 9 月 7 日公布,拟对招标投标法的修订,并发布《中华人民共和国招标投标法(修订草案公开征求意见稿)》,拟将原第四十条修订为:第四十七条 评标委员会应当按照招标文件确定的评标标准和方法,集体研究并分别独立对投标文件进行评审和比较。评标委员会完成评标后,应当向招标人提出书面评标报告,推荐不超过三个合格的中标候选人,并对每个中标候选人的优势、风险等评审情况进行说明;除招标文件明确要求排序的外,推荐中标候选人不标明排序。

招标人根据评标委员会提出的书面评标报告和推荐的中标候选人,按照招标文件规定的定标方法,结合对中标候选人合同履行能力和风险进行复核的情况,自收到评标报告之日起二十日内自主确定中标人。定标方法应当科学、规范、透明。招标人也可以授权评标委员会直接确定中标人。国务院对特定招标项目的评标有特别规定的,从其规定。

(2)国家发展改革委、住房城乡建设部等 8 部门联合印发《招标投标领域公平竞争审查规则》(国家发展改革委令第 16 号)(自 2024 年 5 月 1 日起施行)第八条规定:政策制定机关制定定标相关政策措施,应当尊重和保障招标人定标权,落实招标人定标主体责任,不得制定以下政策措施:

①为招标人指定定标方法;

②为招标人指定定标单位或者定标人员;

③将定标权交由招标人或者其授权的评标委员会以外的其他单位或者人员行使;

④规定直接以抽签、摇号、抓阄等方式确定合格投标人、中标候选人或者中标人;

⑤以其他不合理条件限制招标人定标权的政策措施。

(3)国务院办公厅《关于创新完善体制机制推动招标投标市场规范健康发展的意见》(国办发〔2024〕21 号)第(七)条规定:优化中标人确定程序。厘清专家评标和招标人定标的职责定位,进一步完善定标规则,保障招标人根据招标项目特点和需求依法自主选择定标方式并在招标文件中公布。建立健全招标人对评标报告的审核程序,招标人发现评标报告存在错误的,有权要求评标委员会进行复核纠正。探索招标人从评标委员会推荐的中标候选人范围内自主研究确定中标人。实行定标全过程记录和可追溯管理。

2. 投标人提出异议

招标人全部或部分使用非中标单位投标文件中的技术成果和技术方案时,需征得其书面同意,并给予一定的经济补偿。如果投标人在中标结果确定后对中标结果有异议。甚至认为自己的权益受到了招标人的侵害,有权向招标人提出异议;如果异议不被接受,还可以向有关行政监督部门提出申诉,或者直接向法院提起诉讼。

3. 招投标结果的备案制度

招投标结果的备案制度,是指对依法必须进行招标的项目,招标人应当自确定中标人之日

起15日内,向有关行政监督部门提交招标投标情况的书面报告。书面报告至少包含以下内容:

(1)招标范围。

(2)招标方式和发布的招标公告。

(3)招标文件中的投标人须知、技术条款、评标标准和方法、合同主要条款等内容。

(4)评标委员会的组成和评标报告。

(5)中标结果。

在规定的投标有效期内,招标人以书面形式向中标人发出中标通知书,同时将中标结果通知未中标的投标人。

三、中标通知书

中标人确定后,招标人应迅速将中标结果通知中标人及所有未中标的投标人。我国《招标投标法》规定,应在确定中标人后7日内发出中标通知书,中标通知书就是向中标的投标人发出的告知其中标的书面通知文件。

四、中标通知书的法律效力

发出中标通知书是《招标投标法》规定的承诺行为,即在发出时生效,对于中标人和招标人都产生约束力。即使中标通知书及时发出,也可能在传递过程中并非因招标人的过错而出现延误、丢失或错投,致使中标人未能在有效期内收到该通知,招标人则丧失了对中标人的约束权。按照"发信主义"的要求,招标人的上述权利可以得到保护。《招标投标法》规定,中标通知书发出后,招标人改变中标结果的或者中标人放弃中标项目的,都应当依法承担法律责任。根据我国《民法典合同编》规定,承诺生效时合同成立。因此,中标通知书发出时即发生承诺生效,投标人改变中标结果、变更中标人,实质上是一种单方撕毁合同的行为;投标人放弃中标项目则是一种违约行为,所以应当承担违约责任。

任务二　合同签订

一、履约担保

(1)在签订合同前,中标人应按"投标人须知"前附表规定的金额、担保形式和招标文件合同条款及格式规定的履约担保格式向招标人提交履约担保。以联合体形式中标的,其履约担保由牵头人递交,并应符合"投标人须知"前附表规定的金额、担保形式和招标文件中"合同条款及格式"规定的履约担保格式要求。

(2)中标人不能按要求提交履约担保的,视为放弃中标,其投标保证金不予退还,给招标人造成的损失超过投标保证金数额的,中标人还应当对超过部分予以赔偿。

二、中标人签订合同

（1）招标人和中标人应当自中标通知书发出之日起30天内，根据招标文件和中标人的投标文件订立书面合同，并且在签订合同5个工作日内退清投标人缴纳的所有保证金。中标人无正当理由拒签合同的，招标人取消其中标资格，其投标保证金不予退还；给招标人造成的损失超过投标保证金数额的，中标人还应当对超过部分予以赔偿。

（2）发出中标通知书后，招标人无正当理由拒签合同的，招标人向中标人退还投标保证金；给中标人造成损失的，还应当赔偿损失。

（3）签约合同价的确定原则如下：

①按照评标办法规定对投标报价进行修正后，若修正后的最终投标报价小于开标时的投标函文字报价，则签订合同时以修正后的最终投标报价为准。

②按照评标办法规定对投标报价进行修正后，若修正后的最终投标报价大于开标时的投标函文字报价，则签订合同时以开标时的投标函文字报价为准，同时按比例修正相应子目的单价或合价。

（4）合同协议书经双方法定代表人或其授权的代理人签署并加盖单位章后生效。若以联合体形式参与投标，则联合体各成员的法定代表人或其授权的代理人都应在合同协议书上签署并加盖单位章。发包人和中标人在签订合同协议书的同时需按照招标文件规定的格式和要求签订廉政合同及安全生产合同，明确双方在廉政建设、安全生产方面的权利和义务，以及应承担的违约责任。

（5）如果投标人不满足招标的相关要求，招标人取消了中标人的中标资格，在此情况下，招标人可将合同授予下一个中标候选人，或者按规定重新组织招标。

三、中标人拒绝签订合同

中标人不履行与招标人订立合同的，履约保证金不予退还，给招标人造成的损失超过履约保证金数额的，还应当对超过部分予以赔偿；没有提交履约保证金的，应当对招标人的损失承担赔偿责任。

我国《民法典》规定，中标人拒绝签订合同属于缔约过失责任，是指在订立合同的过程中，一方因违背其依据诚实信用原则所应尽的义务而导致另一方信赖利益的损失时所应承担的民事责任。

缔约过失责任的构成应具备以下几个要件：

（1）缔约过失责任发生在合同订立阶段，如果在合同有效成立后造成对方损失的，则产生违约责任。

（2）缔约过失责任是缔约一方当事人违反先合同义务所应承担的责任。违反先合同义务是指在订立合同的过程中，缔约当事人依据诚实信用原则所应承担的义务。

（3）因一方违反诚实信用原则造成另一方信赖利益的损失。

（4）缔约一方违反先合同义务的缔约过失行为与另一方信赖利益的损失之间存在因果关系。

（5）缔约过失方主观上存在过错。该过错包括故意与过失。

思考题

何为投标有效期？
何为合同基础知识五要点？
何为合同代位权？
失信企业会怎样？

合同基础知识5个要点　　　　合同的代位权　　　　失信企业会怎样

MODULE 4

模 块 四
服务招标与投标

知识目标

1.了解勘察设计招投标和监理招投标的基本知识；
2.掌握勘察设计招投标、监理招投标及其投标文件的组成内容；
3.熟悉勘察设计招投标和监理招投标的评标方法；
4.掌握勘察设计和监理招投标文件的编制。

能力目标

1.具有编制勘察设计招投标文件和投标文件的基本能力；
2.具有编制施工监理招投标文件和投标文件的基本能力。

项目一
ITEM ONE

公路工程勘察设计
招标与投标

任务一　　公路工程勘察设计招标

公路工程勘察设计招标是指招标人按照国家基本建设程序,依据批准的可行性研究报告,对公路工程初步设计、施工图设计通过招标活动选定勘察设计单位。

公路工程勘察设计招标可以实行一次性招标、分阶段招标,有特殊要求的关键工程可以进行方案招标。

一、勘察设计招标的标准、方式及程序

1. 勘察设计招标的标准

公路建设项目的勘察、设计单项合同估算价在100万元人民币以上,或同一项目中可以合并进行的勘察、设计合同估算价合计达到100万元人民币以上的,必须进行勘察、设计招标。但有下列情形之一的,可以不进行勘察设计招标:

(1)涉及国家安全、国家秘密、抢险救灾或者属于利用扶贫资金实行以工代赈等特殊情况。

(2)需要采用不可替代的专利或者专有技术。

(3)采购人依法能够自行提供勘察设计。

(4)已通过招标方式选定的特许经营项目投资人依法能够自行提供勘察设计。

(5)需要向原中标人采购勘察设计,否则将影响施工或者功能配套要求。

(6)国家规定的其他特殊情形。

2.勘察设计招标的方式

公路工程勘察设计招标分为公开招标和邀请招标。

3.勘察设计招标的程序

公路工程勘察设计招标应按下列程序进行:

(1)编制资格预审文件和招标文件。

(2)发布招标公告或者发出投标邀请书。

(3)对潜在投标人进行资格审查。

(4)向合格的潜在投标人发售招标文件。

(5)组织潜在投标人勘查现场,召开标前会。

(6)接受投标人的投标文件,公开开标。

(7)组建评标委员会评标,推荐中标候选人。

(8)确定中标人,发出中标通知书。

(9)与中标人签订合同。

公路工程勘察设计招标实行邀请招标的,在编制招标文件后,按上述程序的第(4)~(9)项要求进行。

二、招标文件的编制

1.招标文件的主要内容和分类

1)招标文件的组成

招标文件是由招标人编制并向投标人提供的为进行工程招标所必需的实施性文件。公路工程勘察设计招标文件应当按照交通运输部颁布的《公路工程标准勘察设计招标文件》(2018年版)结合招标项目的特点和实际需要进行编制。招标文件包括以下内容:

(1)招标公告(或投标邀请书)。

(2)投标人须知。

(3)评标办法。

(4)合同条款及格式。

(5)勘察设计技术要求。

(6)投标文件格式。

(7)投标人须知前附表规定的其他材料。

此外,招标人在招标期间对招标文件所做的澄清、修改,构成招标文件的组成部分,投标人应一并阅读。当招标文件、招标文件的澄清或修改等在同一内容的表述上不一致时,以最后发出的书面文件为准。

2)招标文件主要内容的分类

招标文件的内容大致可分为3类:

(1)关于编写和提交投标文件的规定。载入这些内容的目的是使符合资格的投标人尽量减少由于不明确如何编写投标文件而处于不利地位或其投标遭到拒绝的可能性。

(2)关于投标文件的评审标准和方法。这是为了提高招标过程的透明度和公平性,因而是非常重要的,也是必不可少的。

(3)关于合同的主要条款,如商务性条款。该部分条款有利于投标人了解中标后签订的合同的主要内容,明确双方各自的权利和义务。其中,技术要求、投标报价要求和主要合同条款等内容是招标文件的内容,统称实质性要求。

所谓招标文件实质性要求就是响应招标文件的要求,即投标文件应该与招标文件的所有实质性要求相符,无显著差异或保留。如果投标文件与招标文件规定的实质性要求不相符,即可认定投标文件不符合招标文件的要求,招标人可以拒绝其投标,并不允许投标人修改或撤销其不符合要求的差异,或保留使之成为实质性响应的投标。

2. 招标文件的编制

1)招标公告(或投标邀请书)

招标公告(或投标邀请书)是招标文件的主要组成部分。《公路工程标准勘察设计招标文件》(2018年版)中规定了两种不同情况下使用的格式。未进行资格预审的招标公告如下:

第一章　招标公告(未进行资格预审)

_____(项目名称)_____合同段勘察设计招标公告

1. 招标条件

本招标项目_____(项目名称)已由_____(项目审批、核准或备案机关名称)以_____(批文名称及编号)批准建设,项目建设方为_____,建设资金来自_____(资金来源),项目出资比例为_____,招标人为_____。项目已具备招标条件,现对该项目的勘察设计进行公开招标。

2. 项目概况与招标范围

_____(说明本次招标项目的建设地点、规模、勘察设计服务期限、招标范围、合同段划分等)。

3. 投标人资格要求

3.1 本次招标要求投标人须具备_____资质,_____业绩,并在人员等方面具有承担本合同段勘察设计的能力。

投标人应进入交通运输部"全国公路建设市场信用信息管理系统(http://glxy.mot.gov.cn)"中的公路工程设计资质企业名录,且投标人名称和资质与该名录中的相应企业名称和资质完全一致。

3.2 本次招标_____(接受或不接受)联合体投标。联合体形式参与投标的,应满足下列要求:_____。

3.3 每个投标人最多可对_____(具体数量)个合同段投标,被_____交通运输主管部门评为_____信用等级的投标人,最多可对_____(具体数量)个合同段投标。每个投标人允许中_____个标。对投标人信用等级的认定条件为:_____。

3.4 与招标人存在利害关系可能影响招标公正性的单位,不得参加投标。单位负责人为同一人或存在控股、管理关系的不同单位,不得参加同一合同段投标,否则,相关投标均无效。

3.5 在"信用中国"网站(http://www.creditchina.gov.cn/)中被列入失信被执行人名单的投标人,不得参加投标。

4. 技术成果经济补偿

本次招标对未中标人投标文件中的技术成果_____(给予或不给予)经济补偿。

给予经济补偿的,招标人将按如下标准支付经济补偿费:_____。

5. 招标文件的获取

5.1 请于_____年_____月_____日至_____年_____月_____日,每日上午_____时_____分至_____时_____分,下午_____时_____分至_____时_____分(北京时间,下同),在_____(详细地址)持本邀请书和单位介绍信、经办人身份证购买招标文件。参加多个合同段投标的投标人必须分别购买相应合同段的招标文件,并对每个合同段单独递交投标文件。

5.2　招标文件每套售价＿＿＿＿＿元,售后不退。

6.投标文件的递交及相关事宜

6.1　招标人将于下列时间和地点组织进行工程现场踏勘并召开投标预备会。

现场踏勘时间:＿＿＿＿年＿＿＿月＿＿＿时＿＿＿分,集中地点:＿＿＿＿;

投标预备会时间:＿＿＿＿年＿＿＿月＿＿＿日＿＿＿时＿＿＿分,地点:＿＿＿＿。

6.2　投标文件递交的截止时间(投标截止时间,下同)为＿＿＿＿年＿＿＿月＿＿＿日＿＿＿时
＿＿＿＿分,投标人应于当日＿＿＿＿时＿＿＿分至＿＿＿时＿＿＿分将投标文件递交至
＿＿＿＿(详细地址)。

6.3　逾期送达的、未送达指定地点的或不按照招标文件要求密封的投标文件,招标人将予以拒收。

7.发布公告的媒介

本次招标公告同时在＿＿＿＿(发布公告的媒介名称)上发布。

8.联系方式

招 标 人:＿＿＿＿	招标代理机构:＿＿＿＿
地　　址:＿＿＿＿	地　　址:＿＿＿＿
邮政编码:＿＿＿＿	邮 政 编 码:＿＿＿＿
联 系 人:＿＿＿＿	联 系 人:＿＿＿＿
电　　话:＿＿＿＿	电　　话:＿＿＿＿
传　　真:＿＿＿＿	传　　真:＿＿＿＿
电子邮件:＿＿＿＿	电 子 邮 件:＿＿＿＿
网　　址:＿＿＿＿	网　　址:＿＿＿＿
开户银行:＿＿＿＿	开 户 银 行:＿＿＿＿
账　　号:＿＿＿＿	账　　号:＿＿＿＿

＿＿＿＿年＿＿月＿＿日

招标公告(或投标邀请书)的目的是向符合要求的有能力的潜在投标人提供一些必需的信息,为他们决定是否参加公路工程勘察设计投标提供依据。招标公告(或投标邀请书)应当包括:招标范围、内容、资格标准、技术成果经济补偿,购买招标文件的时间和地点,现场勘察时间,标前会议时间,提交投标文件的截止时间和地点等必要信息。

招标人不得以不合理的条件限制或者排斥潜在投标人,不得对潜在投标人实行歧视待遇。

在编制招标公告时,应当注意以下几点:

(1)招标人可根据项目具体特点和实际需要对内容进行补充、细化,但应遵守《中华人民共和国招标投标法》第十六条和《招标公告和公示信息发布管理办法》等有关法律法规的规定。

(2)招标人应自资格预审文件开始发售之日起,将资格预审文件的关键内容上传至具有招标监督职责的交通运输主管部门政府网站或其指定的其他网站上进行公开,公开内容包括项目概况、对申请人的全部资格条件要求、资格审查办法全文、招标人联系方式等。招标人可将资格预审文件的关键内容全部载明在资格预审公告正文中,或作为资格预审公告的附件进行公开,或作为独立文件在网站上进行公开。

(3)招标公告中3.1的规定仅适用于根据《关于发布公路工程从业企业资质名录的通知》

(厅公路字〔2011〕114 号)要求,招标人通过名录对申请人资质条件进行审核的公路工程设计企业。

(4)招标人可根据招标项目所在地省级交通运输主管部门的有关规定,对信用等级高的申请人给予一定的奖励。例如,增加参与投标的合同段数量,减免投标保证金,减少履约保证金、质量保证金等优惠措施。

(5)招标公告中技术成果经济补偿条款一般适用于方案设计招标。

(6)资格预审文件的发售时间不得少于 5 日。

(7)资格预审文件中提到的货币单位除有特别说明外,均指人民币。

(8)每套资格预审文件售价只计工本费,最高不超过 1 000 元。

(9)依法必须进行招标的公路工程,自资格预审文件停止发售之日起至申请人递交资格预审申请文件截止之日止,不得少于 5 日。

2)"投标人须知"

"投标人须知"的目的是使潜在投标人了解招标人对投标的要求,并向潜在投标人提供必要的资料,以使投标人能按照招标人的要求编写投标文件。凡是有关编写投标文件的一切信息,以及投标文件的提交、开标,直到签订合同的有关要求及信息都应在"投标人须知"中写明。但是,关于投标人履行合同或如何根据合同支付等问题,或关于投标人(或中标人)的风险与义务等内容,一般不写在"投标人须知"中,而是在合同通用条款和专用条款中写明,"投标人须知"与合同条款可能会出现部分相关联的要求,编写招标文件时要特别注意,不要涉及同一内容的不同条款相互矛盾或前后不一致。

"投标人须知"是招标文件中商务文件中最重要的部分,每个条款都是投标人应该知道和遵守的商务规矩,并如实地反映招标人的投标意图,投标人必须逐条、逐句研读,不可大意。

"投标人须知"由投标人须知前附表及投标人须知组成,主要内容包括:投标人须知前附表、总则、招标文件、投标文件、投标、开标、评标、合同授予、纪律与监督、是否采用电子招标投标以及需要补充的其他内容。

(1)投标人须知前附表(表 4-1)

投标人须知前附表 表 4-1

条款号	条款名称	编列内容
1.1.2	招标人	名　称:_____ 地　址:_____ 联系人:_____ 电　话:_____
1.1.3	招标代理机构	名　称:_____ 地　址:_____ 联系人:_____ 电　话:_____
1.1.4	招标项目名称	
1.1.5	合同段建设地点	
1.1.6	合同段建设规模	

条款号	条款名称	编列内容
1.1.7	合同段投资估算	
1.2.1	资金来源及比例	
1.2.2	资金落实情况	
1.3.1	招标范围	□初勘、初测 □详勘、定测 □初步设计 □技术设计 □施工图设计 □其他:_____
1.3.2	勘察设计服务期限	
1.3.3	质量要求	
1.3.4	安全目标	
1.4.1	投标人资质条件、能力和信誉	资质要求: 业绩要求: 信誉要求: 项目负责人资格: 其他要求:
1.4.2	是否接受联合体投标	□不接受 □接受,应满足下列要求: (1)联合体所有成员数量不得超过_____家; (2)联合体牵头人应具有_____资质; ……
1.4.3	投标人不得存在的其他关联情形	
1.4.4	投标人不得存在的其他不良 状况或不良信用记录	
1.10.2	投标人在投标预备会前提出问题	时间:_____ 形式:_____
1.11.1	分包	□不允许 □允许,允许分包的工程(或不允许分包的工程):_____ 对分包人的资格要求:_____
2.1	构成招标文件的其他资料	
2.2.1	投标人要求澄清招标文件	时间:_____年_____月_____日_____时_____分 形式:_____
2.2.2	招标文件澄清发出的形式	
2.2.3	投标人确认收到招标文件澄清	时间:收到澄清后_____小时内(以发出时间为准) 形式:_____
2.3.1	招标文件修改发出的形式	

续上表

条款号	条款名称	编列内容
2.3.2	投标人确认收到招标文件修改	时间:收到修改后_____小时内(以发出时间为准) 形式:_____
3.1.1	构成投标文件的其他资料	
3.2.1	增值税税金的计算方法	
3.2.3	报价方式	□总价 □单价
3.2.4	最高投标限价	□无 □有,最高投标限价_____元(其中含暂列金额_____元)
3.2.5	投标报价的其他要求	
3.3.1	投标有效期	自投标人提交投标文件截止之日起计算_____日
3.4.1	投标保证金	是否要求投标人递交投标保证金: □要求,投标保证金的金额:_____ 投标保证金可采用的其他形式:_____ 招标人指定的开户银行及账号如下: 账户名称:_____ 开户银行:_____ 账　　号:_____ 采用银行保函时,出具保函的银行级别:_____ □不要求
3.4.3	投标保证金的利息计算原则	(1)计算利息的起始日期为投标截止当日,终止日期为招标人退还投标保证金日期的前一日; (2)投标保证金的利息按照第(1)款所述计息时间段内招标人指定汇入银行公告的活期存款利率计付,并扣除招标人汇款手续费; (3)利息金额计算至分位,分以下尾数四舍五入
3.4.4	其他可以不予退还投标保证金的情形	
3.5	资格审查资料的特殊要求	□无 □有,具体要求:
3.5.2	近年完成的类似项目情况的时间要求	_____年_____月_____日至_____年_____月_____日
3.6.1	是否允许递交备选投标方案	□不允许 □允许
3.7.4	投标文件副本份数及其他要求	投标文件副本份数: 是否要求提交电子版文件: 其他要求:

续上表

条款号	条款名称	编列内容
3.7.5	装订的其他要求	
4.1.2	封套上应载明的信息	投标文件第一个信封(商务及技术文件)封套: 招标人名称:_____ 招标人地址:_____ (项目名称)_____合同段勘察设计招标第一个信封(商务及技术文件)投标文件 招标项目编号:_____ 在_____年_____月_____日_____时_____分前不得开启 投标人名称:_____ 投标文件第二个信封(报价文件)封套: 招标人名称:_____ 招标人地址:_____ (项目名称)合同段勘察设计招标第二个信封(报价文件)投标文件 招标项目编号:_____ 在投标文件第二个信封(报价文件)开标前不得开启 投标人名称:_____ 投标人地址:_____ 银行保函封套: 招标人名称:_____ 招标人地址:_____ (项目名称)_____合同段勘察设计招标投标保证金(银行保函原件) 招标项目编号:_____ 投标人名称:_____
4.2.3	是否退还投标文件	□否 □是,退还时间:
5.1	开标时间和地点	投标文件第一个信封(商务及技术文件)开标时间:同投标截止时间 投标文件第一个信封(商务及技术文件)开标地点:同递交投标文件地点 投标文件第二个信封(报价文件)开标时间:_____ 投标文件第二个信封(报价文件)开标地点:_____

续上表

条款号	条款名称	编列内容
5.2.1	第一个信封(商务及技术文件)开标程序	(4)密封情况检查:检查商务及技术文件是否存在提前开启情况 (5)开标顺序:_____
5.2.3	第二个信封(报价文件)开标程序	(4)密封情况检查:检查报价文件是否存在提前开启情况 (5)开标顺序:_____
6.1.1	评标委员会的组建	评标委员会构成:_____人,其中招标人代表_____人,专家_____人; 评标专家确定方式:依法从相应评标专家库中随机抽取
6.3.2	评标委员会推荐中标候选人的人数	
7.1	中标候选人公示媒介及期限	公示媒介: 公示期限:_____日 公示的其他内容:_____
7.4	是否授权评标委员会确定中标人	□是 □否
7.5	中标通知书和中标结果通知发出的形式	
7.6	中标结果公告媒介及期限	公告媒介: 公告期限:_____日
7.7	技术成果经济补偿	□不补偿 □补偿,补偿标准:
7.8.1	履约保证金	是否要求中标人提交履约保证金: □要求,履约保证金的形式:银行保函或现金、支票形式 履约保证金的金额:_____%签约合同价; 被交通运输主管部门评为_____信用等级的中标人,履约保证金金额为_____%签约合同价 采用银行保函时,出具保函的银行级别:_____ □不要求
8.5.1	监督部门	监督部门:_____ 地　址:_____ 电　话:_____ 传　真:_____ 邮政编码:_____
9	是否采用电子招标投标	□否 □是,具体要求:_____
需要补充的其他内容		

在编写投标人须知前附表中应注意的事项:

①"投标人须知前附表"用于进一步明确正文中的未尽事宜,由招标人根据招标项目具体特点和实际需要编制和填写,且应与招标文件中其他章节相衔接,并不得与本章正文内容相抵触。

"投标人须知前附表"中的附录表格同属"投标人须知前附表"内容,同其他内容具有同等效力。

②招标人应根据招标项目具体特点和实际需要,对工程勘察设计服务质量提出目标要求。

③招标人应根据招标项目具体特点和实际需要,对工程勘察设计过程中的人员安全提出目标要求。

④第1.4.1款适用于未进行资格预审的情况。

⑤对于技术特别复杂的特大桥梁和特长隧道项目主体工程以及其他有特殊要求的工程,招标人还可对投标人的各专业分项负责人提出要求。

⑥第1.4.2款适用于未进行资格预审的情况。

⑦招标人可根据招标项目所在地省级交通运输主管部门的有关规定,对信用等级高的投标人,给予减免投标保证金金额的优惠。

⑧招标人不得强制限定投标保证金必须采用现金或支票方式缴纳,不得拒绝银行保函形式的投标保证金。

⑨第3.5款适用于未进行资格预审的情况。

⑩第3.5.2款适用于未进行资格预审的情况。

⑪评标委员会应由招标人代表和有关方面的专家组成,人数为5人以上单数,其中技术、经济专家人数应不少于成员总数的三分之二。

⑫招标人不得强制限定履约保证金必须采用现金或支票方式缴纳,不得拒绝银行保函形式的履约保证金。

⑬招标人可根据招标项目所在地省级交通运输主管部门的有关规定,对信用等级高的投标人,给予减少履约保证金金额的优惠。

(2)投标人须知正文

投标人须知

1. 总则

(略)

2. 招标文件

2.1 招标文件的组成

(略)

2.2 招标文件的澄清

2.2.1 投标人应仔细阅读和检查招标文件的全部内容。如发现缺页或附件不全,应及时向招标人提出,以便补齐。如有疑问,应按投标人须知前附表规定的时间和形式将提出的问题送达招标人,要求招标人对招标文件予以澄清。

2.2.2 招标文件的澄清以投标人须知前附表规定的形式发给所有购买招标文件的投标人,但不指明澄清问题的来源。澄清发出的时间距第4.2.1款规定的投标截止时间不足15日,且澄清内容可能影响投标文件编制的,将相应延长投标截止时间。

2.2.3 投标人在收到澄清后,应按投标人须知前附表规定的时间和形式通知招标人,确认已收到该澄清。

2.2.4 除非招标人认为确有必要答复,否则,招标人有权拒绝回复投标人在第2.2.1款规定的时间后提出的任何澄清要求。

2.3 招标文件的修改

2.3.1 招标人以投标人须知前附表规定的形式修改招标文件,并通知所有已购买招标文件的投标人。修改招标文件的时间距第4.2.1款规定的投标截止时间不足15日,且修改内容可能影响投标文件编制的,将相应延长投标截止时间。

2.3.2 投标人收到修改内容后,应按投标人须知前附表规定的时间和形式通知招标人,确认已收到该修改。

2.4 招标文件的异议

投标人或其他利害关系人对招标文件有异议的,应在投标截止时间10日前以书面形式提出。招标人将在收到异议之日起3日内做出答复;做出答复前,将暂停招标投标活动。

3.投标文件

(略)

4.投标

4.1 投标文件的密封和标识

4.1.1 投标文件应采用双信封形式密封。投标文件第一个信封(商务及技术文件)以及第二个信封(报价文件)应单独密封包装。商务及技术文件的正本与副本应统一密封在一个封套中。报价文件的正本与副本以及投标文件电子版文件(如需要)应统一密封在另一个封套中。封套应加贴封条,并在封套的封口处加盖投标人单位章或由投标人的法定代表人或其委托代理人签字。采用银行保函形式提交投标保证金的,银行保函原件应密封在单独的封套中。

4.1.2 投标文件的第一个信封(商务及技术文件)、第二个信封(报价文件)以及银行保函封套上应写明的内容见投标人须知前附表。

4.1.3 未按第4.1.1款要求密封的投标文件,招标人将予以拒收。

4.2 投标文件的递交

4.2.1 投标人应在"招标公告"或"投标邀请书"规定的投标截止时间前递交投标文件。

4.2.2 投标人递交投标文件的地点:见"招标公告"或"投标邀请书"。

4.2.3 除"投标人须知前附表"另有规定外,投标人所递交的投标文件不予退还。投标人少于3个的,投标文件当场退还给投标人。

4.2.4 招标人收到投标文件后,向投标人出具签收凭证。

4.2.5 逾期送达的或未送达指定地点的投标文件,招标人将予以拒收。

4.3 投标文件的修改与撤回

4.3.1 在第4.2.1款规定的投标截止时间前,投标人可以修改或撤回已递交的投标文件,但应以书面形式通知招标人。

4.3.2 投标人修改或撤回已递交投标文件的书面通知应按照第3.7.3款的要求签字或盖章。招标人收到书面通知后,向投标人出具签收凭证。

4.3.3 投标人撤回投标文件的,招标人自收到投标人书面撤回通知之日起5日内退还已收取的投标保证金。

4.3.4 修改的内容为投标文件的组成部分。修改的投标文件应按"投标人须知前附表"中的规定进行编制、密封、标记和递交,并标明"修改"字样。

5.开标

(略)

6.评标

(略)

7.合同授予

(略)

8.纪律和监督

8.1 对招标人的纪律要求

8.2 对投标人的纪律要求

8.3 对评标委员会成员的纪律要求

8.4 对与评标活动有关的工作人员的纪律要求

8.5 投诉

8.5.1 投标人或其他利害关系人认为招标投标活动不符合法律、行政法规规定的,可以自知道或应当知道之日起10日内向有关行政监督部门投诉。投诉应有明确的请求和必要的证明材料。

监督部门的联系方式见投标人须知前附表。

9. 是否采用电子招标投标

10. 需要补充的其他内容

10.1 自购买招标文件之日起,投标人应保证其提供的联系方式(电话、传真、电子邮件)一直有效,以便及时收到招标人发出的函件(招标文件的澄清、修改等),并应及时向招标人反馈信息,否则招标人不承担由此引起的一切后果。

需要补充的其他内容:见投标人须知前附表。

三、开标、评标与合同授予

1. 开标

1)开标时间和地点

招标人将在"招标公告"或"投标邀请书"规定的投标截止时间(开标时间) 和投标人须知前附表规定的地点对收到的投标文件第一个信封(商务及技术文件)公开开标,并邀请所有投标人的法定代表人或其授权委托代理人准时参加。

招标人在投标人须知前附表规定的时间和地点对投标文件第二个信封(报价文件)公开开标,并邀请所有投标人的法定代表人或其授权委托代理人准时参加。

投标人若未派法定代表人或授权委托代理人出席开标活动,视为该投标人默认开标结果。

2)开标程序

(1)主持人按下列程序对投标文件第一个信封(商务及技术文件)进行开标:

①宣布开标纪律。

②公布在投标截止时间前递交投标文件的投标人数量。

③宣布开标人、唱标人、记录人等有关人员姓名。

④按照投标人须知前附表规定由投标人推选的代表检查投标文件的密封情况。

⑤按照投标人须知前附表规定的开标顺序当众开标,公布合同段名称、投标人名称、投标保证金的递交情况、勘察设计服务期限及其他内容,并记录在案。

⑥投标人代表、招标人代表、记录人等有关人员在开标记录上签字确认。

⑦开标结束。

(2)在投标文件第一个信封(商务及技术文件)开标现场,投标文件第二个信封(报价文件)不予开封,由招标人密封保存。

(3)招标人将按照招标文件规定的时间和地点对投标文件第二个信封(报价文件)进行开标。主持人按下列程序进行开标:

①宣布开标纪律。

②当众拆开投标文件第一个信封(商务及技术文件)评审结果的密封袋,宣布通过投标文件第一个信封(商务及技术文件)评审的投标人名单。

③宣布开标人、唱标人、记录人等有关人员姓名。

④按照投标人须知前附表规定由投标人推选的代表检查投标文件的密封情况。

⑤按照投标人须知前附表规定的开标顺序当众开标,开标人只拆封通过投标文件第一个

信封(商务及技术文件)评审的投标文件的第二个信封(报价文件),公布合同段名称、投标人名称、投标报价及其他内容,并记录在案。

⑥计算并宣布评标基准价。

⑦将未通过投标文件第一个信封(商务及技术文件)评审的投标文件的第二个信封(报价文件)退还给投标人。

⑧投标人代表、招标人代表、记录人等有关人员在开标记录上签字确认。

⑨开标结束。

(4)在投标文件第二个信封(报价文件)开标现场,招标人将按"评标办法"规定的原则计算并宣布评标基准价。若招标人发现投标文件出现以下任一情况,其投标报价将不再参加评标基准价的计算:

①未在投标函上填写投标总价。

②投标报价超出招标人公布的最高投标限价(如有)。

③投标报价的大写金额无法确定具体数值。

④投标函上填写的合同段号与投标文件封套上标记的合同段号不一致。

如果投标人认为某一合同段的评标基准价计算有误,有权在开标现场提出,经招标人当场核实确认之后,可重新宣布评标基准价。开标现场宣布的评标基准价除计算有误,经评标委员会修正外,在整个评标期间保持不变,不随任何因素发生变化。

(5)在投标文件第一个信封(商务及技术文件)或招标文件第二个信封(报价文件)开标过程中,若招标人宣读的内容与投标文件不符,投标人有权在开标现场提出疑问,经招标人当场核查确认之后,可重新宣读其投标文件。若投标人现场未提出疑问,则认为投标人已确认招标人宣读的内容。

3)开标异议

投标人对开标有异议的,应在开标现场提出,招标人当场做出答复,并制作记录,有异议的投标人代表、招标人代表、记录人等有关人员在记录上签字确认。

2.评标

1)评标委员会

(1)评标由招标人依法组建的评标委员会负责。评标委员会由招标人或其委托的招标代理机构熟悉相关业务的代表,以及有关技术、经济等方面的专家组成。评标委员会成员人数以及技术、经济等方面专家的确定方式见"投标人须知前附表"。

(2)评标委员会成员有下列情形之一的,应主动提出回避:

①为负责招标项目监督管理的交通运输主管部门的工作人员。

②与投标人法定代表人或其委托代理人有近亲属关系。

③为投标人的工作人员或退休人员。

④与投标人有其他利害关系,可能影响评标活动公正性。

⑤在与招标投标有关的活动中有过违法违规行为、曾受过行政处罚或刑事处罚。

(3)评标过程中,评标委员会成员有回避事由、擅离职守或因健康等原因不能继续评标的,招标人有权更换。被更换的评标委员会成员做出的评审结论无效,由更换后的评标委员会成员重新进行评审。

2)评标原则

评标活动遵循公平、公正、科学和择优的原则。

3)评标

(1)评标委员会按照"评标办法"规定的方法、评审因素、标准和程序对投标文件进行评审。"评标办法"没有规定的方法、评审因素和标准,不作为评标依据。

(2)评标完成后,评标委员会应向招标人提交书面评标报告和中标候选人名单。评标委员会推荐中标候选人的人数见"投标人须知前附表"。

4)评标办法

公路工程勘察设计评标办法为综合评分法。评标委员会对满足招标文件实质性要求的投标文件,按照评标办法前附表(表4-2)规定的评分标准进行打分,并按得分由高到低的顺序推荐中标候选人,或根据招标人授权直接确定中标人,但投标报价低于其成本的除外。综合评分相等时,评标委员会应按照评标办法前附表规定的优先次序推荐中标候选人或确定中标人。

评标办法前附表

表 4-2

条款号		评审因素与评审标准
1	评标方法	综合评分相等时,评标委员会依次按照以下优先顺序推荐中标候选人或确定中标人: (1)评标价低的投标人优先。 (2)被_____交通运输主管部门评为较高信用等级的投标人优先。 (3)商务和技术得分较高的投标人优先。 ……
2.1.1 2.1.3	形式评审 与响应性 评审标准	第一个信封(商务及技术文件)评审标准: (1)投标文件按照招标文件规定的格式、内容填写,字迹清晰可辨。 ①投标函按招标文件规定填报了项目名称、合同段号、补遗书编号(如有)、勘察设计服务期限、工程质量要求及安全目标。 ②投标文件组成齐全完整,内容均按规定填写。 (2)投标文件上法定代表人或其委托代理人的签字、投标人的单位章盖章齐全,符合招标文件规定。 (3)与申请资格预审时比较,投标人发生合并、分立、破产等重大变化的,仍具备资格预审文件规定的相应资格条件且其投标未影响招标公正性: ①投标人应提供相关部门的合法批件及企业法人营业执照和资质证书等证件的副本变更记录复印件。 ②投标人仍然满足资格预审文件中规定的资格预审条件最低要求(资质、业绩、人员、信誉等)。 ③与所投合同段的其他投标人不存在控股、管理关系或单位负责人为同一人的情况;与招标人也不存在利害关系并可能影响招标公正性。 (4)投标人按照招标文件的规定提供了投标保证金。 ①投标保证金金额符合招标文件规定的金额,且投标保证金有效期不少于投标有效期。 ②若投标保证金采用现金或支票形式提交,投标人应在递交投标文件截止时间之前,将投标保证金由投标人的基本账户转入招标人指定账户。 ③若投标保证金采用银行保函形式提交,银行保函的格式、开具保函的银行均满足招标文件要求,且在递交投标文件截止时间之前向招标人提交了银行保函原件。

续上表

条款号		评审因素与评审标准
2.1.1 2.1.3	形式评审与响应性评审标准	（5）投标人法定代表人授权委托代理人签署投标文件的，须提交授权委托书，且授权人和被授权人均在授权委托书上签名，未使用印章、签名章或其他电子制版签名代替。 （6）投标人法定代表人亲自签署投标文件的，提供了法定代表人身份证明，且法定代表人在法定代表人身份证明上签名，未使用印章、签名章或其他电子制版签名代替。 （7）投标人以联合体形式投标时，联合体满足招标文件的要求。 ①未进行资格预审的，投标人按照招标文件提供的格式签订了联合体协议书，明确各方承担连带责任，并明确了联合体牵头人。 ②已进行资格预审的，投标人提供了资格预审申请文件中所附的联合体协议书复印件，且通过资格预审后的联合体无成员增减或更换的情况。 （8）投标人如有分包计划，符合招标文件的"投标人须知"中的规定，且按招标文件中"投标文件格式"的要求填写了"拟分包项目情况表"。 （9）同一投标人未提交两个以上不同的投标文件，但招标文件要求提交备选投标的除外。 （10）投标文件中未出现有关投标报价的内容。 （11）投标文件载明的招标项目完成期限未超过招标文件规定的时限。 （12）投标文件对招标文件的实质性要求和条件做出响应。 （13）权利义务符合招标文件规定： ①投标人应接受招标文件规定的风险划分原则，未提出新的风险划分办法。 ②投标人未增加发包人的责任范围，或减少投标人义务。 ③投标人未提出不同的支付办法。 ④投标人对合同纠纷、事故处理办法未提出异议。 ⑤投标人在投标活动中无欺诈行为。 ⑥投标人未对合同条款有重要保留。 （14）投标文件正、副本份数符合招标文件"投标人须知"第3.7.4款规定。 …… 第二个信封（报价文件）评审标准： （1）投标文件按照招标文件规定的格式、内容填写，字迹清晰可辨，内容齐全完整： ①投标函按招标文件规定填报了项目名称、合同段号、补遗书编号（如有）、投标价（包括大写金额和小写金额）。 ②已标价报价清单说明文字与招标文件规定一致，未进行实质性修改和删减。 ③投标文件组成齐全完整，内容均按规定填写。 （2）投标文件上法定代表人或其委托代理人的签字、投标人的单位章盖章齐全，符合招标文件规定。 （3）投标报价未超过招标文件设定的最高投标限价（如有）。 （4）投标报价的大写金额能够确定具体数值。 （5）同一投标人未提交两个以上不同的投标报价，但招标文件要求提交备选投标的除外。 （6）投标文件正、副本份数符合招标文件"投标人须知"第3.7.4款规定。 ……

续上表

条款号		评审因素与评审标准
2.1.2	资格评审标准	(1)投标人具备有效的营业执照、组织机构代码证、勘察资质证书、设计资质证书和基本账户开户许可证。 (2)投标人的资质等级符合招标文件规定。 (3)投标人的类似项目业绩符合招标文件规定。 (4)投标人的信誉符合招标文件规定。 (5)投标人的项目负责人资格符合招标文件规定。 (6)投标人的其他要求符合招标文件规定。 (7)投标人不存在"投标人须知"第1.4.3款或第1.4.4款规定的任何一种情形。 (8)投标人符合"投标人须知"第1.4.5款规定。 (9)以联合体形式参与投标的,联合体各方均未再以自己名义单独或参加其他联合体在同一合同段中投标;独立参与投标的,投标人未同时参加联合体在同一合同段中投标。 ……

条款号	条款内容	编列内容
2.2.1	分值构成 (总分100分)	第一个信封(商务及技术文件)评分分值构成: 技术建议书:＿＿＿＿＿＿＿＿分 主要人员:＿＿＿＿＿＿＿＿分 技术能力:＿＿＿＿＿＿＿＿分 业　绩:＿＿＿＿＿＿＿＿分 履约信誉:＿＿＿＿＿＿＿＿分 …… 第二个信封(报价文件)评分分值构成: 评标价:＿＿＿＿＿＿＿＿分
2.2.2	评标基准价计算方法	评标基准价的计算: 在开标现场,招标人将当场计算并宣布评标基准价。 (1)评标价的确定: 评标价 = 投标函文字报价 (2)评标价平均值的计算: 方案一:按第一个信封(商务及技术文件)评审得分由高到低的顺序选取前3名(若不足3名,则选取相应数量),对其第二个信封(报价文件)的评标价作算术平均(根据"投标人须知"第5.2.4款规定在开标现场被宣布为不进入评标基准价计算的投标报价除外),将该平均值作为评标价平均值; 方案二:除按"投标人须知"第5.2.4款规定开标现场被宣布为不进入评标基准价计算的投标报价之外,所有投标人的评标价去掉一个最高值和一个最低值后的算术平均值即为评标价平均值(如果参与评标价平均值计算的有效投标人少于5家时,则计算评标价平均值时不去掉最高值和最低值)。 (3)评标基准价的确定: 方法一:将评标价平均值直接作为评标基准价。

续上表

条款号	条款内容	编列内容
2.2.2	评标基准价计算方法	方法二:将评标价平均值下浮_____%,作为评标基准价。 方法三:招标人设置评标基准价系数,由投标人代表现场抽取,评标价平均值乘以现场抽取的评标基准价系数作为评标基准价。 方法四:…… 在评标过程中,评标委员会应对招标人计算的评标基准价进行复核,存在计算错误的应予以修正并在评标报告中做出说明。除此之外,评标基准价在整个评标期间保持不变,不随任何因素发生变化
2.2.3	评标价的偏差率计算公式	$\text{偏差率} = \dfrac{100\% \times (\text{投标人评标价} - \text{评标基准价})}{\text{评标基准价}}$ 偏差率保留_____位小数

条款号	评分因素与权重分值				
	评分因素	评分因素权重分值	各评分因素细分项	分值	评分标准
2.2.4(1)	技术建议书	____分	对招标项目的理解和总体设计思路	____分	……
			招标项目勘察设计的特点、关键技术问题的认识及其对策措施	____分	……
			对前一阶段工作技术结论及技术方案的不同看法及建议	____分	……
			勘察设计工作量及计划安排	____分	……
			勘察设计的质量保证措施、进度保证措施、安全保证措施	____分	……
			后续服务的安排及保证措施	____分	……
			……	____分	……
2.2.4(2)	主要人员	____分	项目负责人任职资格与业绩	____分	……
			……	____分	……
2.2.4(3)	评标价	____分	评标价得分计算公式示例: (1)如果投标人的评标价 > 评标基准价,则评标价得分 = $F - \text{偏差率} \times 100 \times E_1$; (2)如果投标人的评标价 ≤ 评标基准价,则评标价得分 = $F + \text{偏差率} \times 100 \times E_2$。 其中:$F$ 是评标价所占的权重分值,E_1 是评标价每高于评标基准价一个百分点的扣分值,E_2 是评标价每低于评标基准价一个百分点的扣分值;招标人可依据招标项目具体特点和实际需要设置 E_1、E_2,但 E_1 应大于 E_2

续上表

条款号	评分因素与权重分值					
	评分因素		评分因素权重分值	各评分因素细分项	分值	评分标准
2.2.4(4)	其他因素	技术能力	——分	……	——分	……
				……	——分	……
		业绩	——分	……	——分	……
				……	——分	……
		履约信誉	——分	……	——分	……
				……	——分	……
				……		
需要补充的其他内容： ……						

在编制评标办法前附表时,应当注意以下几点:

(1)"评标办法前附表"用于明确评标的方法、因素、标准和程序。招标人应根据招标项目具体特点和实际需要,详细列明全部评审因素、标准,没有列明的因素和标准不得作为评标的依据。

(2)2.1.2项适用于未进行资格预审的情况。

(3)对于特别复杂的特大桥梁和特长隧道项目主体工程以及其他有特殊要求的工程,还可对各专业分项负责人进行资格评审。

(4)第1.4.5项规定仅适用于根据《关于发布公路工程从业企业资质名录的通知》(厅公路字〔2011〕114号)要求,招标人应通过名录对投标人资质条件进行审核的公路工程设计企业。

(5)各评分因素权重分值范围如下:技术建议书30~45分;主要人员20~30分;技术能力0~5分;业绩10~25分;履约信誉5~10分。

(6)"技术能力"指投标人的科研开发和技术创新能力,招标人可结合招标项目的具体情况提出相关要求,包括投标人获得的与工程咨询管理(包括勘察设计、监理等工程咨询工作)有关的专利(发明专利或实用新型专利)、国家或省级科学技术进步奖, 主编或参编过的国家、行业或地方标准等。

(7)评标价权重分值不宜超过10分。

(8)招标人可依据招标项目特点和实际需要,选择或制定适合项目的评标基准价计算方法。与评标基准价计算或评标价得分计算相关的所有系数(如有),其具体数值或随机抽取的数值区间均应在评标办法中予以明确。

5)评审标准

(1)初步评审标准。

①形式评审标准:见评标办法前附表。

②资格评审标准:见评标办法前附表(适用于未进行资格预审的)。

③资格评审标准:见资格预审文件"资格审查办法"详细审查标准(适用于已进行资格预审的)。

④响应性评审标准:见评标办法前附表。

(2)分值构成与评分标准。

①分值构成。见评标办法前附表第2.2.1款。

②评标基准价计算。评标基准价计算方法:见评标办法前附表第2.2.2款。

③评标价的偏差率计算。评标价的偏差率计算公式:见评标办法前附表第2.2.3款。

④评分标准。见评标办法前附表第2.2.4款。

6)评标程序

评标工作按以下程序进行:

(1)第一个信封初步评审。

(2)第一个信封详细评审。

(3)第二个信封开标。

(4)第二个信封初步评审。

(5)第二个信封详细评审。

(6)投标文件相关信息的核查。

(7)投标文件的澄清和说明。

(8)不得否决投标的情形。

(9)评标结果。

具体的评标程序请参照《公路工程标准勘察设计招标文件》(2018年版)第三章"评标方法"。

3. 合同授予

1)中标候选人公示

招标人在收到评标报告之日起3日内,按照投标人须知前附表规定的公示媒介和期限公示中标候选人,公示期不得少于3日,公示内容包括:

①中标候选人排序、名称、投标报价,对勘察设计质量要求、安全目标和勘察设计服务期限的响应情况。

②中标候选人在投标文件中承诺的项目负责人姓名、个人业绩、相关证书名称和编号。

③中标候选人在投标文件中填报的项目业绩。

④被否决投标的投标人名称、否决依据和原因。

⑤提出异议的渠道和方式。

⑥投标人须知前附表规定公示的其他内容。

2)评标结果异议

投标人或其他利害关系人对依法必须进行招标的项目的评标结果有异议的,应在中标候选人公示期间提出。招标人将在收到异议之日起3日内做出答复;做出答复前,将暂停招标投标活动。

3) 中标候选人履约能力审查

中标候选人的经营、财务状况发生较大变化或存在违法行为,招标人认为可能影响其履约能力的,将在发出中标通知书前提请原评标委员会按照招标文件规定的标准和方法进行审查确认。

4) 定标

按照投标人须知前附表的规定,招标人或招标人授权的评标委员会依法确定中标人。

5) 中标通知

在投标人须知规定的投标有效期内,招标人以书面形式向中标人发出中标通知书,同时将中标结果通知未中标的投标人。

6) 中标结果公告

招标人在确定中标人之日起 3 日内,按照投标人须知前附表规定的公告媒介和期限公告中标结果,公告期不得少于 3 日。公告内容包括中标人名称、中标价。

7) 技术成果经济补偿

招标人对符合招标文件规定的未中标人的技术成果进行补偿的,招标人将按投标人须知前附表规定的标准给予经济补偿,未中标人在投标文件中声明放弃技术成果经济补偿费的除外。招标人应于中标通知书发出后 30 日内向未中标人支付技术成果经济补偿费。

8) 履约担保

(1) 签订合同前,中标人应按投标人须知前附表规定的形式、金额和招标文件中的"合同条款及格式"规定的或事先经过招标人书面认可的履约保证金格式向招标人提交履约保证金。除投标人须知前附表另有规定外,履约保证金为签约合同价的 10%。以联合体形式中标的,其履约保证金以联合体各方或联合体中牵头人的名义提交。

采用银行保函时,应由符合投标人须知前附表规定级别的银行开具,所需的费用由中标人承担,中标人应保证银行保函有效。

(2) 中标人不能按第(1)项要求提交履约保证金的,视为放弃中标,其投标保证金不予退还,给招标人造成的损失超过投标保证金数额的,中标人还应对超过部分予以赔偿。

9) 签订合同

(1) 招标人和中标人应在中标通知书发出之日起 30 日内,根据招标文件和中标人的投标文件订立书面合同。中标人无正当理由拒签合同,在签订合同时向招标人提出附加条件,或不按照招标文件要求提交履约保证金的,招标人取消其中标资格,其投标保证金不予退还;给招标人造成的损失超过投标保证金数额的,中标人还应对超过部分予以赔偿。

(2) 发出中标通知书后,招标人无正当理由拒签合同,或在签订合同时向中标人提出附加条件的,招标人向中标人退还投标保证金;给中标人造成损失的,还应赔偿损失。

招标人不得以压低勘察设计费、增加工作量、缩短勘察设计周期等作为中标的条件,不得与中标人再行订立背离合同实质性内容的其他协议。

(3) 签约合同价的确定原则如下:

①按照评标办法规定对投标报价进行修正后,若修正后的最终投标报价小于开标时的投标函大写金额报价,则签订合同时以修正后的最终投标报价为准。

②按照评标办法规定对投标报价进行修正后,若修正后的最终投标报价大于开标时的投

标函大写金额报价,则签订合同时以开标时的投标函大写金额报价为准,同时按比例修正相应子目的单价或合价。

(4)以联合体形式中标的,联合体各方应共同与招标人签订合同,就中标项目向招标人承担连带责任。

(5)招标人和中标人在签订合同协议书的同时,须按照本招标文件规定的格式和要求签订廉政合同,明确双方在廉政建设方面的权利和义务以及双方应承担的违约责任。

任务二　公路工程勘察设计投标

一、投标文件的组成

公路工程勘察设计投标人的投标文件,是投标人编制的阐述自己响应招标人的招标文件要求,表示订立合同的意愿和提出投标意图、条件和方案的集中表示。公路工程勘察设计投标文件也是招标人(或招标代理机构)对投标人判断的主要基础,是评标委员会对投标人进行评审和比较的主要依据。投标人中标后,其投标文件与招标文件将共同成为招标人和中标人订立合同的法定依据。

公路工程勘察设计投标文件作为一种要约,必须符合一定的条件才能发生约束力。公路工程勘察设计投标文件应采用双信封形式。

1. 第一个信封(商务及技术文件)内容

(1)投标函。

(2)授权委托书或法定代表人身份证明。

(3)联合体协议书。

(4)投标保证金。

(5)拟分包项目情况表。

(6)资格审查资料。

(7)技术建议书。

(8)投标人须知前附表规定的其他资料技术建议书。

2. 第二个信封(报价文件)内容

(1)投标函。

(2)勘察设计费用清单。

投标人在评标过程中做出的符合法律法规和招标文件规定的澄清确认,构成投标文件的组成部分。投标人须知前附表规定不接受联合体形式投标的,或投标人没有组成联合体的,投标文件不包括第(3)项所指的联合体协议书。投标人须知前附表未要求提交投标保证金的,投标文件不包括第(4)项所指的投标保证金。

二、投标文件编制注意事项

投标文件编制应注意的事项包括以下方面。

(1)投标文件应按第六章"投标文件格式"进行编写,如有必要,可以增加附页,作为投标文件的组成部分。

(2)投标文件应对招标文件有关勘察设计服务期限、投标有效期、质量要求、安全目标、发包人要求、招标范围等实质性内容做出响应。

(3)投标文件应选用不褪色的材料书写或打印。投标文件格式中明确要求投标人法定代表人或其委托代理人签字之处,必须由相关人员亲笔签名,不得使用印章、签名章或其他电子制版签名代替;明确要求投标人加盖单位章之处,必须加盖单位章。其中,投标函及对投标文件的澄清和说明应加盖投标人单位章,或由投标人的法定代表人或其委托代理人签字。

①如果投标文件由委托代理人签署,则投标人须提交授权委托书,授权委托书应按第六章"投标文件格式"的要求出具,并由法定代表人和委托代理人亲笔签名,不得使用印章、签名章或其他电子制版签名代替。

②如果由投标人的法定代表人亲自签署投标文件,则投标人须提交法定代表人身份证明,身份证明应符合第六章"投标文件格式"的要求。

③以联合体形式参与投标的,投标文件由联合体牵头人的法定代表人或其委托代理人按上述规定签署并加盖联合体牵头人单位章。法定代表人授权委托书或法定代表人身份证明须由联合体牵头人按上述规定出具。

④投标文件应尽可能地避免涂改、行间插字或删除。如果出现上述情况,改动之处应由投标人的法定代表人或其授权的代理人签字或盖单位章。

(4)投标文件正本一份,副本份数见投标人须知前附表。正本和副本的封面右上角上应清楚地标记"正本"或"副本"字样。投标人应根据投标人须知前附表要求提供电子版文件。当副本和正本不一致或电子版文件和纸质正本文件不一致时,以纸质正本文件为准。

(5)投标文件的正本与副本应分别装订成册(A4 纸幅,其中技术建议书采用标准图框;A3幅面,单独装订成册),编制目录并逐页标注连续页码。投标文件不得采用活页夹装订,否则,招标人对由于投标文件装订松散而造成的丢失或其他后果不承担任何责任。装订的其他要求见投标人须知前附表。

三、投标文件的编制

1. 商务文件的编制

1) 商务文件主要内容

公路工程勘察设计投标文件的商务文件是用以证明投标人履行了合法手续及招标人了解投标人商业资信、合法性的文件。商务文件应当包括下列基本内容:

(1)投标函。

(2)法定代表人身份证明或法定代表人授权委托书。

(3)联合体协议书。

（4）投标保证金。

（5）拟分包项目情况表。

（6）资格审查资料。

（7）其他材料。

2）商务文件格式

由于篇幅限制，商务文件格式其他内容在此略，下面仅列出投标函的格式，其他格式详见《公路工程标准勘察设计招标文件》（2018 年版）。

投 标 函

_____（投标人名称）：

1. 我方已仔细研究_____（项目名称）_____合同段勘察设计招标文件的全部内容（含补遗书第_____号至第_____号），在考察工程现场后，愿意以第二个信封（报价文件）中的投标总报价（或根据招标文件规定修正核实后确定的另一金额），按合同约定完成勘察设计工作。

2. 我方承诺在招标文件规定的投标有效期内不撤销投标文件。

3. 项目负责人姓名：_____，年龄：_____，职称：_____。

4. 质量要求：_____，安全目标：_____，勘察设计服务期限：_____。

5. 如我方中标，我方承诺：

（1）在收到中标通知书后，在中标通知书规定的期限内与你方签订合同；

（2）在签订合同时不向你方提出附加条件；

（3）按照招标文件要求提交履约保证金；

（4）在合同约定的期限内完成合同规定的全部义务；

（5）在你方和我方进行合同谈判之前，我方将按照合同附件提出的最低要求填报派驻本合同段的分项负责人，经你方审批后作为派驻本合同段的勘察设计主要人员且不进行更换。如我方拟派驻的人员不满足合同附件要求，你方有权取消我方中标资格。

6. 我方在此声明，所递交的投标文件及有关资料内容完整、真实和准确，且不存在招标文件"投标人须知"第 1.4.3 款和第 1.4.4 款规定的任何一种情形。

7. 在合同协议书正式签署生效之前，本投标函连同你方的中标通知书将构成我们双方之间共同遵守的文件，对双方具有约束力。

8. _____（其他补充说明）。

投 标 人：_____（盖单位章）

法定代表人或其委托代理人：_____（签字）

地　　址：_____

网　　址：_____

电　　话：_____

传　　真：_____

邮政编码：_____

_____年____月____日

---

2. 技术文件编制

1）技术文件主要内容

技术文件（技术建议书）主要用以评价投标人的技术实力和经验。招标文件对招标项目的技术要求均有详细要求,投标人应当认真按照规定填写,并通过技术建议书的形式,对招标项目提出切实可行的技术建议。《公路工程标准勘察设计招标文件》(2018年版)规定:技术建议书采用标准图框A3幅面,单独装订成册。

技术建议书主要内容包括:

(1)对招标项目的理解和总体设计思路。

(2)对招标项目勘察设计的特点、关键性技术问题的认识及其对策措施。

(3)对前一阶段工作技术结论及技术方案的不同看法及建议。

(4)勘察设计工作量及计划安排。

(5)勘察设计的质量保证措施、进度保证措施、安全保证措施。

(6)后续服务的安排及保证措施。

(7)其他建议。

(附必要的图纸)

上述第(3)项主要适用于技术特别复杂的特大桥梁、长大隧道项目,或者地质、地形条件特别复杂的公路项目。

2)对招标项目的理解

公路工程勘察设计招标的重点是评价投标人对招标项目的理解。由于勘察设计招标是在已完成可行性研究报告的基础上进行的,报告中有勘察,路线方案、工程难点、重点、接线方案,路基、路面、桥梁、隧道、交叉工程、交通工程及沿线设施等方面的工作内容,所以评标时应当注意各投标单位对项目的理解;对项目的特点、难点、重点的把握;其技术方案是否合理可行。对于工程估算、图纸等不应作过多的要求。

对招标项目的理解,就是通过阅读、理解招标人编制的招标文件,分析、研究招标项目的工程可行性研究报告及上级主管部门的批复意见,经过现场考察,结合项目所在地区的区域路网现状和规划,理解和把握招标项目的性质、功能,以及其在区域路网中的地位和作用,确立建设项目总体设计的目标和理念,并将其贯穿勘察设计和建设全过程。

同时,根据招标文件的要求和合同段划分,应明确投标合同段的主要工程内容、主要技术指标,以及本合同段的招标范围和工作要求。

对招标项目的理解应当从以下几个方面来考虑:

(1)招标项目的功能、性质和其在路网中的地位

应当分析并阐述招标项目是国道主干线还是区域经济干线,是区域路网的主骨架还是路网的次级干线或集散道路,要明确其在区域路网中的地位及作用,以作为路线总体设计的指导思想和原则。

(2)招标项目的设计目标

应当确立招标项目的设计目标,一般公路工程项目的设计应当达到五大目标,即功能目标、技术目标、环境保护及可持续发展目标、建设成本控制目标和获奖目标。

(3)招标项目的主要工程内容及主要技术指标

根据招标项目的工程可行性研究报告和招标文件合同段划分,应当基本落实投标合同段的主要工程内容和技术指标,以便编制合理的勘察设计方案和工作大纲。

（4）招标项目的招标范围和工作要求

应当认真分析阅读招标文件，准确把握招标项目的招标范围和工作要求，包括招标类型、合同段划分、工作内容、勘察设计周期和工作要求等。

3）对招标项目勘察设计的特点及关键性技术问题的对策措施

投标人应当根据对招标项目的理解，经过现场考察，结合自身在类似条件下的公路工程勘察设计经验，综合各种影响因素和控制条件，分析研究工程测量、工程地质勘查、自然地理条件和社会人文环境调查，道路、桥梁、隧道、交叉、沿线设施、环保等各专业勘察设计的特点，提出各专业的重点问题、关键环节和相应的勘察设计方案、实施计划，以及关键性技术问题的对策措施，并阐述自身类似工作经验和人员、设备或软件等配置情况，以及技术支持系统和质量保证体系，帮助招标人和评标委员会对投标人的类似经验和技术能力形成正确认识和合理判断。

4）勘察设计工作量及计划安排

投标人应根据招标项目工程特点，按照现行《公路工程地质勘察规范》(JTG C20)《公路勘测规范》(JTG C10)《公路工程技术标准》(JTG B01)《公路工程基本建设项目设计文件编制办法》(JTG 3830)以及其他有关规范和工程可行性研究报告批复意见及相关规定，认真核实勘察设计的工作内容，计算好勘察设计的工作量，并制定相应的进度计划，以便保证按时提交设计成果。

5）招标项目的勘察设计的质量及进度保证措施

设计人应按照交通运输部《公路工程勘察设计工序管理试行办法》做好勘察设计的质量管理工作，建立健全勘察设计质量保证体系，加强设计全过程的质量控制，建立完整的设计文件的设计、复核、审核、会签和批准制度，明确各阶段的责任人，并对本项目工程的勘察设计质量负责。同时，为了达到工作目标，中标人应从组织保证、管理保证、技术保证、动态控制等方面保障勘察设计工作的进度。

6）后续服务的安排及保证措施

投标人中标后除按期提供符合要求的完整设计文件和设计图纸以外，还应当做好勘察设计的后续服务。后续服务是公路工程勘察设计工作的组成部分，是体现投标人质量目标的重要环节。公路工程勘察设计单位在后续服务中要做好工作安排，并在投标文件中有所承诺。

（1）初步设计后续服务

①按时优质完成初步设计，接受建设单位的审查。

②严格履行合同条款的责任和义务。

③配合和协助甲方完成上级职能部门的外业验收。

④配合和协助甲方完成初步设计文件的审查、技术答疑、技术评审等工作。

⑤及时向甲方提供编制技术文件需要的技术资料。

⑥及时做好与其他设计咨询单位的配合与协调工作。

（2）技术设计后续服务

①按时优质完成技术设计，接受建设单位的审查。

②严格履行合同条款的责任和义务。

③配合和协助甲方完成上级职能部门的外业验收。

④配合和协助甲方完成初步设计文件的审查、技术答疑、技术评审等工作。

⑤及时向甲方提供编制施工图设计文件和施工招标资格预审文件等需要的技术资料。

⑥及时做好与其他设计咨询单位的配合与协调工作。

(3)施工图设计后续服务

①设计期间及时做好与其他设计及咨询单位的配合与协调工作。

②施工和监理招标期间及时提供施工招标用图纸和工程量清单,参加施工和监理招标的标前会和现场考察,做好工程介绍。

③工程实施期间做好以下后续服务工作。

a.施工图设计完成后,根据建设单位安排的时间,及时派各专业设计技术骨干向施工单位进行技术交底。

b.施工单位进场后,立即派外业测量各专业组长到现场提交勘设控制桩位或标志。

c.派遣常驻现场设计代表。

d.一般变更在收到通知后3~7天内完成,大型变更在收到通知后及时按照建设单位(建设单位)的要求完成。

e.工程施工期间,每半年安排1~2次设计回访,总结经验教训,指导后续服务,确保设计质量。

f.参加工程竣工验收,及时处理与本项目勘察设计有关的其他事宜。

④施工配合及发生紧急情况时,后续服务人员能在2小时以内赶到施工现场。

7)必要的图纸(图纸资料)

图纸既是招标文件和合同的重要组成部分,也是投标人投标文件不可缺少的资料。必要的图纸不是让投标人在投标期间拿出一份准设计文件,它应该是有限的图纸,是对投标文件文字部分的必要补充和说明,是对典型工作的描述。必要的图纸应该包括路线平面图、交叉工程平面图和效果图等。图纸的多少、详细程度不能代表投标人工作的深度。因为在投标和编制投标文件的有限时间内,投标人图纸的设计深度不可能达到一个完好设计文件的要求,即使拿出类似的设计文件,也是不可能完全适用于今后的施工,其可信度将大打折扣。

投标文件与设计文件的本质意义不同,设计文件是通过多方案的比选,推荐一个设计方案,结果是唯一的;而投标文件是尽可能多地列举可能的方案和可能的应对措施,结果不是唯一的,一旦投标人中标,必定按照建设单位的要求重新进行详细设计和编制设计文件,才能保证设计质量和满足工程需要。因此,在投标期间,招标人要求投标人拿出一个很复杂的设计文件图纸是不必要的,不但增加了投标人的工作量,浪费了人力、物力和财力,而且增加了评标专家的工作量和负担。同时,投标人如果自行拿出一个篇幅较大的设计文件,其质量可信度和实用价值也很小。

3.报价文件的编制

报价文件是一种价格文件,也是投标文件的核心内容之一,报价文件必须完全按照招标文件的规定格式编制,不允许有任何改动,如有漏填,则视为其已包含在其他价格报价中。报价文件由投标函和勘察设计费用清单组成。

1)投标函

投 标 函

_____(招标人名称):

1.我方已仔细研究_____(项目名称)_____合同段勘察设计招标文件的全部内容(含补遗书第_____号至

第_____号),在考察工程现场后,愿意以人民币(大写)_____元(¥_____)的投标总报价(或根据招标文件规定修正核实后确定的另一金额,其中,增值税税率为_____),按合同约定完成勘察设计工作。

2.在合同协议书正式签署生效之前,本投标函连同你方的中标通知书将构成我们双方之间共同遵守的文件,对双方具有约束力。

3._____(其他补充说明)。

投 标 人:_____(盖单位章)

法定代表人或其委托代理人:_____(签字)

地　　址:_____

网　　址:_____

电　　话:_____

传　　真:_____

邮政编码:_____

_____年___月___日

2)勘察设计费用清单

(1)报价清单说明

①"报价清单"应与"投标人须知""通用合同条款""专用合同条款"和"发包人要求"一起使用。投标人应根据本招标项目前一阶段(工可阶段或初步设计阶段)批复意见和强制性要求,按照本招标文件规定的勘察设计工作内容和计划工作量,认真阅读分析本招标项目勘察设计原始资料,在编制完成技术建议书的前提下,慎重地提出"报价清单",并以此作为本招标项目勘察设计费的基础。

②设计人应按照国家有关工程建设标准强制性条文和交通运输部有关标准、规范、规程、定额、办法、示例等要求的内容和深度,开展本招标项目的勘察设计工作,并将勘察设计费计入相应的报价项目中。"报价清单"所列的报价,应包括测量、勘察、测试、设计、专题研究等为完成本招标项目勘察设计全过程的一切费用,包括按合同规定应完成的勘察设计所需费用和后续服务所需费用(招标配合和施工配合)、与勘察设计文件审查有关的各种会议的会务费用以及咨询、利润、税金等与此有关的一切费用。

③"报价清单"为通用表格,投标人应根据本招标项目工作内容,按照表格格式详细填写,以免遗漏或有误。投标人没有报价的项目,发包人将认为有关费用已包含在其他项目之中,不另行支付。凡清单项目中未包含的但在勘察设计中又必须完成的工作内容,均被认为已包含在清单各项目报价中,发包人不另行支付。

④投标人在"报价清单"中报价应以人民币为单位。

⑤投标人应在"报价清单"后附详细的计算说明,包括计算方法、取费依据等,以便招标人对投标人勘察设计报价的合理性做出判断。

(2)公路工程勘察工作报价清单表

投标人应根据本招标项目工程特点、按照《公路工程地质勘察规范》(JTG C20—2011)《公路勘测规范》(JTG C10—2007)《公路勘测细则》(JTG/T C10—2007)及合同条款的相关规定,核实勘察工作内容及工作量,分别列出并填写本表各勘察项目的分项及子项。同时,投标人应将详细的计算说明(包括每一分项、子项的计算依据及计算过程等)附在报价清单后面。

(3)公路工程设计工作报价清单表

①投标人应根据本招标项目工程特点和设计工作内容,分别列出并填写本表各设计项目

的分项及子项。

②本清单表中,"其他"是指工程设计实际需要或提供相关服务收取的费用,包括总体设计费、主体设计协调费、采用标准设计和复用设计费、非标准设备设计文件编制费、施工图预算编制费、竣工图编制费等。

③投标人应将详细的计算说明(包括每一分项、子项的计算依据及计算过程等)附在报价清单后面。

(4)报价清单汇总表

报价清单汇总表由公路工程勘察费、公路工程设计费、利润及暂列金额组成,其中暂列金额应按照专用合同条款第12.5款规定计列,暂列金额的百分比宜控制在5%以内。

3)勘察设计投标报价

勘察设计招标合同一般为总价合同,投标价应当包括投标人完成本招标项目勘察设计所有工作量和提供全套勘察设计文件及后续服务的全部费用,主要包括:

(1)公路工程勘察设计的全部费用。

(2)所有公路工程勘察设计所必需的专题研究费用。

(3)提供建设单位施工招标所需的工程数量和工程说明、相应图纸和工程量清单所需费用。

(4)施工期间驻现场设计代表及提供变更设计等后续服务的费用。

(5)为完成本招标文件规定的义务,投标人认为有必要计入的其他费用。

负责全线总体勘察设计的设计人应当负责全线的总体勘察设计以及各合同段、各专业设计文件的协调、汇总工作,包括协调、统一文件的编制,编制说明和汇编总概预算等相关工作,并对全线工程勘察设计的整体性负责,由此可能发生的一切相关费用均应当计入投标价中。

投标人应当在投标文件"报价文件"中,认真填写所述的各项目的单位、实物工作量、收费金额、合价金额和总价金额。投标人没有报价的项目,建设单位将认为有关费用已包含在其他项目之中,不另行支付。

在签订勘察设计合同之前,招标人将要求中标人填写一份"勘察设计工作量及报价清单"有关项目的详细报价。

招标人向中标人实际支付的勘察设计费,将不高于初步设计审批概算中相应的勘察设计费的审批额,勘察设计费中超出审批额部分招标人将予以扣除,各合同段合同总价相应变更,不足部分招标人将不另行支付。

在合同实施期间,勘察设计费用不随国家政策或法规、标准及市场因素的变化而进行调整。

思考题

1. 哪些项目可以不进行勘察设计招标?
2. 试述勘察设计招标的程序。
3. 勘察设计招标文件的主要内容有哪些?
4. 勘察设计招标公告编写注意事项有哪些?
5. 公路工程勘察设计投标文件由哪些内容组成?
6. 公路工程勘察设计商务文件主要内容有哪些?
7. 公路工程勘察设计技术建议书主要内容有哪些?
8. 公路工程勘察设计投标价主要包含哪些费用?

项目二
ITEM TWO

公路工程监理招标与投标

任务一　公路工程监理招标

公路工程建设项目的施工监理单项合同估算价在 100 万元人民币以上，或同一项目中可以合并进行的监理合同估算价合计达到 100 万元人民币以上的，必须进行施工监理招标。涉及国家安全、国家机密、抢险救灾等不适宜招标的建设项目，按项目管理权限经省级交通主管部门审核报有关部门批准后，可以不进行招标。

公路工程施工监理招标投标工作实行统一领导、分级管理。国务院交通主管部门负责全国公路工程施工监理招标投标活动的监督管理工作，县级以上地方人民政府交通主管部门负责本行政区域内公路工程施工监理招标投标活动的监督监理工作。交通主管部门可以委托其所属的质量监督机构具体负责施工监理招标投标活动的监督管理工作。

一、施工监理招标的条件、方式和程序

1. 招标应具备的条件

依照《公路工程建设项目招标投标管理办法》（交通运输部令 2015 年第 24 号）的规定，进行施工监理招标的公路工程项目，应当具备下列条件：

（1）初步设计文件应当履行审批手续的，已经批准。

（2）建设资金已经落实。

（3）项目法人或者承担项目管理的机构已经依法成立。

公路工程项目的实施既要选择监理单位，又要选择承包人，一般是先选择监理单位，后选择承包人，甚至可以让监理单位直接参与施工招标工作。这样可以使得监理提前熟悉施工招标文件和施工合同文件，有利于提高监理服务质量；监理参与施工招标工作，有利于选择合适的施工承包单位及有益于监理与承包人之间的工作协作；也使得施工投标者明确将来监理自

己的对象及其能力、水平、信誉,从而做出合理的投标报价。

2. 招标方式

公路工程施工监理招标分为公开招标和邀请招标。

1)公开招标

采用公开招标方式的,招标人应当依法在国家指定媒介上发布招标公告,并可以在交通主管部门提供的媒介上同步发布,凡符合规定条件的监理单位都可以自愿参加投标。公路工程施工监理应当公开招标。

公开招标能使招标单位有较大的选择范围,择优选择性好,但招标工作量大、时间长、费用大。

2)邀请招标

招标单位根据调查了解的资料,预先选择数目(一般3~6家)有限的监理单位,并向其发出邀请信,邀请他们参加该项目施工监理的投标竞争,即称邀请招标。

邀请招标形式能有效地减少招标工作量,缩短招标时间,节约费用,投标者中标机会提高,双方有利。

符合下列条件之一的项目,经有审批权的部门批准后,可以进行邀请招标:

(1)技术复杂或者有特殊要求的。

(2)符合条件的潜在投标人数量有限的。

(3)受自然地域环境限制的。

(4)公开招标的费用与工程监理费用相比,所占比例过大的。

(5)法律、法规规定不宜公开招标的。

3. 招标的程序

公路工程施工监理招标工作由项目法人(招标单位)主持,应当按照下列程序进行:

(1)招标人确定招标方式。采用邀请招标的,应当履行审批手续。

(2)招标人编制招标文件,并按照项目管理权限报县级以上地方交通主管部门备案;采用资格预审方式的,同时编制投标资格预审文件,预审文件中应当载明提交资格预审申请文件的时间和地点。

(3)发布招标公告。采用资格预审方式的,同时发售投标资格预审文件;采用邀请招标的,招标人直接发出投标邀请,发售招标文件。

(4)采用资格预审方式的,对潜在投标人进行资格审查,并将资格预审结果通知所有参加资格预审的潜在投标人,向通过资格预审的潜在投标人发出投标邀请书和发售招标文件。

(5)必要时组织投标人考察招标项目工程现场,召开标前会议。

(6)接受投标人的投标文件。

(7)公开开标。

(8)采用资格后审方式的,招标人对投标人进行资格审查。

(9)组建评标委员会评标,推荐中标候选人。

(10)确定中标人,将评标报告和评标结果按照项目管理权限报县级以上地方交通主管部门备案并公示。

(11)招标人发出中标通知书。

（12）招标人与中标人签订公路工程施工监理合同。

二级以下公路、独立中、小桥及独立中、短隧道的新建、改建以及养护大修工程项目，可根据具体条件和实际需要对上述程序适当简化，但应当符合《招标投标法》的规定。

二、施工监理招标文件的编制

1. 招标文件的内容

招标文件是合同文件的重要组成部分。为了维护合同的合法利益，规范市场的行为，应按照交通运输部颁布的《公路工程标准施工监理招标文件》(2018 年 5 月 1 日起施行) 的规定编制招标文件，但其中有些内容必须根据招标项目特点和实际需要编写。招标文件包括以下内容：

（1）招标公告（或投标邀请书）。

（2）投标人须知。

（3）评标办法。

（4）合同条款及格式。

（5）委托人要求。

（6）图纸和资料。

（7）投标文件格式。

（8）投标人须知前附表规定的其他资料。

此外，招标人在招标期间对招标文件所作的澄清、修改，构成招标文件的组成部分，投标人应一并阅读。当招标文件、招标文件的澄清或修改等在同一内容的表述上不一致时，以最后发出的书面文件为准。

2. 招标文件的编制

1）投标邀请书（代资格预审通过通知书）

投标邀请书（代资格预审通过通知书）

_____（项目名称）_____工合同段施工监理投标邀请书

_____（被邀请单位名称）：

你单位已通过资格预审，现邀请你单位按招标文件规定的内容，参加 _____（项目名称）_____合同段施工监理投标。

请于_____年_____月_____日至_____年_____月_____日，每日上午_____时_____分至_____时_____分，下午_____时_____分至_____时_____分（北京时间，下同），在_____（详细地址）持本邀请书、单位介绍信及经办人身份证购买招标文件。

招标文件每套售价_____元，图纸每套售价_____元，售后不退。

招标人将于下列时间和地点组织进行工程现场踏勘并召开投标预备会。

踏勘现场时间：_____年_____月_____日_____时_____分，集中地点：_____；

投标预备会时间：_____年_____月_____日_____时_____分，地点：_____。

投标文件递交的截止时间（投标截止时间，下同）为_____年_____月_____日_____时_____分，投标人应于当日_____时_____分至_____时_____分将投标文件递交至_____（详细地址）。

逾期送达的、未送达指定地点的或不按照招标文件要求密封的投标文件，招标人将予以拒收。

你单位收到本邀请书后，请于＿＿＿＿年＿＿＿＿月＿＿＿＿日＿＿＿＿时＿＿＿＿分前，以书面形式确认是否参加投标。在本邀请书规定的时间内未表示是否参加投标或明确表示不参加投标的，不得再参加投标。

招 标 人：＿＿＿＿＿（全称）	招标代理机构：＿＿＿＿＿（全称）
地　　址：＿＿＿＿＿＿＿＿	地　　址：＿＿＿＿＿＿＿＿
邮　　编：＿＿＿＿＿＿＿＿	邮　　编：＿＿＿＿＿＿＿＿
联 系 人：＿＿＿＿＿＿＿＿	联 系 人：＿＿＿＿＿＿＿＿
电子邮箱：＿＿＿＿＿＿＿＿	电 子 邮 箱：＿＿＿＿＿＿＿＿
电　　话：＿＿＿＿＿＿＿＿	电　　话：＿＿＿＿＿＿＿＿
传　　真：＿＿＿＿＿＿＿＿	传　　真：＿＿＿＿＿＿＿＿
网　　址：＿＿＿＿＿＿＿＿	网　　址：＿＿＿＿＿＿＿＿
开户银行：＿＿＿＿＿＿＿＿	开 户 银 行：＿＿＿＿＿＿＿＿
账　　号：＿＿＿＿＿＿＿＿	账　　号：＿＿＿＿＿＿＿＿
	＿＿＿＿年＿＿月＿＿日

在编制投标邀请书时，应当注意以下几点：

（1）招标人可根据项目具体特点和实际需要对本章内容进行补充、细化，但应遵守《中华人民共和国招标投标法》等有关法律法规的规定。

（2）招标人应自招标文件开始发售之日起，将招标文件的关键内容上传至具有招标监督职责的交通运输主管部门政府网站或其指定的其他网站上进行公开，公开内容包括项目概况、对投标人的全部资格条件要求、评标办法全文、招标人联系方式等。

（3）每套招标文件售价只计工本费，最高不超过1 000元（不含图纸部分）；图纸每套售价最高不超过3 000元。招标人若不提供图纸，应提供满足投标人编制技术建议书需要的参考资料。

（4）依法必须进行招标的公路工程，自招标文件开始发售之日起至投标人递交投标文件截止之日止，不得少于20日。

2）投标人须知

投标人须知是为了让监理人了解招标项目招标的基本情况和规定要求而标准化的一份文件，是投标人决策是否投标和编制标书的基础文件。投标人须知由投标人须知前附表及投标人须知组成，主要内容包括投标人须知前附表、总则、招标文件、投标文件、投标、开标、评标、合同授予、纪律与监督、是否采用电子招标投标以及需要补充的其他内容。

（1）投标人须知前附表（表4-3）

投标人须知前附表

表4-3

条款号	条款名称	编列内容
1.1.2	招标人	名　称：＿＿＿＿＿ 地　址：＿＿＿＿＿ 联系人：＿＿＿＿＿ 电　话：＿＿＿＿＿

续上表

条款号	条款名称	编列内容
1.1.3	招标代理机构	名　　称：_____ 地　　址：_____ 联系人：_____ 电　　话：_____
1.1.4	招标项目名称	
1.1.5	合同段建设地点	
1.1.6	合同段建设规模	
1.1.7	招标项目施工预计开工日期 和建设周期	
1.1.8	建筑安装工程费/工程概算投资额	
1.2.1	资金来源及比例	
1.2.2	资金落实情况	
1.3.1	招标范围	□总监理工程师办公室 □驻地监理工程师办公室 □其他：_____
1.3.2	监理服务期限	监理服务期：_____日历天 其中： 施工期(含施工准备期)：_____日历天 缺陷责任期：_____日历天
1.3.3	质量要求	
1.3.4	安全目标	
1.4.1	投标人资质条件、能力和信誉	资质要求： 业绩要求： 信誉要求： 总监理工程师或驻地监理工程师资格： 其他要求：
1.4.2	是否接受联合体投标	□不接受 □接受,应满足下列要求： (1)联合体所有成员数量不得超过_____家; (2)联合体牵头人应具有_____资质; ……
1.4.3	投标人不得存在的其他关联情形	
1.4.4	投标人不得存在的其他不良 状况或不良信用记录	
1.10.2	投标人在投标预备会前提出问题	时间： 形式：

续上表

条款号	条款名称	编列内容
2.1	构成招标文件的其他资料	
2.2.1	投标人要求澄清招标文件	时间:_____年_____月_____日_____时_____分 形式:_____
2.2.2	招标文件澄清发出的形式	
2.2.3	投标人确认收到招标文件澄清	时间:收到澄清后 _____小时内(以发出时间为准) 形式:_____
2.3.1	招标文件修改发出的形式	
2.3.2	投标人确认收到招标文件修改	时间:收到修改后 _____小时内(以发出时间为准) 形式:_____
3.1.1	构成投标文件的其他资料	
3.2.1	增值税税金的计算方法	
3.2.3	报价方式	□总价 □单价
3.2.4	最高投标限价	□无 □有,最高投标限价 _____元(其中含暂列金额 _____元)
3.2.5	投标报价的其他要求	
3.3.1	投标有效期	自投标人提交投标文件截止之日起计算_____日
3.4.1	投标保证金	是否要求投标人递交投标保证金: □要求,投标保证金的金额:_____ 投标保证金可采用的其他形式:_____ 招标人指定的开户银行及账号如下: 账户名称:_____ 开户银行:_____ 账　　号:_____ 采用银行保函时,出具保函的银行级别:_____ □不要求
3.4.3	投标保证金的利息计算原则	(1)计算利息的起始日期为投标截止当日,终止日期为招标人退还投标保证金日期的前一日; (2)投标保证金的利息按照第(1)款所述计息时间段内招标人指定汇入银行公告的活期存款利率计付,并扣除招标人汇款手续费; (3)利息金额计算至分位,分以下尾数四舍五入
3.4.4	其他可以不予退还投标保证金的情形	

续上表

条款号	条款名称	编列内容
3.5	资格审查资料的特殊要求	□无 □有,具体要求:_____
3.5.2	近年完成的类似项目情况的时间要求	_____年_____月_____日至_____年_____月_____日
3.6.1	是否允许递交备选投标方案	□不允许 □允许
3.7.4	投标文件副本份数及其他要求	投标文件副本份数:_____ 是否要求提交电子版文件:_____ 其他要求:_____
3.7.5	装订的其他要求	
4.1.2	封套上应载明的信息	投标文件第一个信封(商务及技术文件)封套: 招标人名称:_____ 招标人地址:_____ _____(项目名称)_____合同段施工监理招标第一个信封(商务及技术文件)投标文件 招标项目编号:_____ 在_____年_____月_____日_____时_____分前不得开启 投标人名称:_____ 投标文件第二个信封(报价文件)封套: 招标人名称:_____ 招标人地址:_____ _____(项目名称)_____合同段施工监理招标第二个信封(报价义件)投标文件 招标项目编号:_____ 在投标文件第二个信封(报价文件)开标前不得开启 投标人名称:_____ 投标人地址:_____ 银行保函封套: 招标人名称:_____ 招标人地址:_____ _____(项目名称)_____合同段施工监理招标投标保证金(银行保函原件) 招标项目编号:_____ 投标人名称:_____
4.2.3	是否退还投标文件	□否 □是,退还时间:_____
5.1	开标时间和地点	投标文件第一个信封(商务及技术文件)开标时间:同投标截止时间 投标文件第一个信封(商务及技术文件)开标地点:同递交投标文件地点 投标文件第二个信封(报价文件)开标时间:_____ 投标文件第二个信封(报价文件)开标地点:_____

续上表

条款号	条款名称	编列内容
5.2.1	第一个信封（商务及技术文件）开标程序	（4）密封情况检查：检查商务及技术文件是否存在提前开启情况 （5）开标顺序：_____
5.2.3	第二个信封（报价文件）开标程序	（4）密封情况检查：检查报价文件是否存在提前开启情况 （5）开标顺序：_____
6.1.1	评标委员会的组建	评标委员会构成：_____人，其中招标人代表_____人，专家_____人； 评标专家确定方式：依法从相应评标专家库中随机抽取
6.3.2	评标委员会推荐中标候选人的人数	
7.1	中标候选人公示媒介及期限	公示媒介：_____ 公示期限：_____日 公示的其他内容：_____
7.4	是否授权评标委员会确定中标人	□是 □否
7.5	中标通知书和中标结果通知发出的形式	
7.6	中标结果公告媒介及期限	公告媒介：_____ 公告期限：_____日
7.7.1	履约保证金	是否要求中标人提交履约保证金： □要求，履约保证金的形式：银行保函或现金、支票形式 履约保证金的金额：_____%签约合同价，被_____交通运输主管部门评为_____信用等级的中标人，履约保证金金额为_____%签约合同价 采用银行保函时，出具保函的银行级别： □不要求
8.5.1	监督部门	监督部门：_____ 地　址：_____ 电　话：_____ 传　真：_____ 邮政编码：_____
9	是否采用电子招标投标	□否 □是，具体要求：_____
需要补充的其他内容		

在编写投标人须知前附表中应注意以下事项：

① "投标人须知前附表" 用于进一步明确正文中的未尽事宜,由招标人根据招标项目具体特点和实际需要编制和填写,且应与招标文件中其他章节相衔接,并不得与本章正文内容相抵触。"投标人须知前附表" 中的附录表格同属 "投标人须知前附表" 内容,同其他内容具有同等效力。

②招标人应根据招标项目具体特点和实际需要,对工程施工监理服务质量提出目标要求。

③招标人应根据招标项目具体特点和实际需要,对工程施工监理过程中的人员安全提出目标要求。

④第1.4.1款适用于未进行资格预审的情况。

⑤对于特别复杂的特大桥梁和特长隧道项目主体工程以及其他有特殊要求的工程,招标人还可增加附录5对投标人的其他主要监理人员提出要求。

⑥第1.4.2款适用于未进行资格预审的情况。

⑦招标人可根据招标项目所在地省级交通运输主管部门的有关规定,对信用等级高的投标人,给予减免投标保证金金额的优惠。

⑧招标人不得强制限定投标保证金必须采用现金或支票方式缴纳,不得拒绝银行保函形式的投标保证金。

⑨第3.5款适用于未进行资格预审的情况。

⑩第3.5.2款适用于未进行资格预审的情况。

⑪评标委员会应由招标人代表和有关方面的专家组成,人数为5人以上单数,其中技术、经济专家人数应不少于成员总数的三分之二。

⑫招标人不得强制限定履约保证金必须采用现金或支票方式缴纳,不得拒绝银行保函形式的履约保证金。

⑬招标人可根据招标项目所在地省级交通运输主管部门的有关规定,对信用等级高的投标人,给予减少履约保证金金额的优惠。

(2)投标人须知正文

投标人须知正文

1.总则(略)

2.招标文件(略)

3.投标文件(略)

4.投标

4.1　投标文件的密封和标识

4.1.1　投标文件应采用双信封形式密封。投标文件第一个信封(商务及技术文件)以及第二个信封(报价文件)应单独密封包装。商务及技术文件的正本与副本应统一密封在一个封套中。报价文件的正本与副本以及投标文件电子版文件(如需要)应统一密封在另一个封套中。封套应加贴封条,并在封套的封口处加盖投标人单位章或由投标人的法定代表人或其委托代理人签字。采用银行保函形式提交投标保证金的,银行保函原件应密封在单独的封套中。

4.1.2　投标文件第一个信封(商务及技术文件)、第二个信封(报价文件)以及银行保函封套上应写明的内容见投标人须知前附表。

4.2　投标文件的递交

4.2.1　投标人应在第一章"招标公告"或"投标邀请书"规定的投标截止时间前递交投标文件。

4.2.2　投标人递交投标文件的地点:见第一章"招标公告"或"投标邀请书"。

4.2.3 除投标人须知前附表另有规定外,投标人所递交的投标文件不予退还。投标人少于 3 个的,投标文件当场退还给投标人。

4.2.4 招标人收到投标文件后,向投标人出具签收凭证。

4.2.5 逾期送达的或未送达指定地点的投标文件,招标人将予以拒收。

4.3 投标文件的修改与撤回

4.3.1 在本章第 4.2.1 项规定的投标截止时间前,投标人可以修改或撤回已递交的投标文件,但应以书面形式通知招标人。

4.3.2 投标人修改或撤回已递交投标文件的书面通知应按照本章第 3.7.3 项的要求签字或盖章。招标人收到书面通知后,向投标人出具签收凭证。

4.3.3 投标人撤回投标文件的,招标人自收到投标人书面撤回通知之日起 5 日内退还已收取的投标保证金。

4.3.4 修改的内容为投标文件的组成部分。修改的投标文件应按照本章第 3 条、第 4 条的规定进行编制、密封、标记和递交,并标明"修改"字样。

5.开标(略)

6.评标(略)

7.合同授予(略)

8.纪律和监督

8.1 对招标人的纪律要求

8.2 对投标人的纪律要求

8.3 对评标委员会成员的纪律要求

8.4 对与评标活动有关的工作人员的纪律要求

8.5 投诉

8.5.1 投标人或其他利害关系人认为招标投标活动不符合法律、行政法规规定的,可以自知道或应当知道之日起 10 日内向有关行政监督部门投诉。投诉应有明确的请求和必要的证明材料。

监督部门的联系方式见投标人须知前附表。

8.5.2 投标人或其他利害关系人对招标文件、开标和评标结果提出投诉的,应按照本章第 2.4 款、第 5.3 款和第 7.2 款的规定先向招标人提出异议。异议答复期间不计算在第 8.5.1 项规定的期限内。

9.是否采用电子招标投标

10.需要补充的其他内容

10.1 自购买招标文件之日起,投标人应保证其提供的联系方式(电话、传真、电子邮件)一直有效,以便及时收到招标人发出的函件(招标文件的澄清、修改等),并应及时向招标人反馈信息,否则招标人不承担由此引起的一切后果。

需要补充的其他内容:见投标人须知前附表。

三、开标、评标与合同授予

1.开标

1)开标时间和地点

招标人在"招标公告"或"投标邀请书"规定的投标截止时间(开标时间)和投标人须知前附表规定的地点对收到的投标文件第一个信封(商务及技术文件)公开开标,并邀请所有投标人的法定代表人或其委托代理人准时参加。

招标人在投标人须知前附表规定的时间和地点对投标文件第二个信封(报价文件)公开开标,并邀请所有投标人的法定代表人或其委托代理人准时参加。

投标人若未派法定代表人或委托代理人出席开标活动,视为该投标人默认开标结果。

2）开标程序

（1）主持人按下列程序对投标文件第一个信封（商务及技术文件）进行开标：

①宣布开标纪律。

②公布在投标截止时间前递交投标文件的投标人数量。

③宣布开标人、唱标人、记录人等有关人员姓名。

④按照投标人须知前附表规定由投标人推选的代表检查投标文件的密封情况。

⑤按照投标人须知前附表规定的开标顺序当众开标，公布合同段名称、投标人名称、投标保证金的递交情况、监理服务期限及其他内容，并记录在案。

⑥投标人代表、招标人代表、记录人等有关人员在开标记录上签字确认。

⑦开标结束。

（2）在投标文件第一个信封（商务及技术文件）开标现场，投标文件第二个信封（报价文件）不予开封，由招标人密封保存。

（3）招标人将按照规定的时间和地点对投标文件第二个信封（报价文件）进行开标。主持人按下列程序进行开标：

①宣布开标纪律。

②当众拆开投标文件第一个信封（商务及技术文件）评审结果的密封袋，宣布通过投标文件第一个信封（商务及技术文件）评审的投标人名单。

③宣布开标人、唱标人、记录人等有关人员姓名。

④按照投标人须知前附表规定由投标人推选的代表检查投标文件的密封情况。

⑤按照投标人须知前附表规定的开标顺序当众开标，开标人只拆封通过投标文件第一个信封（商务及技术文件）评审的投标文件的第二个信封（报价文件），公布合同段名称、投标人名称、投标报价及其他内容，并记录在案。

⑥计算并宣布评标基准价。

⑦将未通过投标文件第一个信封（商务及技术文件）评审的投标文件的第二个信封（报价文件）退还给投标人。

⑧投标人代表、招标人代表、记录人等有关人员在开标记录上签字确认。

⑨开标结束。

（4）在投标文件第二个信封（报价文件）开标现场，招标人将按第三章"评标办法"规定的原则计算并宣布评标基准价。若招标人发现投标文件出现以下任一情况，其投标报价将不再参加评标基准价的计算：

①未在投标函上填写投标总价。

②投标报价超出招标人公布的最高投标限价（如有）。

③投标报价的大写金额无法确定具体数值。

④投标函上填写的合同段号与投标文件封套上标记的合同段号不一致。

如果投标人认为某一合同段的评标基准价计算有误，有权在开标现场提出，经招标人当场核实确认之后，可重新宣布评标基准价。开标现场宣布的评标基准价除计算有误，经评标委员会修正外，在整个评标期间保持不变，不随任何因素发生变化。

（5）在投标文件第一个信封（商务及技术文件）或第二个信封（报价文件）开标过程中，若招标人宣读的内容与投标文件不符,投标人有权在开标现场提出疑问,经招标人当场核查确认之后,可重新宣读其投标文件。若投标人现场未提出疑问,则认为投标人已确认招标人宣读的内容。

3)开标异议

投标人对开标有异议的,应在开标现场提出,招标人当场做出答复,并制作记录,有异议的投标人代表、招标人代表、记录人等有关人员在记录上签字确认。

2.评标

1)评标委员会

招标人依法组建评标委员会。评标委员会由招标人代表和从交通运输部设立的监理专家库或省级交通运输主管部门设立的监理专家库中随机抽取的评标专家共同组成,人数为5人以上单数,其中评标专家人数不得少于总数的三分之二。评标委员会开始工作之前应由评标委员会推举产生一名主任评标委员,负责协调、组织评标委员会成员开展评标工作。

评标委员会成员有下列情形之一的,应主动提出回避:

(1)为负责招标项目监督管理的交通运输主管部门的工作人员。

(2)与投标人法定代表人或其委托代理人有近亲属关系。

(3)为投标人的工作人员或退休人员。

(4)与投标人有其他利害关系,可能影响评标活动公正性。

(5)在与招标投标有关的活动中有过违法违规行为、曾受过行政处罚或刑事处罚。

2)评标方法

公路工程施工监理评标采用综合评分法。评标委员会对满足招标文件实质性要求的投标文件,按照评标办法前附表(表4-4)规定的评分标准进行打分,并按得分由高到低的顺序推荐中标候选人,或根据招标人授权直接确定中标人,但投标报价低于其成本的除外。综合评分相等时,评标委员会应按照评标办法前附表规定的优先次序推荐中标候选人或确定中标人。

评标办法前附表   表4-4

条款号		评审因素与评审标准
1	评标方法	综合评分相等时,评标委员会依次按照以下优先顺序推荐中标候选人或确定中标人: (1)评标价低的投标人优先; (2)被_____交通运输主管部门评为较高信用等级的投标人优先; (3)商务和技术得分较高的投标人优先; ……
2.1.1 2.1.3	形式评审与响应性评审标准	第一个信封(商务及技术文件)评审标准: (1)投标文件按照招标文件规定的格式、内容填写,字迹清晰可辨: ①投标函按招标文件规定填报了项目名称、合同段号、补遗书编号(如有)、监理服务期限、工程质量要求及安全目标; ②投标文件组成齐全完整,内容均按规定填写。 (2)投标文件上法定代表人或其委托代理人的签字、投标人的单位章盖章齐全,符合招标文件规定。

条款号		评审因素与评审标准
2.1.1 2.1.3	形式评审与响应性评审标准	（3）与申请资格预审时比较，投标人发生合并、分立、破产等重大变化的，仍具备资格预审文件规定的相应资格条件且其投标未影响招标公正性： ①投标人应提供相关部门的合法批件及企业法人营业执照和资质证书等证件的副本变更记录复印件； ②投标人仍然满足资格预审文件中规定的资格预审条件最低要求（资质、业绩、人员、信誉等） ③与所投合同段的其他投标人不存在控股、管理关系或单位负责人为同一人的情况；与招标人也不存在利害关系并可能影响招标公正性。 （4）投标人按照招标文件的规定提供了投标保证金： ①投标保证金金额符合招标文件规定的金额，且投标保证金有效期不少于投标有效期； ②若投标保证金采用现金或支票形式提交，投标人应在递交投标文件截止时间之前，将投标保证金由投标人的基本账户转入招标人指定账户； ③若投标保证金采用银行保函形式提交，银行保函的格式、开具保函的银行均满足招标文件要求，且在递交投标文件截止时间之前向招标人提交了银行保函原件。 （5）投标人法定代表人授权委托代理人签署投标文件的，须提交授权委托书，且授权人和被授权人均在授权委托书上签名，未使用印章、签名章或其他电子制版签名代替。 （6）投标人法定代表人亲自签署投标文件的，提供了法定代表人身份证明，且法定代表人在法定代表人身份证明上签名，未使用印章、签名章或其他电子制版签名代替。 （7）投标人以联合体形式投标时，联合体满足招标文件的要求： ①未进行资格预审的，投标人按招标文件提供的格式签订了联合体协议书，明确各方承担连带责任，并明确了联合体牵头人； ②已进行资格预审的，投标人提供了资格预审申请文件中所附的联合体协议书复印件，且通过资格预审后的联合体无成员增减或更换的情况。 （8）同一投标人未提交两个以上不同的投标文件，但招标文件要求提交备选投标的除外。 （9）投标文件中未出现有关投标报价的内容。 （10）投标文件载明的招标项目完成期限符合招标文件规定。 （11）投标文件对招标文件的实质性要求和条件做出响应。 （12）权利义务符合招标文件规定： ①投标人应接受招标文件规定的风险划分原则，未提出新的风险划分办法； ②投标人未增加发包人的责任范围，或减少投标人义务； ③投标人未提出不同的支付办法； ④投标人对合同纠纷、事故处理办法未提出异议； ⑤投标人在投标活动中无欺诈行为； ⑥投标人未对合同条款有重要保留。 （13）投标文件正、副本份数符合招标文件"投标人须知"第3.7.4款规定。 …… 第二个信封（报价文件）评审标准： （1）投标文件按照招标文件规定的格式、内容填写，字迹清晰可辨，内容齐全完整： ①投标函按招标文件规定填报了项目名称、合同段号、补遗书编号（如有）、投标价（包括大写金额和小写金额）

续上表

条款号		评审因素与评审标准
2.1.1 2.1.3	形式评审与响应性评审标准	②已标价报价清单说明文字与招标文件规定一致,未进行实质性修改和删减; ③投标文件组成齐全完整,内容均按规定填写。 (2)投标文件上法定代表人或其委托代理人的签字、投标人的单位章盖章齐全,符合招标文件规定。 (3)投标报价未超过招标文件设定的最高投标限价(如有)。 (4)投标报价的大写金额能够确定具体数值。 (5)同一投标人未提交两个以上不同的投标报价,但招标文件要求提交备选投标的除外。 (6)投标文件正、副本份数符合招标文件"投标人须知"第3.7.4款规定。 ……
2.1.2	资格评审标准	(1)投标人具备有效的营业执照、组织机构代码证、监理资质证书和基本账户开户许可证。 (2)投标人的资质等级符合招标文件规定。 (3)投标人的类似项目业绩符合招标文件规定。 (4)投标人的信誉符合招标文件规定。 (5)投标人的总监理工程师或驻地监理工程师资格、在岗情况符合招标文件规定。 (6)投标人的其他要求符合招标文件规定。 (7)投标人不存在第二章"投标人须知"第1.4.3款或第1.4.4款规定的任何一种情形。 (8)投标人符合"投标人须知"第1.4.5款规定。 (9)以联合体形式参与投标的,联合体各方均未再以自己名义单独或参加其他联合体在同一合同段中投标;独立参与投标的,投标人未同时参加联合体在同一合同段中投标

条款号	条款内容	编列内容
2.2.1	分值构成 (总分100分)	第一个信封(商务及技术文件)评分分值构成: 技术建议书:＿＿＿＿＿分 主要人员:＿＿＿＿＿分 技术能力:＿＿＿＿＿分 业　绩:＿＿＿＿＿分 履约信誉:＿＿＿＿＿分 …… 第二个信封(报价文件)评分分值构成: 评标价:＿＿＿＿＿分
2.2.2	评标基准价计算方法	评标基准价的计算: 在开标现场,招标人将当场计算并宣布评标基准价。 (1)评标价的确定: 　　　　　评标价 = 投标函文字报价 (2)评标价平均值的计算: 　方案一:按第一个信封(商务及技术文件)评审得分由高到低的顺序选取前3名(若不足3名,则选取相应数量),对其第二个信封(报价文件)的评标价作算术平

续上表

条款号	条款内容	编列内容
2.2.2	评标基准价计算方法	均(根据第二章"投标人须知"第5.2.4款规定在开标现场被宣布为不进入评标基准价计算的投标报价除外),将该平均值作为评标价平均值; 方案二:除按第二章"投标人须知"第5.2.4款规定开标现场被宣布为不进入评标基准价计算的投标报价之外,所有投标人的评标价去掉一个最高值和一个最低值后的算术平均值即为评标价平均值(如果参与评标价平均值计算的有效投标人少于5家时,则计算评标价平均值时不去掉最高值和最低值)。 (3)评标基准价的确定: 方法一:将评标价平均值直接作为评标基准价。 方法二:将评标价平均值下浮_____%,作为评标基准价。 方法三:招标人设置评标基准价系数,由投标人代表现场抽取,评标价平均值乘以现场抽取的评标基准价系数作为评标基准价。 …… 在评标过程中,评标委员会应对招标人计算的评标基准价进行复核,存在计算错误的应予以修正并在评标报告中做出说明。除此之外,评标基准价在整个评标期间保持不变,不随任何因素发生变化
2.2.3	评标价的偏差率计算公式	偏差率=100% ×(投标人评标价–评标基准价)/评标基准价 偏差率保留_____位小数

条款号	评分因素与权重分值				
	评分因素	权重分值	各评分因素细分项	分值	评分标准
2.2.4(1)	技术建议书	_____分	监理大纲(或监理方案)和措施	_____分	
			本工程监理工作的重点与难点分析	_____分	
			对本工程的建议	_____分	
			……	_____分	
2.2.4(2)	主要人员	_____分	总监理工程师或驻地监理工程师任职资格与业绩	_____分	
			……	_____分	
2.2.4(3)	评标价	_____分	评标价得分计算公式示例: (1)如果投标人的评标价 > 评标基准价,则评标价得分 = F – 偏差率×$100×E_1$; (2)如果投标人的评标价≤评标基准价,则评标价得分 = F + 偏差率×$100×E_2$。 其中:F 是评标价所占的权重分值,E_1 是评标价每高于评标基准价一个百分点的扣分值,E_2 是评标价每低于评标基准价一个百分点的扣分值;招标人可依据招标项目具体特点和实际需要设置 E_1、E_2,但 E_1 应大于 E_2		

条款号	评分因素与权重分值				
	评分因素	权重分值	各评分因素细分项	分值	评分标准
2.2.4(4)	其他因素	技术能力 _____分		_____分	
				_____分	
		业绩 _____分		_____分	
				_____分	
		履约信誉 _____分		_____分	
				_____分	
			……		
需要补充的其他内容: ……					

3)评审标准

(1)初步评审标准

①资格评审标准。见评标办法前附表。(适用于未进行资格预审的)

②资格评审标准。见《公路工程标准施工监理招标资格预审文件》(2018 年版)第三章"资格审查办法"详细审查标准。(适用于已进行资格预审的)

(2)分值构成与评分标准

①分值构成。分值构成:见评标办法前附表第 2.2.1 款。

②评标基准价计算。评标基准价计算方法:见评标办法前附表第 2.2.2 款。

③评标价的偏差率计算。评标价的偏差率计算公式:见评标办法前附表第 2.2.3 款。

④评分标准。见评标办法前附表第 2.2.4 款。

4)评标程序

评标工作按以下程序进行:

(1)第一个信封初步评审。

(2)第一个信封详细评审。

(3)第二个信封开标。

(4)第二个信封初步评审。

(5)第二个信封详细评审。

(6)投标文件相关信息的核查。

(7)投标文件的澄清和说明。

(8)不得否决投标的情形。

(9)评标结果。

具体的评标程序请参照《公路工程标准施工监理招标文件》(2018 年版)第三章"评标方法"。

3.合同授予

1)中标候选人公示

招标人在收到评标报告之日起 3 日内,按照投标人须知前附表规定的公示媒介和期限公示中标候选人,公示期不得少于 3 日,公示内容包括:

(1)中标候选人排序、名称、投标报价,对监理质量要求、安全目标和监理服务期限的响应情况。

(2)中标候选人在投标文件中承诺的总监理工程师或驻地监理工程师姓名、个人业绩、相关证书名称和编号。

(3)中标候选人在投标文件中填报的项目业绩。

(4)被否决投标的投标人名称、否决依据和原因。

(5)提出异议的渠道和方式。

(6)投标人须知前附表规定公示的其他内容。

2)评标结果异议

投标人或其他利害关系人对依法必须进行招标的项目的评标结果有异议的,应在中标候选人公示期间提出。招标人将在收到异议之日起 3 日内做出答复;做出答复前,将暂停招标投标活动。

3)中标候选人履约能力审查

中标候选人的经营、财务状况发生较大变化或存在违法行为,招标人认为可能影响其履约能力的,将在发出中标通知书前提请原评标委员会按照招标文件规定的标准和方法进行审查确认。

4)定标

(1)除授权评标委员会直接确定中标人外,招标人依据评标委员会推荐的中标候选人确定中标人。

(2)如果排名第一的中标候选人放弃中标、因不可抗力提出不能履行合同,或者中标人未能遵守投标人须知中的规定,在此情况下,招标人有权取消其中标资格,招标人可依序确定其他中标候选人为中标人。当所有中标候选人因上述同样原因不能签订合同的,招标人将依法重新招标。

(3)招标人应将评标报告和评标结果向交通运输主管部门备案并公示。

5)中标通知

在规定的投标有效期内,招标人以投标人须知前附表规定的形式向中标人发出中标通知书,同时将中标结果通知未中标的投标人。

6)中标结果公告

招标人在确定中标人之日起 3 日内,按照投标人须知前附表规定的公告媒介和期限公告中标结果,公告期不得少于 3 日。公告内容包括中标人名称、中标价。

7)履约保证金

(1)在签订合同前,中标人应按投标人须知前附表规定的形式、金额和招标文件中"合同条款及格式"规定的或事先经过招标人书面认可的履约保证金格式向招标人提交履约保证金。除投标人须知前附表另有规定外,履约保证金为签约合同价的 10%。以联合体形式中标的,其履约保证金以联合体各方或联合体中牵头人的名义提交。采用银行保函时,应由符合投标人须知前附表规定级别的银行开具,所需的费用由中标人承担,中标人应保证银行保函有效。

(2)中标人不能按要求提交履约保证金的,视为放弃中标,其投标保证金不予退还,给招标人造成的损失超过投标保证金数额的,中标人还应对超过部分予以赔偿。

8)签订合同

(1)招标人和中标人应在中标通知书发出之日起 30 日内,根据招标文件和中标人的投标文件订立书面合同。中标人无正当理由拒签合同,在签订合同时向招标人提出附加条件,或不按照招标文件要求提交履约保证金的,招标人取消其中标资格,其投标保证金不予退还;给招标人造成的损失超过投标保证金数额的,中标人还应对超过部分予以赔偿。

(2)发出中标通知书后,招标人无正当理由拒签合同,或在签订合同时向中标人提出附加条件的,招标人向中标人退还投标保证金;给中标人造成损失的,还应赔偿损失。

(3)签约合同价的确定原则如下:

①按照评标办法规定对投标报价进行修正后,若修正后的最终投标报价小于开标时的投标函大写金额报价,则签订合同时以修正后的最终投标报价为准。

②按照评标办法规定对投标报价进行修正后,若修正后的最终投标报价大于开标时的投标函大写金额报价,则签订合同时以开标时的投标函大写金额报价为准,同时按比例修正相应子目的单价或合价。

(4)以联合体形式中标的,联合体各方应共同与招标人签订合同,就中标项目向招标人承担连带责任。

(5)招标人和中标人在签订合同协议书的同时,须按照本招标文件规定的格式和要求签订廉政合同,明确双方在廉政建设方面的权利和义务以及应承担的违约责任。

任务二 公路工程监理投标

公路工程施工监理投标是公路监理单位以商务及技术文件和报价文件的形式争取中标的过程。当招标单位发布招标公告后,监理单位应首先根据招标条件和本单位的能力进行可行性研究,决定是否参加投标。如果决定投标,就要购买(或索取)资格预审文件,只有资格预审合格的投标者才有资格参加投标竞争。取得投标资格的投标单位,应根据招标单位的要求购买招标文件,进行认真的技术分析和财务分析,按投标须知的要求填写投标书(包括技术文件和报价文件),并按规定的时间、地点和方式递交,争取中标。

一、监理投标的基本程序与投标的必备工作

1.投标的基本程序

施工监理投标的基本程序如图 4-1 所示。

2.投标的必备工作

1)准备资格预审申请文件

监理单位应根据监理招标文件通告和资格预审文件的要求,向项目法人递交资格预审申请书。以联合体形式参加投标的,则需在资格预审申请书中注明。联合体成员单位必须签订联合体合作协议书,明确主体及协作单位应承担的责任和享有的权利。其主体和协作成员单位均应具有与招标工程相适应的规定证件。

按照招标文件规定资格审查要求,应准备好下述文件资料:

(1)资质。

(2)业绩。

(3)人员(含总监理工程师办公室、驻地监理工程师办公室)。

(4)试验、检测设备(含总监办中心试验室和驻地办试验室)。

(5)财务。

(6)诉讼和履约。

(7)招标文件中规定的其他内容。

2)递交资格预审申请书

按招标公告规定要求,按时将编制好的资格预审申请文件递交到规定的地点。

```
┌──────────────────────┐
│       招标公告        │
└──────────────────────┘
           ↓
┌──────────────────────┐
│    投标的可行性研究    │
└──────────────────────┘
           ↓
┌──────────────────────┐
│   做出是否投标的决定    │
└──────────────────────┘
           ↓ 投标
┌──────────────────────┐
│  购买(或索取)资格预审文件 │
└──────────────────────┘
           ↓
┌──────────────────────┐
│ 按规定要求如实填写与报送资格资料 │
└──────────────────────┘
           ↓ 预审通过
┌──────────────────────┐
│  购买(或索取)招标文件   │
└──────────────────────┘
           ↓
┌──────────────────────┐
│    分析研究招标文件     │
└──────────────────────┘
           ↓
┌──────────────────────┐
│    参加投标预备会      │
└──────────────────────┘
           ↓
┌──────────────────────┐
│      勘察现场         │
└──────────────────────┘
           ↓
┌──────────────────────┐
│ 按规定时间、地点、方式交标 │
└──────────────────────┘
           ↓
┌──────────────────────┐
│ 按规定时间、地点参加开标会议 │
└──────────────────────┘
           ↓ 中标
┌──────────────────────┐
│     签订监理合同       │
└──────────────────────┘
```

图 4-1　施工监理投标程序

3.投标竞争的原则

投标竞争的原则是公平、公开公正和诚实信用。在竞争中,应以管理水平、技术水平、装备水平、社会信誉等为主要方面展开竞争,认真编制投标书;只有由先进可行的技术建议书和合理准确的财务建议书组成的投标文件才是一份好的监理投标书,才是中标的关键。

4.投标单位的条件

(1)具有法人资格、监理资质证书、有效的营业执照。

(2)经济独立并具有与其工作相适应的经济能力,能独立承担相应的经济或民事责任。

(3)具有与所承担的工作相对应的专业能力和经验等。

交通运输部颁发的《公路水运工程监理单位资质管理暂行规定》规定:"公路工程监理分为公路、隧道工程和交通工程两大专业,各专业分为甲、乙、丙三个资质等级,其中甲级单位可在全国范围内监理一、二、三类工程,乙级单位可在全国范围内监理二、三类工程,丙级单位可在本省范围内监理三类工程。"

5.投标的注意事项

(1)投标书送交招标单位后,在投标截止日期前,投标人如需修改标书内容或调整报价,应以正式函件提出并附说明。上述函件应使用与投标书相同的密封方式投递,与投标书具有同等法律效力。任何函件,包括投标书,在投标截止日期后送达,不予接受,原封退回。

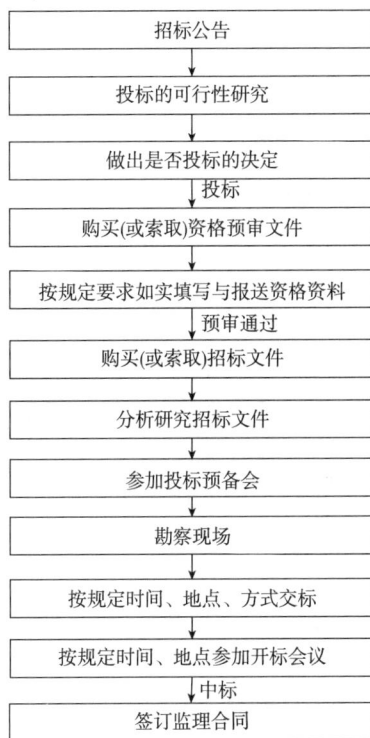

（2）投标书及任何说明函件应经单位盖章及其法定代表人签字,采用双层密封信封,密封后投递者递交招标单位。

（3）投标者在递交投标书时,应同时提交开户银行出具的投标保函,或交付保证金。保证金数额、交付方式及保证金清退办法,由招标单位在招标文件中规定。

（4）投标者不得串通作弊,不得哄抬标价,不得对招标单位行贿,违者丧失投标资格,并无权请求返还投标保证金。

6.投标文件编制的内容

投标人应当按照招标文件的要求编制投标文件,并对招标文件提出的实质性要求和条件作出响应。投标文件应采用双信封形式,包括下列内容。

1）第一个信封(商务及技术文件)

（1）投标函。

（2）授权委托书或法定代表人身份证明。

（3）联合体协议书。

（4）投标保证金。

（5）资格审查资料。

（6）技术建议书。

（7）投标人须知前附表规定的其他资料。

2）第二个信封(报价文件)

（1）投标函。

（2）监理服务费用清单。

投标人在评标过程中作出符合法律法规和招标文件规定的澄清确认,构成投标文件的组成部分。

二、投标文件的编制

1.商务及技术文件主要内容

公路施工监理投标文件的商务及技术文件是用以证明投标人履行了合法手续及招标人了解投标人商业资信、合法性及技术性的文件。

商务及技术文件包括下列基本内容：

（1）投标函。

（2）授权委托书或法定代表人身份证明。

（3）联合体协议书。

（4）投标保证金。

（5）资格审查资料。

（6）技术建议书。

（7）其他资料。

2. 商务文件编制

由于篇幅限制,商务文件格式其他内容在此略,下面仅列出投标函的格式,其他格式详见《公路工程标准施工监理招标文件》(2018 年版)。

投 标 函

_____(招标人名称):

1. 我方已仔细研究_____(项目名称)_____合同段施工监理招标文件的全部内容(含补遗书第_____号至第_____号),在考察工程现场后,愿意以第二个信封(报价文件)中的投标总报价(或根据招标文件规定修正核实后确定的另一金额),按合同约定完成施工监理工作。

2. 我方承诺在招标文件规定的投标有效期内不撤销投标文件。

3. 总监理工程师或驻地监理工程师姓名:_____,年龄:_____,职称:_____,监理工程师证书:_____。

4. 质量要求:_____,安全目标:_____,监理服务期限:_____。

5. 如我方中标,我方承诺:

(1)在收到中标通知书后,在中标通知书规定的期限内与你方签订合同。

(2)在签订合同时不向你方提出附加条件。

(3)按照招标文件要求提交履约保证金。

(4)在合同约定的期限内完成合同规定的全部义务。

(5)在你方和我方进行合同谈判之前,我方将按照合同附件提出的最低要求填报派驻本合同段的其他主要监理人员及主要试验检测设备,经你方审批后作为派驻本合同段的主要监理人员和主要试验检测设备且不进行更换。如我方拟派驻的人员和设备不满足合同附件要求,你方有权取消我方中标资格。

6. 我方在此声明,所递交的投标文件及有关资料内容完整、真实和准确,且不存在招标文件"投标人须知"第1.4.3款和第1.4.4款规定的任何一种情形。

7. 在合同协议书正式签署生效之前,本投标函连同你方的中标通知书将构成我们双方之间共同遵守的文件,对双方具有约束力。

8. _____(其他补充说明)。

投 标 人:_____(盖单位章)

法定代表人或其委托代理人:_____(签字)

地　　址:_____

网　　址:_____

电　　话:_____

传　　真:_____

邮政编码:_____

_____年____月____日

3. 技术建议书编制

技术建议书是商务及技术文件重要组成部分,技术建议书的优劣是决定投标人能否中标的关键。技术建议书是工程监理工作的指导文件,是使监理工程工作规范化、标准化、科学化管理的关键文件,反映了工程管理工作中费用、进度、质量监理、合同管理和信息管理及协调等的工作程序流程,反映了对工程全方位、全过程、全天候、事前、事中、事后各个环节的控制规定与要求及具体实施事项等。

技术建议书主要内容包括:

(1)工程概述。它主要对拟投监理合同段的工程总体概况进行简单描述,可从招标文件提供的资料中得到工程项目的有关概况,内容一般包括项目名称、工程所在地地理位置、自然环境和条件、技术标准、拟投监理合同段及施工合同段的工程内容和数量、工程特点和施工条件、工期要求等内容。

(2)监理工作范围。依据监理合同中约定的监理服务的要求和范围,对拟投监理合同段的监理工作安排、主要监理人员的岗位职责进行必要的阐述。当建设单位提出具体目标时,必须响应。工作内容可参照上述文件所列结合实际情况进行适当调整。

(3)现场监理机构设置与人员安排。通过框图形式,明确拟投监理合同段的组织机构设置。如果监理合同段比较长,并包含了几个施工合同段,则应考虑设置两层式机构,即在驻地监理工程师办公室(或高级驻地监理工程师办公室)下每个施工合同段设置监理组(驻地监理工程师办公室)。上层机构应设几个管理部门,分别主管合同、工程、试验和后勤等工作。每个监理组(或驻地监理工程师办公室)根据工程内容和工作内容设置相应岗位,本着精简的原则配置监理人员。监理人员配置数量与工程标准、监理合同所含施工合同段及其工程量、工程复杂性、监理服务工作量及工期有关。合同段多、工程量大、工程复杂、难度大、工期紧,同时开工的工作面必然也多,监理工作量大,需要配备的监理人员也相应增多。在配置过程中,应对每个岗位制定岗位职责,明确分工。上层管理人员宜少而精;基层监理人员要有现场管理经验;驻地监理工程师和高级驻地监理工程师要善于把握全局,善于管理;监理人员要根据工程内容及其专长配备,做到专业配套,同时还要考虑老、中、青搭配,年龄结构合理,有利于工作开展。对拟投入本项目的主要监理人员的资格和相应的经历应加以说明,并附相应表格。

(4)监理仪器、设备和设施的配备。投标人根据拟投监理合同段的现场工作需要,对其拟投入本工程的监理仪器、设备和设施的配备等情况做简要介绍。

(5)监理工作程序。主要对监理工作的五大控制(费用控制、进度控制、质量控制、安全控制、环保控制)、两项管理(合同管理、信息管理)、一项协调(组织协调)等方法、程序进行描述。监理工作程序是编制技术建议书的关键内容,所占篇幅最大,是指导监理工作的关键环节,如果招标文件有要求,还应给出各项工作流程图。

(6)监理大纲(或监理方案)和措施。

(7)本工程监理工作的重点与难点分析。根据招标文件和现场考察,对工程难度大和可能出现的薄弱环节确定监理工作的重点和难点,针对这些重点和难点提出解决问题的对策和措施。

(8)对本工程建议。为更好地完成本工程的监理工作,监理单位可根据以往的经验,对本工程监理工作提出建议。例如,当工程规模大,监理合同段层次多时,为了统一施工和监理工作要求,建议由建设单位统一组织上岗培训、统一报表格式和报表制度,明确各级监理机构和人员的职权范围等。

三、报价文件的编制

报价文件是监理人根据承担的监理任务向招标人提出的服务费用要求而编制的投标文件

的重要组成部分,是投标文件的核心内容之一,报价文件必须完全按照招标文件的规定格式编制,不允许有任何改动,如有漏填,则视为其已包含在其他价格报价中。报价文件由投标函和监理服务费用清单组成。

1.投标函

投 标 函

_____(招标人名称):

1.我方已仔细研究_____(项目名称)_____合同段施工监理招标文件的全部内容(含补遗书第_____号至第_____号),在考察工程现场后,愿意以人民币(大写)_____元(¥_____)的投标总报价(或根据招标文件规定修正核实后确定的另一金额,其中,增值税税率为_____),按合同约定完成施工监理工作。

其中:

施工阶段监理服务费:_____元;

缺陷责任期阶段监理服务费:_____元。

2.在合同协议书正式签署生效之前,本投标函连同你方的中标通知书将构成我们双方之间共同遵守的文件,对双方具有约束力。

3._____(其他补充说明)。

投 标 人:_____(盖单位章)

法定代表人或其委托代理人:_____(签字)

地　　址:_____

网　　址:_____

电　　话:_____

传　　真:_____

邮政编码:_____

_____年___月___日

2.监理服务费用清单

1)报价清单说明

(1)报价表中各表项目和数量由投标人根据工程需要填写,除此之外,还应在每张报价表后附报价计算说明。例如,折旧费计算说明中应指出每种监理设施折旧寿命、折旧期、年折旧费等,使用、维修、管理费等计算说明中应指出每年各项费用情况、计算公式等。

(2)监理人员配备数量应根据招标文件的要求、投标人编写的技术建议书并参考投标人以往监理工作经验填报。

(3)投标人必须配备施工监理所需的监理办公设施(含通信设施)、试验检测设施、交通设施、生活设施等。监理办公设施(含通信设施)、试验检测设施、交通设施、生活设施等应根据招标文件的要求、投标人编写的技术建议书并参考投标人以往监理工作经验配置。

(4)监理工程师的驻地设施及配备的设备,如交通、通信工具及燃料消耗、维护等均由投标人按规定列入投标报价中。

(5)投标人在填报监理服务费用时应综合考虑下列因素:

①监理人所提供的各级监理人员、试验检测仪器、车辆均应满足委托人在招标文件中

提出的最低限度要求。

②除合同条款第8条约定的变更情形和项目专用合同条款第9.1.1款约定的其他情形外,本监理合同的监理服务费用在合同实施期间一律不予调整。

(6)投标人因完成本项目施工监理服务需计取的企业管理费及需缴纳的一切税费均由投标人承担,并包含在所报的单价或总额价内,委托人不单独支付。

(7)投标人应认真填写报价清单中所列的监理服务费用各细目的单价和总额价。投标人没有填入单价或总额价的工程细目委托人将不予支付,并认为该细目的价款已包括在报价清单其他细目的单价或总额价中。

(8)在"监理服务费报价表"的表2"监理人员服务费报价表"和表4"监理工程师交通设施费报价表"后应附相应项目的单价分析表。

(9)投标人在"监理服务费报价表"的表2中填报的各类监理人员的人月单价应包括监理人员的工资、加班费、生活伙食费、奖金及各种补贴等一切费用在内。若监理人员因履行正常监理服务而加班,委托人将不考虑另行支付监理人员的加班费用。投标报价中应考虑加班费。

(10)对于同一设施或物品,投标人不能重复填报监理服务费用,一经发现,委托人将有权从投标价中扣除多报的费用,投标人对此应予确认,否则,委托人有权取消其中标资格。

2)监理服务费报价表

监理服务费用由监理人员服务费、监理办公设施费、监理交通设施费(含燃料消耗等费用)、监理试验设施费、监理生活设施费、利润及暂列金额组成。表格名称如下,具体内容参照《公路工程标准施工监理招标文件》(2018年版)。

表1　监理服务费用报价汇总表

表2　监理人员服务费报价表

表3　监理工程师办公设施费报价表

表4　监理工程师交通设施费报价表

表5　监理试验设施费报价表

表6　监理工程师生活设施费报价表

表7　监理服务费用支付估算表

附件1　监理人员工作计划安排表

附件2　监理设施进出场时间表

思考题

1. 施工监理招标应具备哪些条件？

2. 哪些项目经批准后可采取邀请招标的方式？

3. 试述监理招标资格审查的方式方法。

4. 监理招标文件由哪些内容组成？

5. 监理招标采用哪种评标方法？试述评标基准价计算方法。

6. 试述监理投标的基本程序。

7. 技术建议书的主要内容有哪些？

8. 工程监理报价文件由哪几部分组成？

附录
APPENDIX

"课程思政"案例

本教材秉承知识传授与价值引领同频共振的教学理念，从匠心、责任心、齐心、敬畏心四个维度，根据招投标人员典型工作任务、职业岗位，招投标行业最新发展需求，挖掘、提取课程思政元素，并建立"课程思政"案例库，并系统融入各项目，同时兼顾内容的知识完整性，从源头解决"两张皮"问题。以下是本教材选取的具体案例。

匠　心

1. 紧固件行业 SaaS 系统领跑者——好工品

"工匠精神"是制造业最重要的内在价值支撑，企业要做大做强，首先要怀揣一颗匠心，把产品品质做好。好工品成立四年以来，坚持让工业品更简单，不断达到、超过行业水准的数据指标。十亿 SKU（stock keeping unit，库存量单位）数据库、云端互联网-紧固件行业专属工云链 SaaS（Software-as-a-Service，软件即服务）系统、MES（Manufacturing Execution System，制造企业生产过程执行系统）、智能化 WMS（Warehouse Management System，仓储管理系统）共同保证签单交付心中有底。好工品从未停下过发展的步伐。除紧固件外，目前已完成手工具、五金件、轴承、弹簧等产品标准数据库建设，并将逐步对外开放，同时计划向量具、传动、电子电器、汽摩配件等工业零部件领域延伸，打造百亿工业基础数据库，服务千万工业企业，为"工业企业高质量发展"提供基础数据支持。好工品有着要成为具有国际视野之民族品牌的筹措与雄心，我们可以看到，好工品正循序渐进地朝着终极目标发展。

评析： 具有"匠心精神"的企业，未来定能成为令国人自豪的标杆！

2. 突出的工作业绩助推行业典范诞生

当前，项目经理负责制已经成为招标采购领域的重要管理模式。在招标采购领域实施项目经理负责制，可以明确责任主体，压缩项目管理上的指挥层次和空间，对承接项目的安全、质量、进度、费用等关键部分的控制更为具体，同时明确了招标采购环节中的项目管理，有助于各种关系的整合、协调。

作为一名优秀的项目经理人，需要具备以下职业素养：第一，以高度的责任心成为行业表率。近年来不少优秀的招标项目经理真正做到了尽职尽责，扎实工作，充分调动项目全体人员的工作积极性，团结协作，厘清各项目标，严谨细致编制标书，保证了项目有条不紊地进行。第二，以身作则，做优秀的项目把控人。工作中带头遵守各种规章制度，按照既定的工作目标有序开展各项工作，自上而下形成良好的工作作风。第三，处理突发状况和棘手问题的能力突出。招标采购项目在进行过程中常有突发情况发生,这特别考验项目经理人应对风险及解决问题的能力。

评析:工匠精神蕴含工匠之魂、工匠之道、工匠之术等,招投标人需要一种对招投标工作执着、认真,对招投标方案精益求精、精雕细琢的精神。

3. 高铁招标——一个经典案例

2004 年 6 月 17 日,我国铁道部委托中技国际招标公司为我国铁路第六次大提速进行时速 200km/h 动车组建设招标,并在《人民铁道》以及中国采购与招标网同时发布了《时速 200 km/h 铁路动车组项目投标邀请书》公告。公告明确投标企业必须是"在中国境内合法注册的,具备铁路动车组制造能力,并获得拥有成熟的时速 200 km/h 铁路动车组设计和制造技术的国外合作方技术支持的中国制造企业(含中外合资企业)"。这次招标明确规定了三个原则:第一,关键技术必须转让;第二,价格必须最低;第三,必须使用中国品牌。由此看出,铁道部的真正目标是引进国外先进技术。

这次技术引进能够成功的重要因素是铁道部只指定了两家我国本土企业能够进行技术引进,一家是南车集团的四方机车车辆股份有限公司,一家是北车的长春客车股份有限公司,这被称为"战略买家"。这次招标就是未来市场竞争的一次预演,谁都不敢轻易放弃这次机会,谁都不敢掉以轻心。国外企业要想进入中国高铁市场就只能找合作伙伴,中国的这两家企业由此占据了绝对的战略优势。铁道部还要求,投标前国外厂商必须与中国国内机车车辆企业签订完善的技术转让合同,如果没有做到这一点就取消投标资格。铁道部还设置了考核环节,叫作"技术转让实施评价",考察对象是中国投标企业,裁判是铁道部成立的动车组联合办公室,简称"动联办"。

6 月 17 日正式发布投标信息,7 月 28 日投标截止,历时共 41 天。四家国外企业向中国的两家公司展开了提出了合作意向。在正式招标前,四家国外企业都已经从各种渠道得到了风声,相关工作已经如火如荼地展开了。早在 5 月份,日本六家企业就完成了大联合,准备与南车四方谈判角逐中国高铁市场。长客首选的是西门子,四方首选的是日本大联合,庞巴迪因为早在 20 世纪 90 年代就与南车四方成立了合资公司,所以它并不为投标资格而担心。唯一发愁的就是阿尔斯通,他们在 5 月还对两家企业犹豫不决,迟迟没有确定最终合作伙伴。

7 月 28 日,投标的最后截止日,南车四方与日本大联合六家公司结成了联合体,投出了标书;长客与阿尔斯通结成了联合体,也顺利投出了标书;庞巴迪以自己与南车四方成立的合资公司为主体也投出了标书;西门子因为在最后时刻没有找到合适的合作伙伴,只能黯然出局。

2004 年 8 月 27 日正式开标,南车四方联合体中标 3 包 60 列,他们拿出的是东北新干线家族的"疾风号"E2 – 1000 系的缩水版。阿尔斯通擅长的是动力集中型动车组,而铁道部这次招标要求必须是动力分散型动车组,阿尔斯通最终以"潘多利诺"宽体摆式列车基础,取消摆式功能,车体以芬兰铁路的 SM3 动车组为原型,研制了一款动车组,引入中国后被命名为 CRH5A 型动车组。庞巴迪拿出的则是为瑞典国家铁路提供的 Regina C2008 型动车组,引入中国后被命名为 CRH1A 型动车组。2004 年 10 月 20 日,四方签约活动在北京正式举行,由铁路局、中技国际、南车四方与川崎重工四方签约;铁路局、中技国际、长客与阿尔斯通四方签约;铁路局、中技国际与南车庞巴迪三方签约。

2005 年 6 月,铁道部又启动了时速 300 km/h 动车组采购项目。这次铁道部没有采取公开招标的方式,而是采取了竞争性谈判的方式进行采购。铁道部有意撮合西门子跟长客合作,但阿尔斯通不愿利益被分割,通过有关机构申诉来维护自身利益,于是长客与西门子合作就此中断。因为南车四方已经决定在 CRH2A 的基础上自主开发时速 300 km/h 级别的动车组,考虑到竞争平衡问题,最后唐山厂与西门子公司联合拿下了 60 列时速 300 km/h 动车组订单,此时西门子将每列原型车的费用降到 2.5 亿人民币,技术转让费降到了 8000 万欧元;南车四方也拿下了 60 列时速 300 km/h 动车组订单,此次招标已经完全以南车四方为主,由铁路局与南车四方直接签合同,川崎重工不再作为联合体的一部分,而只是提供一些技术支持;庞巴迪也四处攻关,它在中国的合资企业四方庞巴迪也顺利拿到了 40 列动车组订单。

通过两次招标,中国企业在铁道部的统筹下,成功获得了日本、法国、德国的高铁技术。西门子拿出的是基于 ICE3 开发的 Velaro CN 平台技术,代表了当时世界动力分散型动车组的最高水平;阿尔斯通擅长动力集中技术,他拿出来的仅仅是以"潘多利诺"摆式列车和 SM3 型动车组的结合体,技术并不先进,所以 CRH5 投入运营的初期,故障率一直居高不下;日本大联合没有拿出自己最好的动车组技术,只是拿出了缩水版的"疾风号" E2 - 1000,但是通过与日本企业的合作,中国企业不但获得了一个向上开发的动车组平台,而且也在与日本企业的合作中学到精益制造技术,这让中方企业在此后的发展中受益匪浅。

评析:现如今的中国高铁,不仅掌握了精益制造技术,也走向了世界。截至 2020 年底,我国高速铁路运营里程稳居世界第一,"八纵八横"主骨架已搭建七成以上,几乎覆盖了全国的每个角落。

4. 茅以升之立强国之志,建强国之桥

1933 年 3 月,在天津北洋大学任教的茅以升收到了一封信,信是昔日同学受浙江省建设厅厅长曾养甫所托寄来的,曾养甫希望茅以升能够前往杭州,商谈筹建钱塘江大桥的事。经过仔细思考后,茅以升决定接下这个重任。

据统计,1993 年之前大约 60 年的时间里,我国所有的现代化大桥,全都是由外国人建设的。比如:松花江大桥于 1902 年由俄国人建造;郑州的黄河大桥于 1906 年由比利时人建造;济南黄河大桥于 1908 年由德国人建造。

因此,听说中国人要自己在钱塘江上修建大桥,外国的专家都认为曾养甫在开玩笑。他们议论纷纷、冷嘲热讽,说能在钱塘江上建桥的中国人还没有出生呢!

到了钱塘江大桥设计方案竞标的时候,来竞标的一个是茅以升,还有一个是铁道部从美国请来桥梁专家,叫华德尔。当茅以升拿出自己的设计图时,在场的银行家们,都纷纷放下了对中国设计师的偏见。同样是全长 1453m 的大桥,同样是公路铁路两用桥,在华德尔的设计中,公路、铁路是并行的,而茅以升却设计成了双层桥,把公路桥放在了铁路桥的上层。茅以升的这个双层桥,是根据中国的国情设计的。当时的中国,空气中到处弥漫着硝烟的味道。茅以升把公路设计在了铁路上层,就是考虑到一旦打起仗来,在顶层的公路能够掩护下面更为重要的铁路运输线。正是这一点,打动了在场对时局异常敏感的中国银行家们,再加上华德尔的设计报价 758 万银圆,而茅以升仅报价 510 万银圆,最终茅以升击败了美国专家华德尔赢得竞标。

面对"没有工艺、没有设备、没有经验,天上还有日本人的飞机"等诸多困难,茅以升和他的工友废寝忘食,甚至不惜冒着生命危险,解决了建桥中的一个又一个技术难题,最终打破了国外专家的断言,建成了中国人自己设计并建造的第一座现代化大型桥梁,结束了中国近代大桥设计和建造由外国人包揽的尴尬历史,为中国现代桥梁史翻开了崭新的一页。钱塘江大桥更是一座凝结着民族精神的爱国之桥。

评析:茅以升建桥故事包含了四个关键词,分别是爱国、科学、奋斗、奉献。爱国,即一切为了祖国,为了祖国建设的精忠报国的信念;科学,即追求真理,热爱科学,严谨治学,永攀高峰的追求;奋斗,即淡泊名利,潜心研究,集智攻关、团结协作的意志;奉献,甘为路石、无私奉献的品质。茅以升为祖国架设了一座座有形与无形的桥,其一生无不在为国家强盛忘我奉献,体现了老一辈科学家胸怀国家、学济天下的高尚爱国精神,这也是我们后人学习和敬仰的典范。

责 任 心

5. 恪尽职守记心间——专家因履职不到位受到行政处罚

2020 年 9 月,重庆市公共资源交易网公开信息,5 名评标专家因履职不到位、工作责任心不强受到行政处罚,重庆市发展和改革委员会对 5 名评标专家的不良行为进行记分处理。据了解,他们于 2020 年 8 月 26 号在忠县某项目评标过程中,因工作大意疏忽,对部分投标文件(技术方案)未查阅,未按招标文件确定的评标标准和方法进行评审而直接记分,导致该项目于 9 月 3 号组织复评且复评结果与第一次评审结果不一致。

作为招投标工作者,一定要从国家和人民的利益出发,以切实发挥工程效益为目标,以自身的专业优势把控招投标程序合法合规,确保招投标公告的公开公正,让综合实力强、专业素养好的优秀企业投身国家工程,不断提升我国基础设施建设质量。因此在招投标过程中,工作人员要恪尽职守,对工程乃至对社会都要有担当!

评析:评标是建设工程招投标活动中的重要环节,评标专家的素质直接影响到评标工作质量。随着招投标的法律法规不断完善,评标专家的管理制度建设取得长足的进步,但评标专家管理中仍然存在不少问题有待规范。随着招投标电子化技术的运用,还需要招标人(或招标代理机构)有良好的职业操守,评标专家有廉洁自律的精神,监管单位有认真负责的态度,交易平台有创新的模式。

6. 杜绝违法转包,对工程负责,也对自己负责

丽水市曾发生一起因工程违法转包、违规操作导致 8 名工人死亡、15 名工人受伤的重大责任事故发生。浙江 52 省道云寿线景泰公路景宁段改建工程二期工程公开招标时,丽水市莲都区个体包工头徐某通过云和县县乡公路管理所职工王某牵线,挂靠义乌工程公司并以其名义参加竞标,得以承建第四合同段工程。此后,徐某又将工程非法分包给无工程资质的木工傅某和包工头林某。由于管理混乱,施工不规范,材料不合格,发生了坍塌事故。这起事故的原因是多方面的,但根源在于各方责任人无视招投标有关法律法规,最终酿成惨祸,害人害己。南京大学教授孙国祥认为:工程建设领域的腐败现象治理必须强调执法执纪的严肃性,强化对权钱交易、商业贿赂的惩治。遏制腐败现象,事先预防与事后惩罚要相互结合,不可软硬失衡。同时,加强对工程转包、分包的监督。禁止领导干部插手工程分包,一经发现直接收受财物的,应以受贿行为定性,如果没有收受财物,应以滥用职权论处。必须提高工程分包的透明度,建立对工程分包的监督制度,解决工程招投标以后的违法转包、违规分包导致的各种腐败问题。

评析:为保证工程质量,应全面落实质量管理职责。建设单位质量管理体系越健全,投入的专业人员越到位,工程质量水平往往就越高。但是不少建设单位由于自身质量管理体系不健全,无法有效履行工程建设活动组织者的质量管理职责。我们要加强企业制度完善,同时工程项目的每个参与者,从招投标阶段到设计、施工阶段,都要加强责任意识,对工程负责,对人民负责,也是对自己负责!

7. 中山陵招标与吕彦直的故事

吕彦直是何许人也？在南京中山陵项目建设之初,需要一位项目总负责人,在海量的自荐信中,经过多位知名艺术家和建筑师的共同讨论,一位名叫吕彦直的年轻建筑师的墓地建设方案被成功采纳。就这样,吕彦直成为中山陵修建的总负责人。

所谓总经理就应该关心工作中的每一个细节。除了他专业的建筑设计,工程验收事务,甚至工程造价工作,都需要他亲自去做。

设计出身的他,虽然不擅长商务沟通,但本着对工作的责任感,吕彦直决定亲自完成项目招投标工作。那时的他才三十多岁,参与这么大的项目,这个年龄难免有点太年轻了。正因为如此,一开始很难说服公众。但他即使刮风、下雨、身体不适,都以最高标准,尽力而为。

1925 年的一天,因为前一天晚上的设计工作量太大,第二天开工的时候,吕彦直就感觉有点不舒服。连走路的时候都有点摇摇晃晃的。不过,吕彦直仍拖着病体来到施工现场,积极参与工程的监督指导。当时发现,工人对用料的要求不符合他在项目函中规定的标准。这让一向对人温和的吕彦直当场"翻脸",以极其严厉的语气说服施工方对这些部位进行返工。或许在外人看来,吕彦直"极其严肃"的性格很容易引起别人的不满,但现在站在中山陵回想起这个故事,人们不禁感慨,如果没有这样一个严格的负责人,今天的南京就不会有这座兼具中国建筑之庄重和西方建筑之浪漫的中山陵。只可惜,吕彦直没能亲眼看见这一幕。

1929 年 3 月 18 日凌晨,因修建中山陵劳累过度,患病医治无效,年仅 35 岁的吕彦直遗憾地离开人世。

评析:伟大的项目离不开伟大工程人的托举,招投标发展到今天,制度能如此完善,管理如此科学,是靠着无数的招投标人前赴后继、挥洒青春、甘当路石、敬业奉献而来的,我们在铭记他们的同时,要将他们的精神发扬传承!

齐　心

8. 团队合作,成功中标——以北京华清技科工程管理有限公司为例

北京华清技科工程管理有限公司通过第二事业部经营人员的积极工作,经过艰苦的竞争性谈判,于 2020 年 1 月 28 日中标北京工商大学良乡校区二期工程概算调整文件编制业务,开启了新的一年经营工作的新篇章。但成果来之不易,由于投标阶段正值疫情期间,在抗击新型冠状病毒引起的肺炎疫情关键阶段,第二事业部得到综合管理部司机胡师傅及第一事业部监理人员的大力支持,充分体现了公司各部门团结一致、通力合作、共谋发展的文化氛围。中标后,北京华清技科工程管理有限公司急用户所急,立即组建了 10 人项目团队,明确了项目经理和人员分工,倒排进度计划,利用网络办公软件的强大功能,收集分发业务基础资料和召开项目启动会议,通过强有力的协调和管理手段,使业务顺利、有序开展。各部门团结协作,齐心协力抗疫情,攻坚克难复生产!

评析:众志成城,同心抗疫。社会各行业积极承担社会责任,招投标人员勇于担当,上演"最美逆行",以无畏信念坚守岗位,齐心协力共同打好抗疫攻坚战。

9. 港珠澳大桥合同管理

2018 年 10 月 24 日,港珠澳大桥正式通车运营,一座长达 55km 的钢铁大桥飞跨茫茫大海,历史性地将香港、珠海、澳门连在一起。

港珠澳大桥三地共建共管的机制,既坚守"一国"之本,又充分发挥"两制"之利,创新机制,求同存异,建立的三地公开透明的监管模式和评审机制,在合法合规和公开公平之间实现了更好的平衡。招标人还委托了全过程法律顾问,对每一份招标文件做出合法合规性审查和合同条款的风险审查。国内著名法学家王振民先生评价道:"长达15年的建设历程表明,港珠澳大桥建设是法律提前介入并全程保驾护航的典范之作。"下面,让我们聚焦于港珠澳大桥的合同谈判。

首先了解合作伙伴关系的理念。港珠澳大桥管理局在合同谈判备忘录中强调和明确:双方认同在严格履约合同基础上,建立开放、平等、协同、互信的伙伴关系,在岛隧工程设计施工总承包勘察设计期、施工期及缺陷责任期内,双方将加强信息沟通机制,本着诚信、透明的原则,建立伙伴关系,共同达成项目建设目标。以伙伴关系为核心理念,构建并协调项目业主、承包人之间,承包人各联合体成员之间,承包人与咨询人、监理人、测量控制中心、试验检测中心等之间的关系。通过彼此之间精诚合作,以持续的努力和改进建立、完善伙伴关系。

接着聚焦合同谈判。合同谈判环节既是合同双方建立"伙伴关系"的良好开端,也是双方在正式履行合同之前减少合同隐患、建立互信的良好机会。岛隧工程设计施工总承包谈判的主要内容包括:①强化目标认同及推行伙伴关系;②明确项目组织架构及资源保障体系;③明确组织管理、质量管理及健康、安全与环境管理;④配合开工及节点调整;⑤计量支付节点的调整等。双方对合同的订立都高度重视,前后进行了四次合同谈判才正式签订合同。

评析: 在这个项目中,组织者们在合同签订过程中着眼长远、据理力争、知己知彼的敏锐洞察力值得我们学习。还有核心的一点,正如有关管理部门在过程检视中提到的:"伙伴关系理念让大家产生了一种相互信任、相互理解、相互尊重的情感,并共同享受项目带来的荣耀与满足,建设者也有了荣誉感、自豪感和成就感,最终港珠澳大桥呈现的高效组织、文明施工、创新成果、可靠质量便是伙伴关系带来的结果,港珠澳大桥实现了参建各方的多赢。"

敬 畏 心

10. 违规案例1:暗中陪标

案情: 某高校机房工程改造进行招标。招标公告发布后,某建筑公司与该校基建处负责人进行私下交易,最后决定将此工程交给这家建筑公司。为了减少竞争,由建筑公司出面邀请了5家私交甚好的施工企业前来投标,并事先将中标意向透露给这5家参与投标的企业,暗示这5家施工企业将投标文件制作得马虎一些。正式开标时,被邀请的5家施工企业与某建筑公司一起投标,但由于邀请的5家施工企业不是报价过高,就是服务太差。评标结果,某建筑公司为第一中标候选人。

评析: 这是一起典型的陪标行为。这种由供应商与采购人恶意串通并向采购人行贿或者提供不正当利益谋取中标的行为,是非常恶劣的,也是政府采购最难控制的,它确系政府采购活动的一大恶性毒瘤,必须摘除!

11. 违规案例2:违规招标

案情: 某年12月13日,某省级单位从中央争取到一笔专项资金,准备通过邀请招标对下配发一批公务车辆,上级明确要求该笔资金必须在年底前出账。考虑到资金使用的时效性,经领导研究确定采购桑塔纳2000型轿车,并于12月18日发出了邀请招标文件。12月31日,该单位邀请了3家同一品牌代理商参与竞标,经评标委员会评审选定由 A 代理商中标。随后双方签订了政府采购合同,全部采购资金于当天一次拨清。

法理评析:采购人因项目特殊性,且只能从有限范围的供应商处采购的,经财政部门批准后可以采用邀请招标方式。该单位之所以这样做,似乎理由很充分,但这确实是一个违法采购行为。不能因为上级对资金使用有特殊要求,必须在年底前出账而忽略了等标期不得少于20天的法律规定;在未经财政部门批准的情况下,擅自采用邀请招标方式没有法律依据;单位领导研究确定采购桑塔纳2000型轿车作为公务用车,理由不够充分,属于定牌采购,有意无意地排斥了其他同类品牌车的竞争,且同一品牌3家代理商的竞争不等于不同品牌3家供应商的竞争;属于政府集中采购目录范围内的普通公务用车,应当委托集中采购机构采购,而不能擅自采用部门集中采购形式自行办理。这种部门定牌采购、规避公开招标的现象比较普遍,对遏制腐败可能产生负面影响。

12. 违规案例3:低价竞标

案情:某市级医院招标采购一批进口设备。由于该医院在未实行政府采购前与一家医疗设备公司有长期的业务往来,故此次招标仍希望这家医疗设备公司中标。于是双方达成默契,等开标时,该医院要求该公司尽量压低投标报价,以确保中标,在签订合同时再将货款提高。果然在开标时,该公司的报价为最低价,经评委审议推荐该公司为中标候选人。在签订合同前,该医院允许将原来的投标报价提高10%,作为追加售后服务内容与医疗设备公司签订了采购合同。结果提高后的合同价远远高于其他所有投标人的报价。

法理评析:招标人与投标人相互串通,以低价中标、高价签订合同的做法,严重影响了政府采购活动的公平性和公正性,损害了广大潜在投标人的正当利益,造成了采购资金的巨额流失,扰乱了正常的市场竞争秩序,这类违规招标,必须要杜绝。

13. 违规案例4:度身招标

案情:某省级单位建设一个局域网,采购预算450万元。该项目招标文件注明的合格投标人资质必须满足:注册资金在2000万元以上、有过3个以上省级成功案例的国内供应商,同时载明:有过本系统一个以上省级成功案例的优先。招标结果为,一个报价只有398万元且技术服务条款最优的外省供应商落标,而中标的是报价为448万元的本地供应商(该供应商确实做过3个成功案例,其中在某省成功开发了本系统的局域网)。

法理评析:采购人可以根据采购项目的特殊要求,规定供应商的特定条件,但不得以不合理的条件对供应商实行差别待遇或者歧视待遇,更不得以任何手段排斥其他供应商参与竞争。在招标公告或资质审查公告中,如果以不合理的条件限制、排斥其他潜在投标人公平竞争的权利,这就等于限制了竞争的最大化,有时可能会加大采购成本。量身定做衣服,合情合理;度身定向招标,违法违规。

14. 违规案例:电子招投标

围标、串标、内定招标,作为招投标市场常见的毒瘤,一直都屡禁不止,这些行为严重危害了招投标市场的稳定,一直是政府部门打击的对象。其中,串标行为是令政府采购业内人士尤其是一线工作人员头痛的顽疾。虽然相关法律法规对围标串标的具体情形及处理办法作了明确规定,但实践中发现供应商的围标串标手段愈发隐蔽、花样不断翻新,真可谓"道高一尺、魔高一丈",防不胜防。

不过,随着近些年电子招投标平台的兴起,借助"大数据"对招投标海量数据中蕴藏着的各种规律进行分析研判,通过大数据分析系统发现围标串标问题线索,已经成为行业监管企业围标串标行为的一把利器。

在传统模式下,对于政府采购一线工作人员来说,只能靠练就一双识别投标人之间串标行为的火眼金睛来辨识投标人之间是否存在串标行为:一份招标文件少则数百页多则上千页,如果参与招标的企业比较多,那么光靠这种传统模式来识别串标行为,费时费力不说,依靠人工核验,还存在利益输送等风险。

而通过全流程"电子化"招投标平台的技术创新,深度研发操作灵便的应用软件,可以帮助建设工程监管部门随时调取工程项目的招投标信息,根据"大数据事前预警分析、大数据事中监管、大数据事后分析研判、大数据决策"等功能,通过信息化技术手段对原始招标、投标文件进行比对分析,通过投标人抱团投标分析、价格离散度分析、中标率分析等发现违法违规线索,加强现场见证与大数据系统分析相结合,及时有效预警、预报围标串标等违规违纪问题线索,有效打击招标采购中的违法违规行为。

招投标领域常见的 35 种电子招投标串通投的情形有:(1)不同投标人的投标文件制作机器码相同;(2)使用相同客户端制作标书;(3)存在不同投标人投标文件异常一致;(4)报价异常雷同或呈规律性差异;(5)不同单位的投标文件出现相互混装;(6)不同投标文件均由同一单位或者个人编制;(7)存在直接控股、管理关系的不同供应商,参与同一采购活动;(8)不同单位同一子目的消耗量及组价异常相同;(9)投标文件载明的项目管理成员为同一人;(10)不同电子投标文件的计价锁信息一致;(11)不同投标人的投标报名 IP 地址信息一致;(12)投标产品技术说明的排版、内容高度相似;(13)存在不同投标人的投标文件载明投标保证金账号一致;(14)电子投标文件的唯一标识符雷同,系由同一人编制;(15)电子投标文件 MAC 地址一致;(16)清单报价多项清单子目存在单价及合价一致;(17)委托同一单位或个人办理投标事宜;(18)定额套项组价高度雷同;(19)不同投标单位造价软件加密锁号一致;(20)不同投标单位从同一账户转出缴纳投标保证金;(21)投标单位投标文件创建标识码一致;(22)电子投标文件投标函附录文字排版多处异常一致;(23)投标文件中详细报价书部分(筛查和评估服务内容)异常一致;(24)投标文件格式模版异常一致;(25)单位负责人为同一人且参加同一合同下政府采购活动;(26)投标文件内容及签章均为同一单位;(27)不同单位投标文件出现错误内容的位置均相同;(28)电子投标文件投标函附录文字排版异常一致;(29)不同单位领取招标文件时填写座机联系方式一致;(30)投标文件自主撰写内容部分存在多处非常规表述一致,内容格式一致;(31)投标单位的电子投标文件加密时使用的电子印章混装;(32)标书中所附营业执照和劳务派遣经营许可证(投标文件)混装;(33)不同单位法人签字、授权委托人签字笔迹一致;(34)投标人之间事先约定由某一特定供应商中标、成交;(35)不同投标人工程量清单中分项报价异常一致

法理评析:随着信息化和数字化技术的不断发展,电子招投标将会在未来发挥更加重要的作用,为招投标活动的规范化、高效化、透明化提供有力保障。作为投标人,应专业专注编制投标文件,公平正义、合法合规正当竞争,遵守法律和法规制度,互相监督,保持中立不串通,维护招投标市场健康、绿色发展。

参 考 文 献

[1] 中华人民共和国主席令第 86 号. 中华人民共和国招标投标法[M]. 北京：法律出版社,2018.

[2] 中华人民共和国国务院令第 709 号. 中华人民共和国招标投标法实施条例[M]. 北京：中国法制出版社,2018.

[3] 中华人民共和国主席令第 81 号. 中华人民共和国公路法[M]. 北京：中国民主法制出版社,2018.

[4] 中华人民共和国交通运输部. 公路建设监督管理办法(交通运输部令 2021 年第 11 号).

[5] 中华人民共和国交通运输部. 公路工程建设项目概算预算编制办法(JTG 3830—2018)[S]. 北京：人民交通出版社股份有限公司,2018.

[6] 中华人民共和国交通运输部. 公路工程标准施工招标文件(2018 年版)[M]. 北京：人民交通出版社股份有限公司,2018.

[7] 中华人民共和国交通运输部. 公路工程标准施工招标资格预审文件(2018 年版)[M]. 北京：人民交通出版社股份有限公司, 2018.

[8] 中华人民共和国交通运输部. 公路工程标准勘察设计招标文件(2018 年版)[M]. 北京：人民交通出版社股份有限公司,2018.

[9] 国家发展计划委员会. 工程勘察设计收费标准(2002 年修订本)[S]. 北京：中国市场出版社,2002.

[10] 中华人民共和国交通运输部. 公路工程建设项目招标投标管理办法(交通运输部令 2015 年第 24 号).

[11] 中华人民共和国交通运输部. 公路工程标准勘察设计招标资格预审文件(2018 年版)[M]. 北京：人民交通出版社股份有限公司,2018.

[12] 中华人民共和国交通运输部. 公路工程标准施工监理招标文件(2018 年版)[M]. 北京：人民交通出版社股份有限公司,2018.

[13] 中华人民共和国交通运输部. 公路工程标准施工监理招标资格预审文件(2018 年版)[M]. 北京：人民交通出版社股份有限公司,2018.

[14] 中国土木工程学会建筑市场与招标投标研究分会. 建设工程招标采购专业实务[M]. 北京：中国建材工业出版社,2023.

[15] 文德云. 公路工程建设招标与投标[M]. 2 版. 北京：人民交通出版社,2009.

[16] 彭东黎. 公路工程招投标与合同管理[M]. 重庆：重庆大学出版社,2020.

[17] 王丽红. 工程招投标与合同[M]. 北京：清华大学出版社,2012.

[18] 刘燕. 工程招投标与合同管理[M]. 北京：人民交通出版社股份有限公司,2015.

［19］张春艳,成德贤.公路招投标与工程造价［M］.北京:重庆大学出版社,2022.

［20］曹胜语,马敬坤,宁金成.公路施工组织设计［M］.4 版.北京:人民交通出版社,2024.

［21］《标准文件》编制组.标准施工招标文件(2007 年版)［M］.北京:中国计划出版社,2007.

［22］《标准文件》编制组.标准施工招标资格预审文件(2007 年版)［M］.北京:中国计划出版社,2007.